北大社 "十三五"高等教育规划教材

高等院校旅游专业"互联网+"创新规划教材

杨阿莉　叶洋洋/主编

旅游资源学

（第2版）

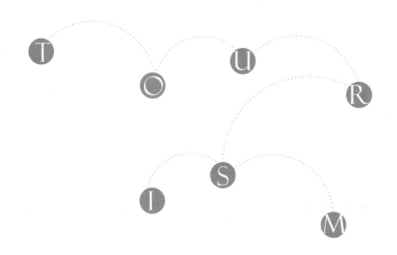

内 容 简 介

本书是高等院校旅游管理专业"互联网+"教材。全书系统阐述了旅游资源的概念与内涵、旅游资源分类、自然和人文旅游资源的形成与特点、旅游资源审美、旅游资源调查与评价、旅游资源规划与开发、旅游资源保护与可持续旅游发展等内容，深入探讨了旅游资源整合开发、数字化开发、低碳化开发、旅游资源科学保护与可持续利用等理论与实践。全书体系完整、内容翔实、论述严谨、图文并茂、体例新颖、案例丰富、应用性强。

本书既可作为高等本科院校、高职高专院校旅游管理、地理科学、资源环境等专业的教材，也可作为旅游管理及资源开发规划等行业部门的从业者的参考用书。

图书在版编目(CIP)数据

旅游资源学 / 杨阿莉，叶洋洋主编. -- 2版. -- 北京：北京大学出版社，2024.9. -- （高等院校旅游专业"互联网+"创新规划教材）. -- ISBN 978-7-301-35544-2

Ⅰ. F590

中国国家版本馆CIP数据核字第2024SV2113号

书　　　名	旅游资源学（第2版） LÜYOU ZIYUANXUE（DI-ER BAN）
著作责任者	杨阿莉　叶洋洋　主编
策划编辑	刘国明
责任编辑	孙战营
数字编辑	金常伟
标准书号	ISBN 978-7-301-35544-2
出版发行	北京大学出版社
地　　　址	北京市海淀区成府路205号　100871
网　　　址	http://www.pup.cn　新浪微博：@北京大学出版社
电子邮箱	编辑部 pup6@pup.cn　总编室 zpup@pup.cn
电　　　话	邮购部 010-62752015　发行部 010-62750672　编辑部 010-62750667
印　刷　者	河北文福旺印刷有限公司
经　销　者	新华书店
	787毫米×1092毫米　16开本　18.5印张　471千字 2016年2月第1版 2024年9月第2版　2024年9月第1次印刷
定　　　价	52.00元

未经许可，不得以任何方式复制或抄袭本书之部分或全部内容。
版权所有，侵权必究
举报电话：010-62752024　电子邮箱：fd@pup.cn
图书如有印装质量问题，请与出版部联系，电话：010-62756370

前言 Preface

随着经济全球化和世界经济一体化的不断深入，旅游业已发展成为全球经济中势头最强劲、规模最大的产业之一。进入21世纪以来，中国的旅游市场规模已跻身世界前列，旅游业作为国民经济战略性支柱产业的地位日益稳固。旅游业与其他产业的跨界融合与协同发展，不断催生出旅游新业态，特别是文旅深度融合以来，其对经济平稳健康发展的综合带动作用愈发显著。党的二十大报告指出，要"鼓励共同奋斗创造美好生活，不断实现人民对美好生活的向往"。旅游业在满足人民日益增长的美好生活需求方面发挥着越来越重要的作用。人民群众通过旅游活动，得以饱览祖国的秀美山河，深刻感受中华文化的独特魅力，从而有力提升了获得感和幸福感。

我国旅游业的持续快速发展，不仅造福了中国人民，也必将为亚太地区乃至全球带来新的发展契机和广阔的合作空间。国家统计局统计公报显示，截至2022年年末，全国共有A级景区14917个，较上年增加721个，同比增长5.08%；直接从业人员147万人。2023年我国国内旅游市场呈现明显回暖趋势，全年国内旅游总人次达到48.9亿人次，同比增长93.3%；国内旅游收入实现大幅回升，游客出游总花费为4.9万亿元人民币，同比增长140.3%。同时，入境旅游市场逐步恢复，入境游客达8203万人次，总花费为530亿美元。展望未来，我国旅游业发展潜力巨大，发展空间广阔，将在世界旅游发展格局中发挥出更加举足轻重的作用。

旅游资源是旅游业赖以生存与繁荣的物质基础，亦是影响区域旅游经济蓬勃发展的重要条件，是吸引旅游者进行旅游活动的关键要素。我国拥有源远流长的灿烂文化、绚丽多彩的民俗风情以及千姿百态的壮丽河山，是全球旅游资源最为丰富且独具魅力的国家之一。在我国大力推进生态文明建设和绿色低碳发展的战略背景下，旅游资源与服务国家战略和带动经济社会发展的关系日益密切。新时代赋予了旅游资源新特征，也带来其科学内涵和研究方向的新变化。我们只有从理论到实践全方位地对旅游资源科学加以系统研究，才能更好地发挥旅游资源的综合效应，使得旅游资源的合理开发利用在持续助推国家战略、带动社会经济发展和增进民生福祉的目标中发挥重要作用。

"旅游资源学"是高等院校旅游管理专业的一门专业基础课。本书系统阐述了旅游资源的概念与内涵、旅游资源分类、自然和人文旅游资源的形成与特点、旅游资源审美、旅游资源调查与评价、旅游资源规划与开发、旅游资源保护与可持续旅游发展等内容，深入探讨了旅游资源整合开发、数字化开发、低碳化开发、旅游资源科学保护与可持续利用等

Preface

理论与实践探索。本书具有以下特色。

（1）知识的时效性与前沿性。本书编写内容有别于其他同类教材对自然与人文旅游资源构成及特点的冗长阐述，而是聚焦于对旅游资源科学相关重点知识的系统梳理与深入阐述。同时，本书注重融入新观点和新思想，力求从多角度、多层面广泛吸纳旅游资源理论与实践研究的最新成果，以体现知识的时效性与前沿性。

（2）视角的科学性与广泛性。本书在遵循"国家标准"对旅游资源进行分类调查与评价的基础上，积极吸收国内外最新的学术研究成果，同时密切关注国家战略导向和消费需求变化。本书引入乡村旅游、智慧旅游、国家公园、国家文化公园以及新型旅游资源创新开发等领域的研究成果等内容，旨在深化读者对旅游资源研究的学术探索与本土实践的理解与认知。

（3）案例的地域性与典型性。本书在案例选择上突出地域特色，重点选取资源分布广、品位高、精品多的西部地区。通过对这些典型案例进行分析，使读者对我国西部地区——这一占据我国品牌旅游资源数量半壁江山的旅游胜地有一个总体认识。

（4）编排体例的可读性与创新性。本书的每一章都配有学习目标、知识结构、导入案例、知识链接、补充阅读、本章小结、复习思考题等，力求做到结构合理、图文并茂。并以"互联网+"的思维创新拓展学习资料，读者可通过扫描书中的二维码，观看更丰富、更直观的高清图片和视频内容，使学习过程更有趣、更积极，学习效果深入浅出、易学易懂。

本书由杨阿莉（西北师范大学旅游学院教授）、叶洋洋（浙大城市学院讲师、博士）共同负责全部内容和结构的安排与统稿工作。各章节编写分工如下：第一、三、五章由杨阿莉负责编写，第二、四、九章由叶洋洋负责编写，第六章由高亚芳（兰州文理学院旅游学院教授）负责编写，第七、八章由叶洋洋、袁晓亮（巢湖学院教师）负责编写。硕士研究生陈新如、辜友骞、赵丽珠、李盈盈等在资料收集和整理方面提供了许多协助，在此表示感谢。

本书在编写过程中参阅了许多同仁的研究成果，已在书中尽量详尽地列出相关文献。在此，我们向所有被引用论著的作者致以最诚挚的谢意。鉴于编者能力所限，书中难免存在不足之处，敬请各位读者和专家同仁不吝赐教，提出宝贵意见，以便我们及时修正相关内容。

精彩抢先看

编　者

2024年2月于兰州

目录 Contents

1 Chapter 导论

学习目标
知识结构
导入案例

1.1 旅游资源的概念与内涵
1.1.1 旅游资源的概念释义 / 3
1.1.2 旅游资源相关概念辨析 / 7
1.1.3 旅游资源与旅游活动系统 / 9
1.1.4 旅游资源的基本内涵 / 10
1.1.5 旅游资源的基本特点 / 11

1.2 旅游资源学的学科研究
1.2.1 旅游资源学的研究内容 / 13
1.2.2 旅游资源学的学科属性 / 15
1.2.3 旅游资源学的研究方法 / 16

本章小结
复习思考题

2 Chapter 旅游资源分类

学习目标
知识结构
导入案例

2.1 旅游资源分类概述
2.1.1 旅游资源分类的意义 / 25
2.1.2 旅游资源分类的原则 / 25
2.1.3 旅游资源分类的依据 / 26
2.1.4 旅游资源分类的步骤 / 27

2.2 旅游资源分类的方法
2.2.1 按旅游资源基本属性分类的方法 / 27
2.2.2 其他常见的旅游资源分类方法 / 32
2.2.3 几种新型的旅游资源分类方法 / 40

本章小结
复习思考题

3 Chapter 自然旅游资源的形成与特点

学习目标
知识结构
导入案例

3.1 地文景观旅游资源的形成与特点
3.1.1 地文景观旅游资源的形成 / 51
3.1.2 地文景观旅游资源的构景类型 / 52
3.1.3 地文景观旅游资源的特点 / 61
3.1.4 地文景观旅游资源的功能 / 62

3.2 水域景观旅游资源的形成与特点
3.2.1 水域景观旅游资源的形成 / 63

3.2.2 水域景观旅游资源的构景类型 / 64

3.2.3 水域景观旅游资源的特点 / 68

3.2.4 水域景观旅游资源的功能 / 70

3.3 生物景观旅游资源的形成与特点

3.3.1 生物景观旅游资源的形成 / 71

3.3.2 生物景观旅游资源的构景类型 / 72

3.3.3 生物景观旅游资源的特点 / 77

3.3.4 生物景观旅游资源的功能 / 80

3.4 天象与气候景观旅游资源的形成与特点

3.4.1 天象与气候景观旅游资源的形成 / 83

3.4.2 天象与气候景观旅游资源的构景类型 / 84

3.4.3 天象与气候景观旅游资源的特点 / 86

3.4.4 天象与气候景观旅游资源的功能 / 88

本章小结

复习思考题

Chapter 4 人文旅游资源的形成与特点

学习目标

知识结构

导入案例

4.1 建筑与设施类旅游资源的形成与特点

4.1.1 建筑与设施类旅游资源的形成 / 93

4.1.2 建筑与设施类旅游资源的主要类型 / 94

4.1.3 建筑与设施类旅游资源的特点 / 103

4.1.4 建筑与设施类旅游资源的功能 / 105

4.2 历史遗迹类旅游资源的形成与特点

4.2.1 历史遗迹类旅游资源的形成 / 106

4.2.2 历史遗迹类旅游资源的主要类型 / 107

4.2.3 历史遗迹类旅游资源的特点 / 110

4.2.4 历史遗迹类旅游资源的功能 / 111

4.3 旅游购品类旅游资源的形成与特点

4.3.1 旅游购品类旅游资源的形成 / 112

4.3.2 旅游购品类旅游资源的主要类型 / 112

4.3.3 旅游购品类旅游资源的特点 / 119

4.3.4 旅游购品类旅游资源的功能 / 120

4.4 人文活动类旅游资源的形成与特点

4.4.1 人文活动类旅游资源的形成 / 121

4.4.2 人文活动类旅游资源的主要类型 / 121

4.4.3 人文活动类旅游资源的特点 / 127

4.4.4 人文活动类旅游资源的功能 / 128

本章小结

复习思考题

Chapter 5 旅游资源审美

学习目标

知识结构

导入案例

5.1 旅游美学与旅游资源审美

5.1.1 旅游与审美 / 136

5.1.2 旅游美学与旅游资源美学的关系 / 137

5.1.3 旅游资源审美的实践意义 / 137

5.2 旅游资源审美历程
    5.2.1 审美意识的产生时期 / 139
    5.2.2 自然山水崇拜时期 / 139
    5.2.3 审美意识的觉醒时期 / 140
    5.2.4 崇尚山水游时期 / 141
    5.2.5 旅游审美的昌盛时期 / 141
    5.2.6 旅游审美的稳步发展时期 / 142
    5.2.7 旅游审美视角的多元化时期 / 142

5.3 旅游资源审美特征
    5.3.1 自然旅游资源审美特征 / 143
    5.3.2 人文旅游资源审美特征 / 147

5.4 旅游资源审美原理
    5.4.1 提高审美能力 / 155
    5.4.2 掌握审美方法 / 157
    5.4.3 把握观赏距离、时机和位置 / 158

本章小结
复习思考题

Chapter 6 旅游资源调查

学习目标
知识结构
导入案例

6.1 旅游资源调查的意义与原则
    6.1.1 旅游资源调查的意义 / 165
    6.1.2 旅游资源调查的原则 / 166

6.2 旅游资源调查的内容与形式
    6.2.1 旅游资源调查的内容 / 167
    6.2.2 旅游资源调查的形式 / 171

6.3 旅游资源调查的方法与程序
    6.3.1 旅游资源调查的方法 / 173
    6.3.2 旅游资源调查的程序 / 176
    6.3.3 旅游资源调查报告的编制 / 178

本章小结
复习思考题

Chapter 7 旅游资源评价

学习目标
知识结构
导入案例

7.1 旅游资源评价的意义及原则
    7.1.1 旅游资源评价的意义 / 185
    7.1.2 旅游资源评价的基本原则 / 185

7.2 旅游资源评价的内容
    7.2.1 旅游资源自身内涵的评价 / 187
    7.2.2 旅游资源环境条件的评价 / 189
    7.2.3 旅游资源开发条件的评价 / 191

7.3 旅游资源评价的方法
    7.3.1 定性评价方法 / 193
    7.3.2 定量评价方法 / 199
    7.3.3 "国家标准"评价体系 / 202

本章小结
复习思考题

Contents

8 Chapter 旅游资源规划与开发

学习目标
知识结构
导入案例

8.1 旅游资源规划与开发概述
8.1.1 旅游资源规划概述 / 211
8.1.2 旅游资源开发概述 / 217

8.2 旅游资源规划与开发的理论基础
8.2.1 旅游地生命周期理论 / 222
8.2.2 区位理论 / 223
8.2.3 增长极理论 / 224
8.2.4 竞争力理论 / 225
8.2.5 可持续发展理论 / 227

8.3 旅游资源开发的导向模式
8.3.1 资源导向模式 / 228
8.3.2 市场导向模式 / 229
8.3.3 形象导向模式 / 230
8.3.4 产品导向模式 / 231

8.4 旅游资源开发的热点关注
8.4.1 旅游资源整合开发 / 232
8.4.2 旅游资源数字化开发 / 237
8.4.3 旅游资源品牌化开发 / 241
8.4.4 旅游资源低碳化开发 / 243

本章小结
复习思考题

9 Chapter 旅游资源保护与可持续旅游发展

学习目标
知识结构
导入案例

9.1 旅游资源保护
9.1.1 旅游资源保护的必要性 / 253
9.1.2 旅游资源遭受破坏的原因 / 254
9.1.3 旅游资源保护的主要措施 / 257

9.2 可持续旅游发展
9.2.1 可持续发展概述 / 260
9.2.2 可持续旅游发展概述 / 261
9.2.3 可持续旅游发展的核心：旅游环境容量 / 265
9.2.4 可持续旅游发展的关键：旅游环境管理 / 271

9.3 旅游资源可持续利用
9.3.1 旅游资源保护与利用的关系 / 273
9.3.2 旅游资源可持续利用的途径 / 276

本章小结
复习思考题

参考文献

导 论

Chapter 1

学习目标>
- 了解旅游资源在旅游业发展中的地位和作用
- 理解旅游资源的概念、内涵与特点
- 正确辨析与旅游资源相关的几个概念
- 了解旅游资源学的研究内容、学科属性及研究方法

知识结构>

```
            ┌── 旅游资源的概念与内涵 ──┬── 旅游资源的概念释义
            │                          ├── 旅游资源相关概念辨析
            │                          ├── 旅游资源与旅游活动系统
            │                          ├── 旅游资源的基本内涵
导 论 ──────┤                          └── 旅游资源的基本特点
            │
            └── 旅游资源学的学科研究 ──┬── 旅游资源学的研究内容
                                       ├── 旅游资源学的学科属性
                                       └── 旅游资源学的研究方法
```

神奇雄浑的西部旅游资源

我国西部地区包括川、渝、云、贵、桂、藏、陕、甘、宁、青、新和内蒙古12个省、自治区和直辖市，土地面积约占全国的71.6%。这片广袤土地得天独厚的自然条件、雄浑秀丽的自然景观、高大奇绝的地形地貌、异彩纷呈的人文景观、缤纷斑斓的民俗风情，使西部旅游资源具有容量大、多样性、独特性、垄断性强的总体特征。旅游资源所蕴含的新奇感、神秘感、粗犷感和原始感是游客游历西部最明显的审美感受。从自然资源来看，西部拥有的国家级自然保护区210个，占全国总数的44.3%；国家级风景名胜区80个，占全国总数的32.8%；国家级森林公园271个，占全国总数的30.2%；国家地质公园117个，占全国总数的53.2%。中国山岳资源的23%都集中在西部地区，最著名的有喜马拉雅山、华山、峨眉山、青城山、天山、玉龙雪山等；水域资源有长江、黄河、澜沧江、青海湖、沙湖、滇池、抚仙湖、洱海、纳木错、天山天池、艾丁湖等；另外还有极为壮观的丹霞地貌、岩溶、洞穴、瀑布景观等。这些自然旅游资源，占了全国的"半壁江山"。就人文旅游资源来看，西部有国家历史文化名城42座，占全国总数的29.8%；西部拥有国家级重点文物保护单位1509个，占全国总数的29.8%，以布达拉宫、塔尔寺为代表的宗教朝圣景观，以西安、敦煌、天水为代表的华夏古文化景观，以延安、遵义、会宁为代表的红色景点和革命胜迹景观等在全国旅游资源中占有重要地位。同时，西部也是我国最主要的少数民族聚居区，拥有丰富多彩的民族风情以及极具观赏性和娱乐性的民俗节庆活动。此外，西部有一大批世界级的旅游精品资源，像内蒙古锡林郭勒、赛罕乌拉，新疆的博格达峰，甘肃白水江自然保护区，四川九寨沟、黄龙风景区及卧龙自然保护区，贵州茂兰喀斯特森林、梵净山，广西山口红树林生态自然保护区，云南西双版纳、高黎贡山等共19处自然保护区被联合国教科文组织列入《世界生物圈保护区名录》；扎龙、向海、青海湖等23处被列入《国际重要湿地名录》；在全国被列入世界遗产名录的57项（截至2023年9月）遗产中，西部就有24项，包括甘肃敦煌莫高窟，陕西秦始皇陵及兵马俑坑，西藏布达拉宫、大昭寺和罗布林卡，云南三江并流、丽江古城、红河哈尼梯田、石林喀斯特、普洱景迈山古茶林文化景观，重庆大足石刻，四川都江堰－青城山、九寨沟、黄龙、峨眉山－乐山大佛、卧龙熊猫保护基地，内蒙古元上都遗址，新疆天山，贵州赤水丹霞地貌，以及跨国境的"丝绸之路：长安－天山廊道路网"等。中共十八届三中全会提出的"建立国家公园体制"指出，国家公园是自然生态系统中最重要、自然景观最独特、自然遗产最精华、生物多样性最富集的区域。目前相继建立的10处国家公园体制试点区，西部就有4处，即三江源国家公园、大熊猫国家公园、普达措国家公园和祁连山国家公园。其中，三江源国家公园和大

【1-1拓展视频】

> 熊猫国家公园已于2021年10月，被列入我国正式设立的5个国家公园名单之中。未来全国待建的48个国家公园建设名单中，西部就有25个，占全国总数的52%。
>
> 　　总之，西部旅游资源不仅恢宏博大、丰富深邃、品位绝佳、垄断性强，而且旅游大环境上具有将粗犷、原始、神秘、精绝等融为一体的强劲吸引力，这一切都为西部旅游业的发展提供了坚实的资源基础。
>
>
> **案例思考**
>
> 试分析西部得天独厚的旅游资源在西部旅游业发展中的地位与作用。

1.1 旅游资源的概念与内涵

1.1.1 旅游资源的概念释义

1. "资源"的概念

"资源"在《辞海》中被定义为"生产资料或生产资料的天然来源"；"自然资源"被解释为"人类可直接从自然界获得，并用于生产和生活的物质资源，如土地、矿藏、气候、水利、生物、森林、海洋、太阳能等"。《不列颠百科全书》中把自然资源解释为人类可以利用的自然生成物以及生成这些成分的环境功能。前者包括土地、水、大气、岩石、矿物及其群集的森林、草地、矿产和海洋等；后者则指太阳能、生态系统的环境机能、地球物理化学的循环机能等。1972年联合国环境规划署认为，自然资源是指在一定时间条件下能产生经济价值、提高人类当前和未来福利的自然因素的总称。另有学者认为资源属于经济学概念，是指自然界和人类社会中客观存在的生产资料或生活资料。例如，自然界中的煤炭、石油、水力、风力、森林、土地等资源，人类社会中的人力、技术、资本、文化、政治等资源。有用性和基础性是资源最基本的属性，全面考察资源的历史演进、现实状况以及未来社会经济发展的需要，对资源可以做如下定义：所谓资源，是指在一定的社会历史条件下存在，能够为人类开发利用，并在社会经济活动中经由人类劳动而创造出财富或资产的各种要素。

2. 旅游资源的概念

"旅游资源"是一个合成词，既具有"资源"的共性特征，又具有鲜明的"旅游"个性特征。显然，旅游资源作为资源的一种，不仅要体现出可利用性和经济价值这两个共性特征，更为关键的是如何把握和阐释旅游的内涵与特征。

(1) 国外学者的诠释

事实上，中外学者们关于旅游资源的定义和争论就像旅游资源本身那样多种多样和层出不穷。国外研究文献中，一般论及的与"旅游资源"相似性较高的概念是"Tourism Attractions"和"Visitor Attractions"，国内学者通常译为"旅游吸引物"，它包括旅游地的旅游资源、适宜的接待设施和优良的服务等因素的总和，还包括舒适快捷的旅游交通条件。英国学者霍洛韦认为：旅游吸引物必须是那些给旅游者积极的效益和特征的东西，它们可以是海滨或湖滨、山岳风景、狩猎公园、有趣的历史纪念物和文化活动、体育运动，以及令人愉快的舒适会议环境。澳大利亚学者内尔·雷坡在他的《旅游吸引物系统》一文中，将旅游吸引物定义为一个综合系统，由三个要素组成：旅游者或人的要素、核心或中心的要素、标识或信息的要素。当这三种要素合而为一时，便构成旅游吸引物。英国旅游协会认为：旅游吸引物是一种永久固定的游览目的地，其基本的目的之一是允许公众为了满足娱乐、兴趣和教育的需求而进入，而不是一个主要提供体育、戏剧电影表演的零售市场或地点。旅游吸引物必须在每年预先确定的特定时期向公众开放，而不是需要事先预订，并且应该能够吸引本地居民、旅游者或一日游客。另外，旅游吸引物必须是独立的，有独立的管理，并且能够直接从游客那里得到收入。苏联地理学家普列奥布拉曾斯基等从技术经济角度给旅游资源作了如下定义：旅游资源是指在现有技术和物质条件下，能够被用作组织旅游经济的自然、技术和社会经济因素。

知识链接

"Tourism Resources"的内涵

有人指出，旅游资源是一个具有中国特色的概念。目前，这个概念被中国旅游界广泛使用，并且含义理解分歧很大，引发普遍关注。在中国，几乎所有论及旅游资源的论著和文件，都将"旅游资源"的英文名称翻译为"Tourism Resources"，这在语言的表层含义上看似乎很对等，然而在实际含义上是否真的一致？

首先，英语中的"Tourism Resources"所表达的含义是否与汉语"旅游资源"的含义相同？用Google搜索"Tourism Resources"，发现直接使用该词语的网页极少，少数几个页面表达的含义也与我们理解的旅游资源含义大不相同。例如，在联合国教科文组织（UNESCO）的官网上，有关"Tourism Resources"的页面，展示的内容是关于如何通过发展旅游业来贯彻"毛里求斯战略"，使国际上的小岛国走可持续发展之路；在"生物多样性网站"之"可持续旅游"页面,对"Tourism Resources"的概念解释中,所列举的"Tourism Resources"范畴,既包括目的地自然、文化和社会吸引物资源,又包括各种目的地旅游接待设施和服务。

其次,西方人在论及旅游活动及旅游业开发对象时,使用什么英语词语呢?撰写于20世纪70年代,被西方旅游学术界广泛引用的两本旅游教科书——伯卡特和梅特里克的《西方旅游业》及格德纳和里奇的《旅游学》,都没有单独讲述"Tourism Resources"的一章,也几乎没有单独出现这个词语,而是分别在两个章节论述与资源有关的内容:一部分单独论述吸引物(资源),如海滩、博物馆、主题公园等,使用的词语是"Tourist Attractions";另一部分论述旅游供给或资源保护问题,提及的内容是自然资源、人文资源、基础和服务设施、经营部门、好客精神,"Tourism"和"Resource"不作为一个固定词语出现。

可见,西方国家对旅游领域资源问题的理解和表达情况可以小结为:①在论及旅游领域的资源问题时,普遍将其理解为"旅游领域利用的资源"或"旅游业中的资源",其中包含但不限于"Tourist Attractions"(旅游吸引物);②一般不使用"Tourism Resources"一词,偶尔使用其含义也不同于我们所指的吸引物资源,而相当于"旅游领域的各种资源";③"Tourism Resources"在英语中还没有成为一个具有约定俗成的含义并被广泛使用的固定词组。

(2) 国内学者的诠释

我国改革开放以来,随着旅游业的不断发展,实践中不断要求探讨旅游资源的内涵与外延,以便科学地进行旅游资源的调查、评价、开发与管理,促进旅游资源的价值实现和可持续发展。于是学者们自20世纪80年代初至今,对旅游资源的概念界定做了不懈的探索,主要观点如下。

旅游资源是在现实条件下,能够吸引人们产生旅游动机并进行旅游活动的各种因素的总和。它是旅游业产生和发展的基础。(陈传康)

凡是能够造就对旅游者具有吸引力环境的自然因素、社会因素或其他任何因素,都可构成旅游资源。(李天元)

何谓旅游资源的定义本身并不是最重要的,它是开放的,如果说有标准或有定义核心,那么这个核心就是旅游产品。只要是具有开发为旅游产品潜力的事物或现象,无论是有形的还是无形的,都可以被视为旅游资源。(吴必虎)

旅游资源是指对旅游者具有吸引力的自然存在和历史文化遗产,以及直接用于旅游目的的人工创造物。旅游资源可以是有具体形态的物质实体,如风景、文物,也可以是不具有具体物质形态的文化因素。(保继刚)

凡能为人们提供旅游观赏、知识乐趣、度假疗养、娱乐休闲、探险猎奇、考察研究以及人民友好往来和消磨时间的客体和劳务，均可称为旅游资源，它是发展旅游业的物质基础。（郭来喜）

旅游资源是指自然界或人类社会中凡能对旅游产生吸引力指向性、有可能被用来开发成旅游消费对象的各种事与物（因素）的总和。简单地说，旅游资源是能够诱发旅游动机和实施旅游行为的诸多因素的总和。它不仅是作为一定地理空间范围内的旅游目的地，也包括旅游者和各种能传达旅游地相关信息的事和物。（孙文昌）

旅游资源是指通过开发后能够吸引旅游者的客观存在物。就是在自然环境和人文环境中，可以引起旅游者的兴趣并可加以利用的物质条件。具体地说，旅游资源是指为旅游者提供游览、观赏、求知、兴趣、度假、娱乐、探险猎奇、考察研究、体育锻炼以及友好往来的客体和劳务。（钱今昔）

旅游资源是指在自然和人类社会中能够激发旅游者旅游动机并进行旅游活动，为旅游业利用并能产生经济、社会和环境效益的客体。（杨桂华）

凡是自然力和人类社会造成的，有可能被用来规划、开发成旅游消费对象的物质或精神的诸多因素，都可以视作旅游资源。（杨时进）

旅游资源又称作旅游吸引因素，即在现代社会能够吸引旅游者产生旅游动机并实施旅游行为的因素的总和。它能够被旅游业利用，并在通常情况下能够产生社会效益、环境效益和经济效益。（刘振礼）

旅游资源是经过人类开拓创建、文化熏陶，有相对稳定的地理位置，能供多数人游览观赏，或者说多数人公认有旅游价值的山川景物。（班武奇）

从以上众多"旅游资源"的解释来看，由于研究出发点的差异，学者们的理解和认识各不相同，有从旅游者（需求）角度进行界定的，如陈传康、保继刚等；有从旅游业提供服务（供给）角度界定的，如郭来喜等；有从旅游需求和旅游供给结合的角度进行界定的，如孙文昌等，认为旅游资源既要能够吸引旅游者，也要能够为旅游业所利用，并且开发后具有经济效益、社会效益和环境效益。

国家标准中关于"旅游资源"的解释

由国家旅游局提出、国家质量监督检验检疫总局于2017年12月29日发布，并于2018年7月1日起开始实施的中华人民共和国国家标准《旅游资源分类、调查与评价》（GB/T 18972—2017），将旅游资源定义为：自然界和人类社会凡能对旅游者产生吸引力，可以为旅游业开发利用，并可产生经济效益、社会效益和环境效益的各种事物和现象。《旅游资源分类、调查与评价》（GB/T 18972—2017）作为我国的一项技术标准，其对旅游资源概念的界定将是我们理解旅游资源内涵的主要依据，对指导旅游资源类型划分、旅游资源调查与评价及旅游资源开发有着重要的参考和指导意义。

1.1.2 旅游资源相关概念辨析

目前，旅游学界对旅游资源这一概念在认识上仍存在一些误区，有将旅游资源范畴无限制扩大化、概念被泛化的现象，主要表现如下：①将旅游资源等同于旅游吸引物；②将旅游资源等同于旅游地；③将旅游资源等同于旅游产品；④将旅游资源等同于旅游项目；⑤将旅游资源等同于旅游环境；⑥将旅游服务（劳务）等要素纳入旅游资源范畴。

这种"泛资源论"的认识不利于旅游资源的科学评价、开发、利用与管理。事实证明，这些概念之间是有一定区别的，是不能被混淆使用的。

1. 旅游产品、旅游项目与旅游资源

广义的旅游产品通常指的就是旅游线路，也就是将一系列的旅游景点（区）以及节庆活动等旅游项目串接起来，为旅游者提供满意、印象深刻的旅行，使其获得一次值得回忆的愉快经历。旅游产品是旅游吸引物、旅游服务和旅游设施的总和，整体上包括核心产品、基础产品和形式产品三个产品层次。狭义的旅游产品指的则是单纯意义上为旅游者提供物质和精神享受的那些旅游景点或节庆活动等。通俗地说，旅游产品和旅游资源是"产品"和"原料"的关系。

旅游项目是将已经存在的旅游资源经过人为改造和设计，使其独特魅力更加充分地展示出来的旅游吸引物，即由各种现实和潜在的旅游资源转化而来的，能真正创造价值和财富的旅游吸引物。旅游项目是连接旅游者和旅游资源的一座名副其实的桥梁。旅游资源和旅游项目之间是一种相互依托的关系。因此，旅游项目并不是简单的旅游资源，旅游项目内涵稍窄一些，包含的内容较旅游资源要少些，但是稳定性却相对较大。

值得注意的是，应该避免把旅游产品、旅游项目当作旅游资源。若将旅游资源和旅游产品与旅游项目直接画等号，就会导致将发展地区旅游业的成败锁定在该地旅游资源的优劣上的认识误区，这将带来以下后果：旅游资源丰富的地区，人们容易产生过度的、恶性的开发行为，导致配套设施、保护措施等跟不上，从而涸泽而渔、焚林而猎，自断后路；而旅游资源欠缺的地区，人们容易产生僵化、萎缩的开发思想，导致创新意识、进取精神、实干能力不足，从而不思进取、坐等援助、裹足不前。反之，认识到三者的区别，可能会使旅游资源欠缺的地区因为解放思想、开拓思路，在现有的旅游资源基础上开发出创新型旅游产品，走特色发展之路。

2. 旅游地环境与旅游资源

旅游地环境涉及面很广泛，其核心概念是指周围的境况，实际上是旅游资源生成、演化和现实存在所依托的自然、历史文化和社会条件。旅游地环境对于旅游开发固然也是主要考虑的因素，但其本身和旅游资源是两个不同的体系。旅游环境的许多要素，如地理区位、旅游容量、物资供应、经济状况、土地利用条件、发展潜力、管理和服务等，是一个与旅游资源本身有一定距离的外围空间，比较抽象，不是真正意义上的旅游资源。旅游资源必须是能够吸引人的事物和因素，旅游地环境则不然，许多环境要素并不吸引人，有的可能还是被旅游所排斥的。

有学者将旅游地环境所面对的交通及基础设施状况、客源特征、游客滞留时间、吸引物与游客之间的距离、开放时间等因素也作为认定旅游资源的条件之一，但我们认为这些因素更多地属于旅游开发的条件范畴，其中部分还属于市场因素的考量，它们与旅游资源本身是完全不同的体系。这些条件和因素受原生的旅游环境、人为创造的基础设施、旅游服务等旅游业发展状况的影响，是旅游资源被有效利用的前提和额外补充的内容。当然，有的时候，旅游地环境条件与旅游资源相互渗透，也有可能构成旅游资源的一部分。例如，对于会议及商务旅游者，有时服务设施尤其是交通、通信条件等会成为主要的旅游吸引因素。但这只局限于部分情况，并不能据此将旅游地环境整体划入旅游资源。若将旅游地环境等同于旅游资源，这种认识误区会使许多非旅游资源被强行认定为旅游资源并予以开发利用，这会影响旅游目的地对旅游资源开发主次的区分；也可能使很多市场需求量小、资源价值品位低的事物被当作旅游资源开发，影响旅游目的地的资金使用效率。

3. 旅游劳务（服务）与旅游资源

目前，对于"劳务"是否属于旅游资源，有不同的观点。持肯定意见者把劳务作为旅游资源，是基于许多自然风景和人文景观必须通过相应的导游与服务，才能使旅游者获得充分的精神与物质享受。例如，民俗风情园中穿着特色民族服饰的讲解员，那些艺术造诣很高的民间艺人，旅游者对他们的劳动和技艺有着极大的兴趣，这已经构成旅游吸引力，成为旅游目的的重要组成部分。在此情况下，这些劳务就具有了旅游资源的性质。但是旅游业中所涉及的服务人员种类繁多，如旅行社工作人员、导游、各种交通工具的驾驶员、饭店和餐厅的服务人员、商店的店员乃至海关、医院等机构的工作人员，他们的劳动对旅行业的顺利运行而言是不可或缺的。他们所起的作用主要是旅游者和旅游资源之间的媒介，能够起到保证、优化旅游活动的作用。但旅游者旅游的主要目的不是为了得到他们的服务，也就是说，并不是他们吸引了旅游者前往某地，所以这些劳务不应属于旅游资源的范畴。因此，对于劳务是不是旅游资源这一问题，要视不同情况区别对待。

1.1.3 旅游资源与旅游活动系统

1. 旅游资源是旅游活动系统的基本要素

旅游活动是指人们出于移民和就业之外的其他目的，离开自己的常住地而外出的旅行和游览活动。旅游活动是一种涉及面极其广泛的综合性社会文化活动，它涵盖了人们外出旅游中的食、行、住、游、购、娱等各个环节。就旅游活动系统而言，其构成涉及旅游活动的主体、旅游活动的客体和旅游活动的中介体三项基本要素。

旅游活动的主体即旅游者，又称游客，是指离开自己的居住地到旅游目的地作旅游访问的人。旅游者是旅游活动的主导性因素，其数量、消费水平、旅游方式是决定旅游业内部各种比例关系及其相互协调的主要因素。旅游活动的客体即旅游资源，是指客观存在于自然环境和人文环境中，能对旅游者产生一定吸引力的事物和现象。旅游活动的中介体即旅游业，是指以旅游资源为凭借，以旅游设施为基础，为旅游者的旅游活动创造便利条件并提供其所需商品和服务的综合性产业。旅游活动中的主体、客体和中介体这三要素之间相互影响、相互制约。

2. 旅游资源在旅游活动系统中的地位

(1) 旅游资源是旅游活动的对象与客体

旅游资源是吸引旅游者产生旅游动机的根本原因，是满足旅游者的好奇心、求知欲与审美需求，并使之赏心悦目的对象与客体，是一个国家及一个地区招徕客源、开拓市场、发展旅游的重要物质基础和条件。旅游活动的开展，离不开旅游资源。各种旅游定义中无论是对旅游目的的解释，还是对旅游动机的多样性及旅游行为的解释，均与旅游资源的分布密切相关。

(2) 旅游资源是旅游业发展的基础和先决条件

良好的旅游资源禀赋条件是区域旅游业发展的基础。旅游资源也是构成旅游产品的核心要素，旅游产品的诸多特征是由旅游资源的特征所影响的。旅游业正是利用旅游资源，通过加工、生产、组织、销售旅游产品而获得发展的。一般来说，旅游资源质量越高，对旅游者的吸引力越大，越能刺激旅游需求的增长，对旅游业发展的促进作用越明显。虽然影响旅游业发展的因素很多，但在其他条件相似的情况下，旅游资源质量的高低对旅游业发展水平在一定程度上具有决定性的意义。

(3) 旅游资源条件影响旅游业的产业结构

由于区域旅游资源的类型不同，旅游开发方向就不同，进而影响区域旅游产业结构的形成。例如，20世纪我国香港特别行政区被誉为"购物天堂"，购物消费在其旅游消费结构中占60%的比重，因此商贸成为香港特别行政区的主要旅游行业；而美国夏威夷旅游消费结构中，住宿和餐饮占50%以上的比重，这是由其海岛旅游资源所产生的休闲度假旅游性质所决定的。进入21世纪后，随着旅游业的发展以及旅游主体多元化与个性化旅游需求的出现，我国旅游资源开发的导向由先前单一的资源依赖型逐渐转变为资源导向、产品导向与市场导向相结合的趋势，出现了诸如生态旅游、乡村旅游、工业旅游、探险旅游、研学旅游、会奖旅游、康养旅游等不同主题的旅游产品。但是必须清楚一点，虽然目前我国旅游业的发展超越了仅限依赖旅游资源的阶段，但是旅游资源依然是我国旅游业发展的重要依托。

1.1.4 旅游资源的基本内涵

在对旅游资源基本概念认识的基础上，要全面地理解旅游资源的丰富内涵，可以从以下几个方面来认识。

1. 旅游资源必须具有旅游吸引功能

作为一种资源形态，无论其是否经过开发，只要是对游客具有吸引力的事物、现象或因素，均属于旅游资源。旅游资源要能激发人们的旅游动机，能满足旅游者求新、求异、求美、求知的物质和精神享受。因此，吸引力因素是旅游资源的理论核心，也是评判旅游资源质量高低的关键性指标。

2. 旅游资源必须具有可利用的旅游价值

旅游资源通过它对旅游者的吸引功能，成为对旅游业产生最大利用价值的一种资源。旅游资源被开发利用，能够产生经济效益、社会效益和环境效益。吸引功能的大小直接决定着旅游资源效益的高低。吸引功能大的旅游资源，能够吸引较多的游客，从而获得较大的经济价值和经济效益。例如，北京故宫对各类游客都有强烈的吸引力，前来游览的游客络绎不绝，其旅游价值自然能够得到充分的发挥。就旅游资源本身来讲，通过合理的开发利用，必然会促进经济的发展，推动社会文化的进步。同时，良好的生态环境必然会增加旅游资源的吸引力，旅游资源的合理开发，最终也必然推动对生态环境和人文环境的保护。

【1-2拓展视频】

3. 旅游资源的范畴在不断扩大

随着社会的进步、经济的发展以及科学技术水平的提高，人们的旅游需求趋向多样化、个性化，旅游资源的范畴在不断扩大。旅游活动已不再局限于陆地上，开始向空中、水下甚至地下发展；不再局限于自然风光、人文古迹，也向许多未知的领域扩展。通过充分发掘无形的、精神的旅游资源，不仅可以拓宽旅游的内容，而且还可以为有形的、物质的载体创造出一种新的附加值。科技进步本身就可形成新的旅游资源，目前一些发达国家，纷纷利用高科技大做文章，建造大型综合性旅游景点与游乐场所。随着科学技术的不断发展，人们遨游太空，登上月球旅游的愿望也会成为现实。总之，旅游资源与一般的资源相比较，具有更为丰富的内涵。功能上表现为对游客的吸引性和旅游价值，形态上表现为客观存在性和多元化，范畴上表现为延展性和动态性。

1.1.5 旅游资源的基本特点

旅游资源是自然、历史、社会等因素共同作用形成的，是一种特殊的资源。同大多数传统的经济资源相比，旅游资源有其与众不同的一些特点，这些特点可以归纳为六大方面：地域性、观赏性、不可移动性、综合性、吸引力的指向性、不可再生性。但就各类人文及自然旅游资源而言，因其形成及演化的条件不同，因而各自还具备独有的特点，如生物景观旅游资源的节律性、天象与气候景观旅游资源的瞬变性、旅游购品类及人文活动类旅游资源的可创造性等，这些将在第3章和第4章中分别进行阐述。

1. 地域性

地域性是指旅游资源分布在一定的地域范围，存在地域差异，带有地方色彩。旅游资源的地域性是由以下方面引起的：第一，由于受地域差异因素（纬度、地貌、海陆位置等）的影响，自然环境因素如气候、地貌、水文、动植物出现地域差异，从而导致自然旅游资源出现地域性。如赤道雨林景观、温带大陆内部的荒漠景观、南极的冰原景观等分别出现于不同的地表区域。第二，由于人文景观与自然环境有紧密的联系性，这种联系性在农业社会及其以前的历史时期，甚至表现为强烈的依赖性，自然景观的地域性也导致了人文景观的地域性。人类在适应自然、顺应自然、求得自身的生存和发展过程中，创造出灿烂的文化，这些文化不可避免地带上了一定的地域色彩，这就是所谓的"一方水土养一方人"的道理。

2. 观赏性

旅游资源与其他资源最主要的区别就在于它的美学观赏价值。尽管人们的旅游动机因人而异，旅游内容和形式多种多样，但观赏活动几乎是所有旅游过程不可缺少的。形形色色的旅游资源，既有雄、险、奇、秀、幽、旷、野等类型的形象美，又有动与静的形态美；既有蓝天、白云、青山、绿水、碧海的色彩美，又有惊涛骇浪、叮叮山泉、淙淙溪流、苍茫松涛等的声色美；既有建筑景观的造型美、气势美、时代美，又有地方特色菜肴的味觉美、嗅觉美和视觉美……它们都给游客以符合生理、心理需求的美的享受，使人们的精神、性格、品质等在各类旅游资源中找到对象化的表现。

3. 不可移动性

旅游资源与区域环境融为一体，与地域文化密不可分，而区域大环境和地域特色文化，具有明显的空间固定性。大多数旅游资源，特别是一个国家或地区作为旅游资源的历史文化遗产和自然遗产，都具有空间上不可移动的特点，这是国外文献中称旅游资源为垄断性资源的原因。例如，名山胜水、森林雪山、海洋湖泊等，以及那些历史感强的资源，更无法离开特定的地理环境和历史背景，否则将失去其本身的历史价值与观赏价值。长江三峡、八达岭长城、桂

【1-3拓展视频】

林山水、壶口飞瀑、哈尔滨冰雕、吉林树挂等资源的特定地理环境,是无法用人工力量来搬迁或异地再现的。黄土高原的窑洞、牧区的帐篷与毡房、西南地区亚热带的"竹楼"、华北地区的四合院等,以及民族服饰、饮食文化、民俗风情等都根植于当地固有的自然地理环境和人文社会环境之中。

4. 综合性

旅游资源的综合性首先表现为旅游资源大多是由不同的要素组成的综合体。如山岳景观是由高耸挺拔的山体与林地、云雾等组成;峡谷景观是由谷地、河水及林地组成;一些气象、天象景观更是夕阳、彩虹、"佛光"等多种因素共同作用的结果。人文旅游资源也具有综合性的特点。如古村落作为一种旅游资源,它是由多种物质或非物质要素共同作用下形成的,概括起来可称为生态、物态、文态、情态等要素。旅游资源的综合性还表现在旅游资源开发上。由于单一资源的开发往往对旅游者的吸引力有限,在实践过程中,常将不同类型的旅游资源结合起来共同开发,以形成互补优势。如西湖风景区虽然以湖泊为主,但还包括山丘、林地、古建、古桥、地方风物传说等一系列资源类型。

5. 吸引力的指向性

对旅游者具有吸引力是所有旅游资源共有的本质特征。但无论多么优秀的旅游资源,受旅游者审美偏好、审美经验、审美能力、文化艺术涵养的不同以及各种客观因素的限制,其吸引性往往都只是指向一部分人而非全部游客市场。例如,对于某些探险类、宗教类或具有个别专项功能的旅游资源,它可能对某些旅游者极具吸引力,是这些旅游者来访的主要目的和活动对象,然而对于另外一些旅游者则可能吸引力不足,甚至完全没有吸引力。从吸引范围来看,一般来说,观光类旅游资源的吸引面较大,而专题型旅游资源的吸引面则相对较小。理解旅游资源吸引力的定向性,对于旅游经营者在组合旅游产品和开拓旅游市场方面具有十分重要的意义。

6. 不可再生性

旅游资源,除人工可以栽培或繁殖的动植物资源外,绝大多数是不可再生的资源,一旦破坏将不复存在、不再拥有,除非人工仿制,但那已经不是真正意义上的原有资源了。这在很大程度上是由于旅游资源的易损性和脆弱性造成的。一项使用过度的自然旅游资源可能会因此而被毁坏,也可能因自然风化的侵蚀而被破坏剥落。一项人文旅游资源,特别是有形的历史文化遗产,同样也会因使用不当而遭受破坏,甚至无法再生。例如具有600多年历史的噶丹寺,是西藏拉萨著名三大寺之一,1969年被夷为平地,使该地区永远失去了这一珍贵的旅游资源;有着"泉城"美名的济南市,过去那种"家家泉水,户户垂杨""四面荷花三面柳,一城山色半城湖"的美景,由于对地下水源缺乏保护一度面临停泉。甚至连号称"天下第一泉"的趵突泉,从1996年以来也曾一度经历停涌。正常发育的钟乳石一百年才生长1厘米,张家界石英砂岩峰柱是3.8亿年前形成的,一旦被毁,就无法恢复。而秦始皇陵兵马俑同样属于不可再生资源。旅游资源的这种不可再生性决定了对其进行保护的重要性。

西安临潼出土的秦始皇陵兵马俑

【1-4拓展知识】

1.2 旅游资源学的学科研究

1.2.1 旅游资源学的研究内容

旅游资源学是资源科学构成的一个重要组成部分。资源科学是一门研究自然资源的形成、演化、质量特征与时空分布及其与人类社会发展之间相互关系的科学。资源科学的重要发展特征就是要把资源的开发、利用与保护、管理结合起来，建立起完善的学科理论体系。据此不难推断，旅游资源学是专门研究旅游资源的形成、演化、质量特征与时空分布及其与人类旅游社会经济活动发展之间相互关系的学科。简言之，旅游资源学就是一门研究旅游资源与旅游社会经济活动关系的学科。

从旅游资源的基本内涵来看，旅游资源学的研究范围非常广泛，研究对象涉及旅游资源的属性、分类体系、形成与演化、调查与评价以及开发与保护等。

1. 旅游资源的形成与分类

各类旅游资源都各有其形成的渊源。自然旅游资源是各种自然因素相互影响、相互作用、长期演化的结果；人文旅游资源是特定社会、历史、文化等人文环境因素相互作用的结果。只有掌握与理解各类旅游资源的成因、发展和演化规律，才有可能充分认识旅游资源的科学价值，深入挖掘其自然与文化内涵并进行合理开发和深度开发，提高旅游资源的利用率和吸引功能。对旅游资源进行分类研究，可以系统地认识旅游资源，为因地制宜地开发旅游资源提供理论依据。

2. 旅游资源的特点及审美

揭示不同类型旅游资源的特点，掌握各类旅游资源对不同游客吸引力的差异，是旅游资源研究的前提。旅游资源的吸引力在于旅游资源本身所具有的独到特色和美学特征。对旅游资源特色及审美价值进行研究，由此挖掘和开发不同类型的旅游产品，可以指导旅游资源开发利用的方向。

鸣沙山-月牙泉

【1-5拓展知识】

3. 旅游资源的调查与评价

对旅游资源进行全面、系统的调查和客观评价是旅游资源开发与规划的客观需要和基础工作。因此，深入分析旅游资源调查的内容与重点、调查及评价的程序与方法，有利于合理开发和保护旅游资源，为制定旅游开发与规划提供科学依据。

4. 旅游资源的开发与规划

旅游资源必须经过旅游业的开发利用，才能够为人类创造出经济效益、社会效益和环境效益。而且旅游资源中有很多属于不可再生资源，盲目开发及过度消耗会破坏甚至毁坏旅游资源。这就要求我们必须科学开发、保护和利用好各类旅游资源，切实保护生态环境，这样才能使旅游资源充分地、可持续地为旅游业的发展提供服务。因此，要使旅游业得到健康、有序的发展，必须从理论到实践全方位地对旅游资源规划及其开发加以系统研究。

【1-6拓展视频】

5. 旅游资源的保护与可持续利用

旅游资源的开发与保护有时是存在一定矛盾的，但如果能正确规划、科学开发，两者是有可能得到协调统一的。我们既不能脱离国家和地方现有的条件，离开经济建设和旅游业发展，单纯强调旅游资源的保护；又不能片面追求经济利益，忽视对旅游资源的保护；更不能以牺牲旅游资源和环境为代价，去换取一时的经济效益。因此，深入探讨旅游资源的开发、保护和利用问题，是实现旅游业可持续发展的必然要求。

【1-7拓展视频】

1.2.2 旅游资源学的学科属性

1. 与相关学科的关系

(1) 与资源学科的关系

旅游资源学是一门资源应用学科，与气候资源学、水资源学、土地资源学、生物资源学、能源资源学等同属于资源学的平行部门的分支学科。由于旅游者的精神需求涉及大千世界的各个方面，因此，旅游资源学研究的这一资源客体的范畴比生物资源学、土地资源学等学科研究的范畴要大得多。它既涉及自然方面的资源，又涉及人文方面的资源，是一个庞大的资源体系。部门资源学中的生物、海洋、气象等各种资源，都可以开发成为旅游资源。部门资源学是从不同的侧面去研究资源的，而旅游资源学则是研究旅游经济活动与各种资源要素的相互关系，同时也离不开对相关资源的研究。

(2) 与旅游学科的关系

旅游活动是一个涉及自然、经济、社会、生态等诸多因素的综合性的社会现象。因此，旅游学研究的范围涉及多种学科，如地理学、经济学、资源学、生态学、管理学、社会学、心理学、法学、美学等。其中每一门学科的理论同旅游学的结合，便形成了诸如旅游地理学、旅游资源学、旅游经济学、旅游管理学、旅游社会学、旅游心理学、旅游法学、旅游美学等，他们都属于旅游学科群内的平行分支学科，分别从不同侧面探讨旅游学与有关学科结合的特点和规律。

(3) 与地理学科的关系

旅游资源学与地理学，特别是自然地理学与人文地理学之间关系十分密切。旅游地理学属于人文地理学的分支学科，其中的旅游资源地理部分，是从地理学角度对旅游资源的成因、特点、分类、区划、调查与评价、开发与规划等进行一些基础性的研究，其成果可以为旅游资源学的研究参考和利用。旅游地理学除了研究旅游资源地理外，还研究其他的内容；而旅游资源学则专门研究旅游资源，其研究的深度和广度在旅游资源的开发利用、实践活动推动下得以拓展和升华。

2. 学科属性

(1) 边缘性

旅游资源研究因涉及旅游学科、资源学科、地理学科等多门学科知识，因而边缘性是其基本属性。在研究过程中，需要针对不同的资源要素特点，交叉运用相关学科的有关原理和方法，才能够找到一套科学适用的解决旅游资源开发与规划、保护与管理相关问题的理论体系。

(2) 综合性

当今科学发展的一个重要趋势是走向综合与交叉。旅游资源学就是在已基本形成体系的地理学、经济学、管理学、社会学、旅游学及其他应用学科的基础上继承与发展起来的，是自然科学与人文科学相互结合、相互渗透、交叉发展的综合性学科。

(3) 实践性

旅游资源学由基础理论与实践应用两个部分组成。基础理论部分，着重探讨旅游资源的概念、形成机制、分类体系、调查手段、评价方法、开发模式等问题，主要是为更好地指导旅游资源的规划、开发和保护打好基础。实践应用部分，着重探讨旅游地旅游资源的数量、质量、特征、优势等基本状况以及开发规划与保护等。从这个意义上说，旅游资源学是一门实践性很强的应用学科。

1.2.3 旅游资源学的研究方法

1. 野外考察法

旅游资源种类繁多，各自有着与所处环境相适应的、特有的演化规律与变化进程。要掌握旅游资源的形成机制，揭示与比较旅游资源的历史、科学、艺术价值，就必须深入实地考察。尤其是自然旅游资源，它是由地质、地貌、水文、气候、动物、植物等自然条件在内外力量长期作用下形成的，是各种自然因子综合影响的结果。因此对它的认识与了解，需要从资源所在的地域自然环境方面来着手考察与分析，才能掌握各种旅游资源的特点与魅力，提出符合可持续发展要求的利用与保护策略。野外考察可以通过观察、测量、记录、录音、摄影、摄像等技术手段进行，考察强调获得资料的客观性、真实性和准确性。

2. 社会调查法

社会调查法是对社会现象的观察、度量及分析的研究方法，它以社会现象及现象之间的关系为研究对象。一般而言，对于人文旅游资源应进行广泛深入的社会调查。通常可采用观察、座谈、访问、社会测量、随机抽样问卷调查等手段，直接从现实社会中系统地搜集旅游资源的第一手资料来分析和研究社会现象及其内在规律。对诸如民俗风情、都市文化等人文类旅游资源的认识与利用，对旅游资源开发决策过程中客源市场的定位与分析，对旅游资源开发地区的社会经济、社会环境容量等方面，都必须进行深入的社会调查。在此基础上进行分析对比，总结分析所调查的旅游资源的分布、特点的形成与发展。旅游资源研究中常用的三种调查方法如下。

(1) 访问调查法

访问调查法也称访谈法，是指访问者通过口头交谈等方式直接向被访问者了解社会情况或探讨社会问题的调查方法。当对于一些旅游资源的相关资料无法辨别、评价和获取时，或者是对旅游资源开发规划方案无法进行量化评估和优化时，或者是对一些旅游资源的开发和管理策略无法进行决策时，可以采取访问调查法。访问时应根据问题的性质确定访问对象，并且应事先做好准备工作，列出详细的访问提纲；若在访问中发现有矛盾，则应重点深入调查，并结合自己掌握的情况做出正确的判断。

(2) 抽样调查法

抽样调查法是指先将调查对象编制成抽样框，然后运用一定方法从抽样框中抽取一部分抽样单位作为样本，并以样本调查的结果来推断调查总体的调查方法。抽样调查法的一般程序为界定调查总体、选择抽样方法（随机抽样或非随机抽样）、编制抽样框、抽取调查样本、评估样本质量、对抽样对象问卷调查或访谈及评估抽样效度和信度。通常，抽样时应该注意样本选择的随机性和样本分布的均匀性，使抽样结果具有较高的代表性。抽样调查一般采用问卷调查或访谈等，问卷和访谈拟定的问题应较简单，容易填写和回答。调查后要进行归类和认真分析，检验抽样的效度和信度，以得出与实际相符的结果。抽样调查是旅游资源研究中常用的基础性方法。

(3) 德尔菲法

德尔菲法又名专家意见法或专家函询调查法，是采用背对背的通信方式征询专家组成员的预测意见，经过几轮征询和反馈，专家组成员的意见逐步趋于集中，最后获得具有很高准确率的集体判断结果。该方法主要采用匿名发表意见的方式，即团队成员之间不得互相讨论，不发生横向联系，只能与调查人员发生关系，反复地填写问卷，以集结问卷填写人的共识及搜集各方意见。德尔菲法可用来构造团队沟通流程，应对复杂任务难题的管理。德尔菲法具有匿名性、反复性和定量性的特点，实质上是一种集体的、间接的书面调查。其优点在于排除了会议访谈中无法完全排除的各种社会心理因素的干扰。目前，德尔菲法较广泛地应用于区域旅游资源的综合评价中，同时在旅游资源开发规划方案的评估、旅游资源管理策略的选择等问题中也有一定的运用。

3. 文献资料法

文献资料法也称"历史文献法"，是通过检索、收集、鉴别以及研究与运用这一系统化过程，查阅已有文献中的相关资料来了解、证明所要研究对象的方法。文献的分析与综合主要是研究者对自己掌握的文献进行创造性思维加工的过程。通过这样的加工，形成对事物本身的总揽性认识。如果说野外调查法能够让我们客观真实地掌握旅游资源的赋存状况和现实状态；那么，文献资料法则有利于挖掘旅游资源的历史价值和文化内涵，为全面了解旅游地的旅游资源开发状况提供先期成果和经验依据。

4. 统计分析法

任何旅游区域都是由多种旅游资源类型和环境要素组成的。对构成旅游景观各种要素的研究，除进行定性研究外，还必须进行定量研究。如对有关的要素分别统计其面积、长度、宽度、深度、角度、温度、含量、直径、周长、种数、层数、权重、方差等，通过对这些统计资料的分析，对于确定某个旅游区域的资源特色、旅游价值、环境容量等都有着重要意义。

统计分析法是将收集整理的第一手资料和第二手资料（前人的研究成果或工作资料）进行分析，对一些可以量化的资料和数据进行分类与计算机处理，以求从量上得到一些有关规律性、精确性、预测性的统计分析资料，进而对研究区域内的旅游资源有一个较全面的认识，以把握全区的总貌和重点的一种方法。

5. 现代"3S"技术方法

旅游资源学研究同其他学科一样离不开现代科学技术手段的支持。"3S"是指：遥感（Remote Sensing，RS）、地理信息系统（Geographic Information System，GIS）、全球卫星定位系统（Global Positioning System，GPS）。RS技术主要是指从远距离高空以及外层空间的各种平台上利用可见光、红外、微波等电磁波探测仪器，通过摄影或扫描、信息感应、传输和处理等方式，研究地面物体的形状、大小、位置及其环境的相互关系与变化的现代技术科学。RS具有观测范围大、获取信息量大、速度快、实时性好、动态强等优点，使旅游资源研究中的空间基础地理信息的采集更为准确，更具现实性和时效性。GIS技术是采集、存储、管理、分析、描述和应用整个或部分地球表面（包括大气层在内）与空间、地理分布有关的数据的计算机系统，由硬件、软件、数据和用户的有机结合构成。GIS具有强大的空间信息管理、属性数据查询、三维影像显示、空间分析等功能，为旅游资源评价、开发规划的编制、模拟与评判研究提供了理想的技术平台。GPS技术是利用卫星发射的无线电信号进行导航定位的卫星无线电导航定位系统。具有全球性、全方位、全天候、高精度、快速实时的三维导航、定位、测速和授时功能，为旅游资源的图件制作及评价与开发提供精密数据和科学依据。在旅游资源调查研究中，"3S"技术方法的应用是旅游业信息化发展的迫切需要。随着技术的进一步发展，"3S"技术在旅游资源调查研究中的应用已经开始走向成熟，对整个旅游业的发展具有重要的促进作用。

本章小结

本章从两个视角引导学生学习和认识旅游资源及其学科内容。一方面，从微观层面分析旅游资源的基础理论知识，目的是让学生深入、系统地了解旅游资源及其相关概念，深刻把握旅游资源的基本内涵和六大方面的基本特点。另一方面，从宏观层面上把学生的学习视野引领到旅游资源学的学科研究高度上，通过对旅游资源学的学科属性、研究内容和研究方法的阐述，使学生构建起对旅游资源学的认识和学习框架，从整体上把握学习和研究旅游资源学的理论与方法。

复习思考题

一、填空题

1. 自然界和人类社会凡能对旅游者产生_____，可以为_____开发利用，并可产生经济效益、_____效益和_____效益的各种事物和因素都可视为旅游资源。

2. 旅游资源必须具有＿＿＿＿功能和＿＿＿＿价值。

3. 旅游资源的基本特点包括：＿＿＿＿、＿＿＿＿、不可移动性、＿＿＿＿、吸引力的指向性和＿＿＿＿。

二、不定项选择题

1. 下列不属于旅游资源学的学科属性的是（　　）。
   A. 边缘性   B. 综合性
   C. 实践性   D. 分异性

2. （　　）不是德尔菲法的特点。
   A. 匿名性   B. 分散性
   C. 反复性   D. 定量性

3. 下列属于旅游资源学的主要研究内容的是（　　）。
   A. 旅游资源属性、形成与演化   B. 旅游资源的调查与评价
   C. 旅游者的消费行为与旅行社的服务   D. 旅游资源的开发与保护

4. 下列属于旅游资源学的研究方法的是（　　）。
   A. 野外考察法   B. 主观想象法
   C. 文献资料法   D. 统计分析法

三、简答题

1. 你是如何理解"旅游资源"这个概念的？
2. 举例说明旅游资源与旅游业发展的关系。
3. 介绍自己的某一次旅游活动，试分析目的地旅游资源的主要特点。

四、案例分析题

国家战略背景下旅游资源科学的时代特征

长期以来，旅游资源一直作为旅游业的客体而被研究和开发利用，其价值内涵和研究方法均随着时代的发展而呈现出不同的时代特征。当前，随着我国生态文明战略、文化强国战略、乡村振兴战略、创新驱动发展战略、健康中国战略等一系列国家战略的实施，旅游资源科学面临新环境和新任务，并在服务国家战略与旅游需求中得到了新的提升和发展，呈现出新的科学内涵和时代特征。

(1) 新战略提出旅游资源科学新要求

旅游资源科学在服务国家战略和带动经济社会发展方面，发挥了重要的作用。而一系列国家战略的实施和旅游业的蓬勃发展，也对旅游资源科学提出了新要求。无论是生态文明建设还是国土空间战略，无论是文化强国建设还是创新驱动发展战略，无论是新型城镇化建设还是乡村振兴战略，无论是"一带一路"倡议还是长江经济带建设等，均对旅游资

源科学提出了大量的保护利用的现实需求和有待破解的科学问题,必须深化旅游资源研究,创新旅游资源理论方法和应用体系,为国家战略的实施和旅游业发展提供理论支撑和决策依据。

(2) 新需求催生旅游资源科学新领域

国家建设生态文明、保护绿水青山的发展需求,形成了山水林田湖草沙生命共同体新认知,促进了生态旅游资源与环境研究领域的新拓展;文化保护传承、文化强国建设和科技创新发展,催生了文化、科技和信息旅游资源研究新领域;经济的高质量发展和旅游与相关产业融合的加深,衍生了产业发展新形态和旅游资源新类型,拓宽了旅游资源研究新范畴;国家机构改革的深化及自然资源部、文化和旅游部的建立,提出了旅游资源整合和融合发展新命题,需要创新和重构旅游资源理论体系与应用领域。

(3) 新技术带来旅游资源科学新思路

科技进步对旅游资源科学带来了巨大变化。一方面,互联网、物联网、5G、大数据、深度学习、量子计算、人工智能和区块链等新技术,将在很大程度上改变着科学研究的思维观念,在旅游资源的认知能力、时空格局、演化机制、数据资源和系统综合等方面形成新的理论视角和研究思路。另一方面,新技术带来旅游资源研究内容和研究方法的新变化,可有效改进旅游资源观测、调查与评价技术,为旅游资源的数字化保护、传承、恢复与重构,数字化监测与管理提供技术支撑。

(4) 新方法创造旅游资源科学研究新路径

在旅游资源科学研究中,新技术创造新数据,新数据催生新方法,新方法开辟新路径,新路径带来新突破。随着"3S"技术、数理统计与建模、大数据与人工智能等分析方法的应用和发展,旅游资源科学研究方法产生了新变革。现代技术方法为深入开展旅游资源科学系统研究,精细刻画旅游资源科学的时空特征、价值效应与形成机制,有效解决旅游资源科学和旅游发展面临的复杂问题,提供丰富的数据基础和重要的方法工具,使得旅游资源科学研究从以定性分析为主走向定量表达,从资源评价走向科学决策,从单一性研究走向综合性研究,从而有效推动旅游资源科学的创新与发展。

(5) 新动力构建旅游资源科学新格局

旅游资源并非一成不变,在新经济、新需求、新科技等新动力影响下,旅游资源不断推陈出新。新战略、新需求和新科技创造了旅游资源类型新格局,赋予旅游资源新内涵和新价值;旅游发展新地域、新业态和新活动带来旅游资源空间新格局,形成资源分布格局新动态和空间结构新变化;环境保护和转型发展新政策、新要求和新路径造就旅游资源利用新格局,形成旅游资源保护利用新方式和新效应;学科的新融合、新数据和新方法带来旅游资源科学新格局,促进科学问题新发现和研究领域新拓展。因而,应扎根于国家战略和旅游发展的重大需求,综合考虑新的变化特征和动力因素,构建旅游资源科学的全新格局。

国家战略是旅游资源科学研究的战略引领和需求源地，旅游资源科学研究是助推国家战略实施的智力支撑和科技动力。一系列国家战略的实施为旅游资源科学研究提出了许多科学问题，未来我们应将理论研究与应用研究有机结合，将知识创造与社会决策有效贯通，围绕国家战略凝练相关科学问题，融合相关学科的理论和方法，推动旅游资源科学研究创新，增加学科知识溢出，以期更好地服务于国家战略、人民生活需要和旅游产业发展。

请思考

国家战略背景下旅游资源科学有怎样的科学内涵与时代特征？分组讨论旅游资源科学的重点研究领域应该包括哪些方面。

Chapter 2 旅游资源分类

学习目标>

- 了解旅游资源分类的意义和原则
- 理解旅游资源分类的依据和步骤
- 掌握旅游资源分类常见的几种方法
- 熟悉旅游资源分类的《旅游资源分类、调查与评价》国家标准（GB/T 18972—2017）

知识结构 >

旅游资源分类	旅游资源分类概述	旅游资源分类的意义
		旅游资源分类的原则
		旅游资源分类的依据
		旅游资源分类的步骤
	旅游资源分类的方法	按旅游资源基本属性分类的方法
		其他常见的旅游资源分类方法
		几种新型的旅游资源分类方法

四川旅游金三角"金"在何处？

【2-1拓展视频】

四川旅游金三角，即由青城山-都江堰、峨眉山、海螺沟三大老牌AAAAA级景区形成的四川旅游黄金区域。四川旅游金三角覆盖了成都、乐山、甘孜三市，已成为西部跨区域旅游合作的典范。自2019年以来，三大景区联袂推出"堰遇山盟海誓·畅游四川旅游金三角"度假旅游活动，以抱团出游的方式，塑造了四川极具特色的跨区域旅游品牌。那么，四川旅游金三角"金"在何处呢？

从禀赋深厚的自然资源来看，四川旅游金三角聚集了四川具有代表性的旅游资源，其神奇魅力主要来自独特的自然资源禀赋。青城山-都江堰景区有山势奇峻、风光秀丽、林木葱郁、浮岚叠翠的景致，以其鬼斧神工般雕琢出"满城水色半城山"的盛世美景；峨眉山将雄秀、险秀、幽秀、隐秀、雅秀、朴秀和野秀等"七秀"融为一体，呈现了中国名山中极为罕见的旖旎风光；海螺沟则是游客观绝美冰川、赏康巴歌舞、泡顶级温泉、品藏彝美食的最佳旅游目的地。特殊的自然地理条件，形成了独特的小气候环境，使得"四川旅游金三角"区域内的森林植被、野生动物景观独具特色，极具代表性。

从丰富多元的文化体验来看，四川旅游金三角是融汇了佛教文化、道教文化、水利文化、熊猫文化、武术文化、茶马古道、长征文化和藏彝文化于一体的多元文化旅游风景线。这里形成了多种多样的文化体验方式，更以良好的区域联动，通过推出"金三角"文化旅游线路，为四海游客提供了既能赏美景又能品文化的品质旅游体验。同时，得益于自然地理环境和历史文化发展的双重作用，金三角地区社会人文与区域文化相辅相成，共同形成了特色鲜明的民俗习惯。金三角的风俗风情内容广泛，形式多样，极具特色的旅游项目，如仙气飘飘的《拂尘舞》、道家《水之灵》表演、出神入化的峨眉武术、风情万种的海螺沟山歌等，让游客流连忘返，直呼过瘾。

总之，多样的自然资源和丰富的人文特色既是四川旅游金三角发展的关键，也是形成具有国际区域旅游品牌的基础，四川旅游金三角是具有代表性的资源整合模式，也为更多的区域资源整合发展提供了可行的落地方案。

案例思考

分析四川旅游金三角主要有哪几类品牌旅游资源？你认为三大老牌AAAAA级景区抱团发展有何利好？

2.1 旅游资源分类概述

分类是指"根据事物的特点分别归类",即根据分类对象的共同点和差异点,将对象区分为不同种类的过程。旅游资源分类,就是根据旅游资源的同质性和差异性,按照一定的目的和需要,将旅游资源进行集合归类,从而区分为具有一定从属关系的不同类别的系统。

2.1.1 旅游资源分类的意义

首先,旅游资源的分类过程,实际上是人们加深对旅游资源属性的认识过程。通过对种类众多的旅游资源进行系统化的梳理、对比、归纳和划分,找到资源之间的同质性或差异性,区分出不同级别的从属关系及其联系,加深对旅游资源整体及局部(区域性)资源属性的系统了解和认识,发现并掌握其特点、规律,为旅游资源的保护、开发利用提供基础和依据。

其次,旅游资源分类,是将种类庞杂的众多旅游资源进行条理化、系统化划分的过程。通过各种分类系统的建立,不仅可以加深对旅游资源特点的认识,而且可以为比较与评价旅游资源、建立旅游区特色旅游产品体系、形成一个关于旅游资源的信息系统提供决策依据。

最后,旅游资源分类是区域资源调查与评价的基础。当今我国旅游资源的开发已经进入深层次开发阶段,深层次的旅游开发尤其重视对旅游资源的调查评价工作。科学、有效的旅游资源分类,是旅游资源调查与评价的基础,它可以指导和帮助旅游工作者顺利完成旅游规划与开发前的资源调查与评价任务。

2.1.2 旅游资源分类的原则

1. 同质性与差异性原则

同质性与差异性原则,即所划分出的同一级别同一类型的旅游资源必须具有共同的属性,不同的类型之间必须具有一定的差异性,这是进行分类时必须遵循的首要原则。如以典型地质构造、标准地层剖面、生物化石点、岩石与矿物、自然灾变遗迹、山岳景观、峡谷景观、火山熔岩等为基本旅游资源类型的地质地貌旅游资源和以江河、湖泊、瀑布、明泉、海洋等为基本旅游资源类型的水体旅游资源都是在自然演化过程中天然赋存、自然形成的，具有一定的同质性，都可以归入自然旅游资源大类。但它们之间又存在一定的差异性，地质地貌旅游资源主要是以各种区域的地质结构为载体，水体旅游资源则以不同的水域形态为基本表现，所以又可以将它们区分为不同的次级类型。

2. 整合性与独立性原则

旅游资源是一个复杂的系统，它可以分为若干个不同等级、不同层次的类型。所以，在分类的时候，应该按照一定的规则逐级进行。整合性原则，是指从不同角度将旅游资源的基本架构分解为几大类，而这几大类整合在一起仍然能够保持旅游资源基本架构的整体性与完整性。独立性原则，是指所划分的几大类相互之间应该是相对独立的，不会出现相互包容或重叠的情况。

3. 系统性与对应性原则

系统是自成体系的组织，是相同或相似的事物按照一定的秩序和内部联系组合而成的整体。旅游资源是由各种不同的资源个体组成的一个系统，因此，在对旅游资源进行分类时必须遵循这一原则。系统性原则包含逻辑对应、逐级划分、相互独立三层含义。逻辑对应也可称为对应性原则，即所划分出的次一级类型的内容必须完全对应于上一级类型的内容，不能出现次一级的内容超出上一级的内容或少于上一级的内容的现象，否则就会出现逻辑上的错误。

2.1.3 旅游资源分类的依据

对旅游资源的分类，除了遵循基本原则之外，还需要有一定的具体依据，即必须根据旅游资源本身的某些属性或关系进行分类。由于旅游资源的属性、特点及事物之间关系的多元性决定了分类依据的多样性，因此，人们可以根据不同分类目的选取相应的分类依据。

(1) 属性

属性是指旅游资源的性质、特点、存在方式、状态等。例如，自然旅游资源中的地质地貌旅游资源、水体旅游资源、生物旅游资源，它们的性状不同，因而可以区分为不同的类别。

(2) 成因

成因是指旅游资源形成的基本原因与过程。如人文旅游资源是人为的，自然旅游资源是自然界赋存、天然形成的。地貌旅游资源按成因可分为流水作用的旅游地貌、风力作用的旅游地貌、溶蚀作用的旅游地貌。

(3) 功能

功能是指旅游资源能够满足开展旅游与休闲活动需求的作用和效能。根据旅游资源功能的不同可以把旅游资源分为不同的类别，如观光游览型、参与体验型、商品购物型等。

(4) 时间

时间是指旅游资源形成的时间。根据旅游资源形成时间的不同，可以分为不同的类别，如根据形成时间可以把建筑旅游资源区分为原始建筑、古代建筑、近现代建筑等。

(5) 其他

如旅游资源的开发利用情况、管理级别、质量高低等，均可作为不同目的与要求的分类依据。

2.1.4 旅游资源分类的步骤

首先，在大量收集各种旅游资源资料和数据的基础上，明确旅游资源分类的目的和要求，区分出一般性旅游资源与专门性旅游资源，并根据旅游资源单体调查结果，结合实际，确定相应的分类原则和依据。

其次，通过比较分析，初步建立分类系统，把各种旅游资源分别归入不同的类型。可以采用逐级划分与逐级归并相结合的方法。所谓逐级划分，就是由上到下、由粗到细的分类方法，即把所有旅游资源看成一个群体，按照相应分类原则，依据同质性与差异性，先划分出高一级的大类或系统，再分别向下逐级细分出不同的类型。而逐级归并是指按照由下到上、由小到大的方法，从旅游资源单体开始，按照相应的分类原则和依据，把相同的旅游资源单体先归为最基本的一类，然后再依据同质性与差异性逐步归并出较大的类型或系统。

再次，通过补充、调整，完善分类系统。在初步分类、基本建立分类系统的基础上，再从上至下或从下至上，逐级对比分析，检查是否符合分类原则和目的要求，所采用的依据是否恰当，分类系统是否包含了所有应划分的旅游资源单体。如果存在不妥之处，应进行补充、调整，直到形成一个符合要求的、科学的分类系统。

最后，在完成前述工作的基础上，还应该写出分类说明。其内容包括该项旅游资源分类的目的与要求、原则、依据和分类结果等。

2.2 旅游资源分类的方法

2.2.1 按旅游资源基本属性分类的方法

1. 二分法与三分法

依据旅游资源本身的基本属性，一般可以将旅游资源分为自然旅游资源和人文旅游资源两大类，我们把这种分类方法称为"二分法"。有一些学者出于研究的需要，认为按照资源的属性,可以将旅游资源划分为自然旅游资源、人文旅游资源和社会旅游资源三大类,我们把这种分类方法称为"三分法"。

(1) 二分法

① 自然旅游资源:是指由地貌、水体、气候、生物等因素形成的、天然赋存的、能使旅游者产生美感的自然环境或物象的地域组合。

② 人文旅游资源:是指古今人类社会活动、文化成就、艺术结晶和科技创造的记录和轨迹。自然与人文两大类旅游资源所包括的基本类型,详见表2-1。

表2-1 旅游资源二分法分类表

类别	类型	基本类型
自然旅游资源	地质地貌类景观	典型地质构造,标准地层剖面,生物化石点,岩石与矿物,自然灾变遗迹,山岳景观,峡谷景观,火山熔岩,岩溶景观,风沙地貌,丹霞地貌,冰川地貌,黄土地貌,海岸与岛礁,其他地貌
	水域风光类景观	江河,湖泊,瀑布,明泉,海洋,漂流河段,冰川,浪潮,海湾,其他
	天象与气候景观	云海,雾凇,雪凇,日出,日落,极光,天象奇观,太空景观
	动植物景观	森林景观,草原景观,古树名木,奇花异草,观赏动物,表演动物,珍奇动物
	综合自然景观	风景名胜区,森林公园,自然保护区,地质公园,湿地公园,田园风光,其他综合景观
人文旅游资源	历史遗迹	古人类遗址,军事遗址,古建筑,古窟碑碣,古代工程,陵墓,名人遗址,重要史迹,其他古迹
	城镇风貌	历史文化名城,现代都市,特色城镇
	宗教文化	宗教建筑,宗教活动,宗教艺术
	园林景观	帝王园林,私家园林,寺庙园林,公共园林
	现代设施	现代建筑与大型工程,科学教育文化设施,体育健身设施,娱乐休闲设施
	民俗风情	传统民居,民族服饰,特色饮食,婚恋,节日庆典,礼仪
	饮食与购物	名菜佳肴,土特产品,旅游纪念品,购物中心与特色场所,著名店铺
	文学艺术	游记,诗词,楹联,题刻,神话传说,书法,绘画,影视,戏曲,音乐,舞蹈

表2-1中自然旅游资源大类中的"综合自然景观"基本类型划分,是由于一些自然资源类型涵盖面较广,由多种要素共同组成,具有较强的综合性,所以这类资源往往难以简单归入某一要素类型。比如,自然保护区的内容较多,既有动植物,又有典型的非生物的地

貌、水体、气象等景观类型，因此，自然保护区不宜简单归入动、植物景观或其他自然景观旅游资源。另外，自然保护区、森林公园等旅游地在管理、开发利用及保护上要求具有统一性和整体性，并符合一定的技术规范，这类旅游资源很难割裂分解。因此，在自然旅游资源类别中专门划分出"综合自然景观"亚类。

(2) 三分法

① 自然旅游资源：是指能够使人们产生美感并能构成景观的自然环境或物象的地域组合，包括地质地貌类、水域风光类、气象气候类、生物景观类等旅游资源。自然旅游资源是可见可闻的客观存在，突出的是其物质的物理特性，特别强调人的官能感受（感觉、知觉等）。

② 人文旅游资源：是指古今人类创造和积累起来的文明成果，是物质财富和精神财富的总和，在一定条件下可以被利用转化为旅游活动所需的产品，包括古迹与遗址、古都名城、宗教寺院、园林、古建筑、纪念地、文学艺术等旅游资源。人文旅游资源是以形写神，突出的是一种历史特性，表现着历史文化的内涵和神韵，是将动态的历史静态地显示出来。

③ 社会旅游资源：是指民情风俗、人际关系、传统节庆、民间生活方式、特有的民族服饰与文化艺术形式等，还可以包括城市景观、体育保健、娱乐、商务、会议、购物、土特工艺品、新生事物等。社会旅游资源是社会资源在旅游业中的运用，是动态地呈现社会现实，注重的是现实对人的一种心理触动。社会旅游资源与人类社会生活融为一体、密不可分，它不具有长效性和永续性的价值，但可以由人们创造而再生，给游人提供参与性、体验性和刺激性的美感享受。

2. 分类方案举要

按属性进行分类是目前最常见、应用最广泛的旅游资源分类方法，许多学者在完善这一分类方法方面做了大量的研究工作。到目前为止，被普遍认同的属性细分方案已有多个，权威性的主要有两个：一个是中国科学院地理研究所与国家旅游局旅游资源开发司从20世纪90年代初期开始研究，于1992年提出的《中国旅游资源普查规范（试行稿）》，通常被称为"1992版旅游资源分类分级系统"；另一个是由文化和旅游部提出，由国家质量监督检验检疫总局发布，从2018年7月1日起开始实施的中华人民共和国国家标准《旅游资源分类、调查与评价》（GB/T 18972—2017）。

(1) 1992年版《中国旅游资源普查规范（试行稿）》的分类方案

1992年版《中国旅游资源普查规范（试行稿）》的分类方案根据旅游资源的选择和状态、旅游资源特征指标的一致性、类型之间的差异性等原则进行分类，是一种以旅游资源普查为目的的应用性分类方案。本方案中旅游资源由"类"和"基本类型"组成，共包括6类74种基本类型，具体内容如下。

① 地文景观类（13种）：包括典型地质构造、标准地层剖面、生物化石点、自然灾变

遗迹、名山、火山熔岩景观、蚀余景观、奇特与象形山石、沙（砾石）地风景、沙（砾石）滩、小型岛屿、洞穴、其他地文景观。

② 水域风光类（7种）：包括风景河段、漂流河段、湖泊、瀑布、泉、现代冰川、其他水域风光。

③ 生物景观类（6种）：包括树林、古树名木、奇花异草、草原、野生动物栖息地、其他生物景观。

④ 古迹与建筑类（32种）：包括人类文化遗址、社会经济文化遗址、军事遗址、古城和古城遗址、长城、宫廷建筑群、宗教建筑与礼制建筑群、殿（厅）堂、楼阁、塔、牌坊、碑碣、建筑小品、园林、景观建筑、桥、雕塑、陵寝陵园、墓、石窟、摩崖字画、水工建筑、厂矿、农林渔牧场、特色城镇与村落、港口、广场、乡土建筑、民俗街区、纪念地、观景地、其他建筑或其他古迹。

⑤ 消闲求知健身类（11种）：包括科学教育文化设施、休疗养和社会福利设施、动物园、植物园、公园、体育中心、运动场馆、游乐场所、节日庆典活动、文艺团体、其他消闲求知健身活动。

⑥ 购物类（5种）：包括市场与购物中心、庙会、著名店铺、地方产品、其他物产。

因1992年版的方案在实行一段时间后暴露出一些问题，于是由中国科学院地理科学与资源研究所科学家担纲，会同其他科研单位和高校地理工作者对其进行了修正，提出了一种更为科学的旅游资源分类分级体系，通常称为"1997版旅游资源分类分级体系"。该体系把旅游资源分成景系、景类和景型三个层次，又根据景型规模将旅游资源分成景域、景段和景元三个等级。1997版旅游资源分类分级体系共包括3个景系（自然景系、人文景系和服务景系）、10个景类和95个景型。

(2) 国家标准分类方案

国家标准《旅游资源分类、调查与评价》（GB/T 18972—2017）主要依据旅游资源的属性，对稳定的、客观存在的实体旅游资源和不稳定的、客观存在的事物和现象进行分类，将全部旅游资源划分为三个层次，依次称为"主类"（8个）、"亚类"（23个）、"基本类型"（110个）。8个主类分别是地文景观类、水域景观类、生物景观类、天象与气候景观类、建筑与设施类、历史遗迹类、旅游购品类、人文活动类。亚类与基本类型如表2-2所示（国标里个别表示不妥之处，全书统一做了适当调整）。其中主类和亚类为"构造层"，基本类型为"实体层"。构造层是旅游资源的框架支撑，实体层是分类、调查、评价的实际对象。基本类型的绝大部分是具象的、客观存在的、稳定的物质型资源实体。它能让人观察到或触及，能让多人同时同地或异时异地描写、记录、叙述并且与主体保持一致。基本类型还包括了少量非具象，但客观存在的事物和现象，称为非物质型旅游资源，它们同样具有相对稳定的特征。

表2-2 亚类与基本类型

主类	亚类	基本类型
A 地文景观	AA自然景观综合体	AAA山丘型景观，AAB台地型景观，AAC沟谷型景观，AAD滩地型景观
	AB地质与构造形迹	ABA断裂景观，ABB褶曲景观，ABC地层剖面，ABD生物化石点
	AC地表形态	ACA台丘状地景，ACB峰柱状地景，ACC垄岗状地景，ACD沟壑与洞穴，ACE奇特与象形山石，ACF岩石圈灾变遗迹
	AD自然标记与自然现象	ADA奇异自然现象，ADB自然标志地，ADC垂直自然带
B 水域景观	BA河系	BAA游憩河段，BAB瀑布，BAC古河道段落
	BB湖沼	BBA游憩湖区，BBB潭池，BBC湿地
	BC地下水	BCA泉，BCB埋藏水体
	BD冰雪地	BDA积雪地，BDB现代冰川
	BE海面	BEA游憩海域，BEB涌潮与击浪现象，BEC小型岛礁
C 生物景观	CA植被景观	CAA林地，CAB独树与丛树，CAC草地，CAD花卉地
	CB野生动物栖息地	CBA水生动物栖息地，CBB陆地动物栖息地，CBC鸟类栖息地，CBD蝶类栖息地
D 天象与气候景观	DA天象景观	DAA太空景象观赏地，DAB地表光现象
	DB天气与气候现象	DBA云雾多发区，DBB极端与特殊气候显示地，DBC物候景象
E 建筑与设施	EA人文景观综合体	EAA社会与商贸活动场所，EAB军事遗址与古战场，EAC教学科研实验场所，EAD建设工程与生产地，EAE文化活动场所，EAF康乐游乐休闲度假地，EAG宗教与祭祀活动场所，EAH交通运输场站，EAI纪念地与纪念活动场所
	EB实用建筑与核心设施	EBA特色街区，EBB特性屋舍，EBC独立厅、室、馆，EBD独立场、所，EBE桥梁，EBF渠道、运河段落，EBG堤坝段落，EBH港口、渡口与码头，EBI洞窟，EBJ陵墓，EBK景观农田，EBL景观牧场，EBM景观林场，EBN景观养殖场，EBO特色店铺，EBP特色市场
	EC景观与小品建筑	ECA形象标志物，ECB景观点，ECC亭、台、楼、阁，ECD书画作，ECE雕塑，ECF碑碣、碑林、经幢，ECG牌坊牌楼、影壁，ECH门廊、廊道，ECI塔形建筑，ECJ景观步道、甬路，ECK花草坪，ECL水井，ECM喷泉，ECN堆石

续表

主类	亚类	基本类型
F 历史遗迹	FA物质类文化遗存	FAA建筑遗迹，FAB可移动文物
	FB非物质类文化遗存	FBA民间文学艺术，FBB地方习俗，FBC传统服饰装饰，FBD传统演艺，FBE传统医药，FBF传统体育赛事
GL 旅游购品	GA农业产品	GAA种植业产品及制品，GAB林业产品与制品，GAC畜牧业产品与制品，GAD水产品及制品，GAE养殖业产品与制品
	GB工业产品	GBA日用工业品，GBB旅游装备产品
	GC手工工艺品	GCA文房用品，GCB织品、染织，GCC家具，GCD陶瓷，GCE金石雕刻、雕塑制品，GCF金石器，GCG纸艺与灯艺，GCH画作
H 人文活动	HA人事活动记录	HAA地方人物，HAB地方事件
	HB岁时节令	HBA宗教活动与庙会，HBB农时节日，HBC现代节庆
数量统计		
8主类	23亚类	110基本类型

注：如果发现本分类没有包括的基本类型时，使用者可自行增加。增加的基本类型可归入相应亚类，置于最后，最多可增加2个。编号方式为：增加第1个基本类型时，该亚类2位汉语拼音字母+Z，增加第2个基本类型时，该亚类2位汉语拼音字母+Y。

《旅游资源分类、调查与评价》（GB/T 18972—2017）对旅游资源的分类、调查、评价制定了一整套的流程体系，其条目清晰、内容详尽，具有全面性、系统性、规范性、应用性的特点，具有很强的可操作性，对规范旅游资源调查和管理，特别对指导旅游规划与开发有着重要的指导意义。因此本书后面章节中有关旅游资源的形成、特性、旅游功能的分析，以及旅游资源调查与评价等方面的研究，我们主要依据此标准分类进行论述。

2.2.2 其他常见的旅游资源分类方法

1. 按旅游资源的价值和管理级别分类

由于旅游资源存在质量差异，其旅游资源价值（包括美学、历史、文化、科学、环境、社会等方面价值）有高有低，通常质量越高价值越高，对游客的旅游吸引力越强，所能发挥的经济、社会、环境效益越大。而旅游资源质量和价值的高低通常与相关资源的管理级别相对应，即管理级别越高，说明其质量和价值越高（仅有少部分文物保护单位、地质公园等因具有特定的历史、科学价值，管理级别高而旅游价值不高）。根据旅游资源的价值和管理级别，可将旅游资源分为世界级、国家级、省级、市（县）级四类。

(1) 世界级旅游资源

这类旅游资源品位突出，其历史价值、科学价值或艺术价值在世界上具有重要意义，或其资源珍贵、稀少与奇特程度，在国内属于独有或罕见的。例如，由联合国教科文组织在全球范围内遴选公布的世界遗产、世界地质公园以及世界自然联盟公布的人与生物圈保护区等，这些都是世界公认的最具吸引力的旅游资源，成为全世界关注的旅游热点地区。在许多国家，世界遗产和地质公园几乎成了所在国家的旅游象征，也成为全世界了解、认识该国的重要窗口。

补充阅读

全球世界遗产总数已增至1199项

世界遗产是指被联合国教科文组织和世界遗产委员会确认的人类罕见的、目前无法替代的财富，是全人类公认的具有突出意义和普遍价值的文物古迹及自然景观。总的来说，世界遗产包括"世界文化遗产""世界自然遗产""世界文化与自然遗产"和"文化景观遗产"四大类。

2023年9月18日，第45届世界遗产委员会大会在沙特阿拉伯利雅得闭幕，大会审议通过新增42项世界遗产。根据最新统计，《世界遗产名录》收录的全球世界遗产总数已增至1199项，其中包括993项世界文化遗产（含文化景观遗产），227项自然遗产，39项文化与自然双重遗产。有21项遗产为两个或两个以上国家共有遗产，这些遗产分布在38个国家（耶路撒冷尚未确定归属）。从全世界范围看，各大洲的遗产数量排名为：第一是欧洲，529处；第二是亚洲，282处；第三是非洲，137处；第四是北美洲，111处；第五是南美洲，108处；第六是大洋洲，32处。拥有世界遗产数量最多的前5个国家分别是意大利、中国、德国、西班牙、法国；具体前20个国家所拥有的遗产情况如表2-3所示。

表2-3 世界遗产数量前20名国家统计

名次	国家	遗产数量（文化+自然+双重）	名次	国家	遗产数量（文化+自然+双重）
1	意大利	58（53+5+0）	5	法国	49（42+6+1）
2	中国	57（39+14+4）	6	印度	40（32+7+1）
3	德国	51（51+0+0）	7	墨西哥	35（27+6+2）
4	西班牙	49（43+4+2）	8	英国	33（28+4+1）

续表

名次	国家	遗产数量（文化+自然+双重）	名次	国家	遗产数量（文化+自然+双重）
9	俄罗斯	30（19+11+0）	15	加拿大	20（9+10+1）
10	伊朗	27（25+2+0）	16	希腊	18（16+2+0）
11	日本	25（19+4+2）	17	土耳其	19（17+2+0）
12	美国	24（11+12+1）	18	葡萄牙	17（16+1+0）
13	巴西	23（15+7+1）	19	波兰	17（15+2+0）
14	澳大利亚	20（4+12+4）	20	捷克	16（16+0+0）

注：以上数据统计截至2023年9月，文化遗产名录中含文化景观遗产名录。

中国57项世界遗产名录

1. 中国的世界文化与自然双重遗产（4项）

　　(1) 泰山[山东泰山（山东泰安市）、岱庙（山东泰安市）、灵岩寺（山东济南市），1987.12]

　　(2) 黄山（安徽，1990.12）

　　(3) 峨眉山—乐山大佛（四川，1996.12）

　　(4) 武夷山（福建武夷山，1999.12；江西铅山，2017.7）

2. 中国的世界自然遗产（14项）

　　(1) 武陵源风景名胜区（湖南，1992.12）

　　(2) 九寨沟风景名胜区（四川，1992.12）

　　(3) 黄龙风景名胜区（四川，1992.12）

　　(4) 云南三江并流保护区（云南，2003.7）

　　(5) 四川大熊猫栖息地（四川，2006.7）

　　(6) 中国南方喀斯特（重庆武隆、云南石林、贵州荔波，2007.6；广西桂林、重庆金佛山、环江、贵州施秉，2014.6）

　　(7) 三清山国家公园（江西，2008.6）

　　(8) 中国丹霞[贵州赤水、福建泰宁、湖南崀山、广东丹霞山、江西龙虎山（包括龟峰）、浙江江郎山，2010.8]

　　(9) 澄江化石遗址（云南，2012.7）

【2-2拓展知识】

⑽ 新疆天山（新疆，2013.6）

⑾ 湖北神农架（湖北，2016.7）

⑿ 青海可可西里（青海，2017.7）

⒀ 梵净山（贵州，2018.7）

⒁ 中国黄（渤）海候鸟栖息地（第一期）（江苏，2019.7）

3. 中国的世界文化遗产名单（39项）

⑴ 周口店北京人遗址（北京，1987.12）

⑵ 长城（甘肃、青海、宁夏、陕西、内蒙古、山西、河北、北京、天津，1987.12；辽宁，2002.11）

⑶ 敦煌莫高窟（甘肃，1987.12）

⑷ 北京和沈阳的明清皇宫[北京故宫（北京），1987.12；沈阳故宫（辽宁），2004.7]

⑸ 秦始皇陵及兵马俑坑（陕西，1987.12）

⑹ 承德避暑山庄及其周围寺庙（河北，1994.12）

⑺ 曲阜孔庙、孔林和孔府（山东，1994.12）

⑻ 武当山古建筑群（湖北，1994.12）

⑼ 拉萨布达拉宫历史建筑群（西藏，布达拉宫，1994.12；大昭寺，2000.12；罗布林卡，2001.12）

⑽ 庐山国家公园（江西，1996.12）

⑾ 丽江古城（云南，1997.12）

⑿ 平遥古城（山西，1997.12）

⒀ 苏州古典园林（江苏，拙政园、网师园、留园、环秀山庄，1997.12；狮子林、沧浪亭、退思园、艺圃、耦园，2000.12）

⒁ 北京皇家园林-颐和园（北京，1998.11）

⒂ 北京皇家祭坛-天坛（北京，1998.11）

⒃ 大足石刻（重庆，1999.12）

⒄ 明清皇家陵寝[明显陵（湖北）、清东陵（河北）、清西陵（河北），2000.11；明孝陵（江苏）、明十三陵（北京），2003.7；清盛京三陵（辽宁），2004.7]

⒅ 皖南古村落-西递、宏村（安徽，2000.11）

⒆ 龙门石窟（河南，2000.11）

⒇ 青城山—都江堰（四川，2000.11）

㉑ 云冈石窟（山西，2001.12）

⑵ 高句丽王城、王陵及贵族墓葬（吉林，辽宁，2004.7）

⑵ 澳门历史城区（澳门，2005.7）

⑷ 殷墟（河南，2006.7）

⑵ 开平碉楼与古村落（广东，2007.6）

⑵ 福建土楼（福建，2008.7）

⑵ 五台山（山西，2009.6）

⑵ 登封"天地之中"历史古迹（河南，2010.8）

⑵ 杭州西湖文化景观（浙江，2011.6）

⑶ 元上都遗址（内蒙古，2012.6）

⑶ 红河哈尼梯田文化景观（云南，2013.6）

⑶ 大运河（北京、天津、河北、山东、河南、安徽、江苏、浙江，2014.6）

⑶ 丝绸之路：长安-天山廊道的路网［中国段河南、陕西、甘肃、新疆，2014.6（中国、哈萨克斯坦、吉尔吉斯斯坦跨国联合申报）］

⑶ 土司遗址（湖南永顺、湖北唐崖、贵州播州，2015.7）

⑶ 左江花山岩画文化景观（广西，2016.7）

⑶ 鼓浪屿：历史国际社区（福建，2017.7）

⑶ 良渚古城遗址（浙江，2019.7）

⑶ 泉州：宋元中国的世界海洋商贸中心（福建，2021.7）

⑶ 普洱市：普洱景迈山古茶林文化景观（云南，2023.9）

4. 中国的世界文化景观遗产名单（4项）

(1) 庐山（江西，1996.12）

(2) 五台山（山西，2009.6）

(3) 杭州西湖（浙江，2011.6）

(4) 哈尼梯田（云南，2013.6）

注：以上数据统计截至2023年9月。

(2) 国家级旅游资源

这类资源具有重要的游览观赏、历史人文及科学考察等价值，对旅游者能够形成较强的吸引力，其客源市场往往定位于国际游客及国内游客，并蜚声中外。它主要包括由国务院审定公布的国家风景名胜区、国家历史文化名城、国家重点文物保护单位、国家级自然保护区和国家森林公园等。

中国国家级森林公园

国家级森林公园是指森林景观特别优美，人文景物比较集中，观赏、科学、文化价值高，地理位置特殊，具有一定的区域代表性，旅游服务设施齐全，有较高的知名度，可供人们游览、休息或进行科学、文化、教育活动的场所，由国家林业和草原局做出准予设立的行政许可决定。截至2023年5月底，我国森林公园总数达3594处，其中国家级总数906处。西部12省区市的国家级森林公园占全国总数的35.1%，共318处（表2-4）。

【2-3拓展知识】

表2-4 中国西部12省区市国家级森林公园

省份	数量（处）	部分国家级森林公园
陕西	50	太白山、延安、楼观台、终南山、天台山、天华山、朱雀、南宫山、王顺山、五龙洞、骊山、汉中天台、黎坪、金丝大峡谷、通天河、木王、榆林沙漠、劳山、太平、鬼谷岭、蟒头山、玉华宫、千家坪、上坝河、黑河、洪庆山、牛背梁、天竺山、紫柏山、少华山、石门山、黄陵、青峰峡、黄龙山、凤凰山
甘肃	23	吐鲁沟、兴隆山、石佛沟、松鸣岩、云崖寺、徐家山、贵清山、麦积山、鸡峰山、渭河源、天祝三峡、冶力关、大河坝-官鹅沟、腊子口、大峪、小陇山、文县天池、莲花山、周祖陵、寿鹿山、大峡沟-沙滩、遮阳山、子午岭
宁夏	5	六盘山、苏峪口、花马寺、火石寨
青海	23	坎布拉、北山、大通、群加、仙米、哈里哈图、麦秀
新疆	24	照壁山、天池、那拉提、巩乃斯、贾登峪、白哈巴、江布拉克、唐布拉、科桑溶洞、金湖杨、巩留恰西、哈密天山、哈日图热格、乌苏佛山、哈巴河白桦、阿尔泰山温泉、夏塔古道、塔西河、巴楚胡杨林、乌鲁木齐天山、车师古道
云南	32	巍宝山、天星、清华洞、东山、来凤山、花鱼洞、磨盘山、龙泉、太阳河、金殿、章凤、十八连山、鲁布格、珠江源、五峰山、钟灵山、棋盘山、灵宝山、铜锣坝、小白龙、五老山、西山、飞来寺、圭山、新生桥、西双版纳、宝台山、博吉金、观音山、澜沧、永仁金沙江、墨江

续表

省份	数量（处）	部分国家级森林公园
西藏	9	巴松湖、色季拉、玛旁雍错、班公错、然乌湖、热振、姐德秀、尼木、比日神山
贵州	28	百里杜鹃、竹海、九龙山、凤凰山、长坡岭、尧人山、燕子岩、玉舍、雷公山、习水、黎平、朱家山、紫林山、㵲阳河、赫章夜郎、青云湖、大板水、毕节、仙鹤坪、龙架山、九道水、台江、甘溪、油杉河大峡谷、黄果树瀑布源
重庆	27	双桂山、小三峡、金佛山、黄水、仙女山、茂云山、武陵山、青龙湖、黔江、梁平东山、桥口坝、铁峰山、红池坝、雪宝山、歌乐山、玉龙山、茶山竹海、黑山、九重山、大园洞、南山、观音峡、天池山、酉阳桃花源、巴尔盖、毓青山
四川	38	都江堰、剑门关、瓦屋山、高山、西岭、二滩、海螺沟、七曲山、九寨、天台、福宝、黑竹沟、夹金山、龙苍沟、美女峰、白水河、华蓥山、五峰山、千佛山、措普沟、米仓山、天曌山、镇龙山、二郎山、雅克夏、天马山、空山、云湖、铁山、荷花海、凌云山、北川、阆中、宣汉、苍溪、沐川、鸡冠山
广西	23	桂林、良凤江、三门江、龙潭、大桂山、元宝山、八角寨、十万大山、龙胜温泉、姑婆山、大瑶山、黄猄洞天坑、飞龙湖、太平狮山、大容山、九龙瀑布群、平天山、红茶沟、阳朔、龙滩大峡谷、狮子山、龙峡山、凤山根旦
内蒙古	36	红山、哈达门、古察尔森、海拉尔、乌拉山、乌素图、马鞍山、二龙什台、兴隆、黄岗梁、贺兰山、旺业甸、好森沟、额济纳胡杨、桦木沟、五当召、红花尔基樟子松、喇嘛山、滦河源、河套、宝格达乌拉、莫尔道嘎、阿尔山、达尔滨湖、伊克萨玛、乌尔旗汉、兴安、绰源、阿里河、龙胜、敕勒川、成吉思汗、图博勒神山、绰尔大峡谷

注：以上数据统计截至2023年5月31日。

(3) 省级旅游资源

这类资源具有较重要的游览观赏、历史人文及科学考察价值。在本省内具有较大的影响力、有地方特色，可吸引省内和省外的国内游客。它主要包括省级风景名胜区、省级历史文化名城、省级文物保护单位以及省级自然保护区、省级森林公园、省级历史文化名镇。

(4) 市（县）级旅游资源

这类资源具有一定的观赏、历史人文和科学价值，主要是对于邻近地区或本地游客具有吸引力。

2. **按照旅游资源的功能分类**

所谓功能，是指旅游资源能够满足开展旅游活动需求的作用。比如，通过满足开展旅游活动需求的作用的不同，可以将旅游资源分为观光游览型、文化知识型、参与体验型、康乐疗养型、购物型、情感型等不同类型的旅游资源。有的旅游资源能够满足开展多种旅游活动的需求，具有多种旅游功能，因而可以属于几种不同的类型。

(1) 观光游览型：主要是供旅游者观光游览的自然风光、园林建筑、城镇风貌、古建筑、珍稀动植物等旅游资源。

(2) 文化知识型：能够使旅游者获得一定的科学文化知识、开阔视野、增长阅历的历史古迹、宗教文化、社会风情、文学艺术、博物展览等旅游资源。

(3) 参与体验型：以节庆活动、宗教朝觐、民俗风情、漂流、狩猎、滑雪、攀岩、探险等为主，能够使旅游者置身其中，得到切身体会的旅游资源。

(4) 康乐疗养型：旅游者可获得休闲、娱乐、保健和疗养的温泉、度假村、海滩、康乐保健中心等旅游资源。

(5) 购物型：以土特产品、旅游纪念品为主，可供旅游者购买的旅游资源。

(6) 情感型：可以开展寻根祭祖、怀古、传统教育、探亲访友等旅游活动的旅游资源，以名人故居、纪念地、陵墓等为主。

黔西南自治州兴义市万峰湖红椿景区

【2-4拓展知识】

3. **按照旅游资源当前的吸引程度分类**

同一旅游资源在不同的时间和地区，其吸引程度是不同的。据此可以将旅游资源分为热点旅游资源、温点旅游资源和冷点旅游资源。

(1) 热点旅游资源：来访的旅游者人次很多。交通方便、设施完善，旅游资源地是成熟的目标旅游地，旅游开发所带来的巨大经济效益产生了示范效应。

(2) 温点旅游资源：来访的旅游者人次处于中等。旅游资源地的旅游发展比较缓慢，旅游产业所带来的效益不明显，旅游收入占GDP比重不大。

(3) 冷点旅游资源：参观游览的人次较少。旅游资源大都特色不明显，缺乏突出的稀缺资源，或尚未开发出来，又或者是正在开发之中。旅游资源地的市场占有率不高，游客接待量与旅游收入均属于偏下水平。

2.2.3 几种新型的旅游资源分类方法

1. 按旅游资源的存在状况分类

(1) 原生性旅游资源

原生性旅游资源是指经过漫长的自然与社会历史过程所形成，对于现今而言是先天赋予的旅游资源，包括具有相对稳定特点的自然、人文景观和因素，如山川风光、气候资源、传统民族风俗、文物古迹等。基本上包括天然性质的自然旅游资源和所有作为历史遗产的人文旅游资源。其中相当部分的自然旅游资源和所有历史遗存的物质性人文旅游资源都具有不可再生的特点。由于这类旅游资源属于大自然和人类祖先无偿馈赠的，因而构成旅游业发展中最基本的旅游资源，也是传统意义上的旅游资源。

(2) 萌变性旅游资源

萌变性旅游资源包括通过现代社会发展及其投资因素新营造出来的人为旅游吸引物。如现代城乡风貌、当代人造景观、节事活动与娱乐、文体及科技等方面的吸引因素，以及名优特新产品及商贸购物场所等。此外还包括经现代人工改造过的自然景观，如人工湖等。这类旅游资源具有不断萌生和发展变化的性质，并且大多具有可模仿性强和可创新发展的特点。

2. 按照旅游资源的结构分类

旅游资源的结构是指旅游资源在旅游活动中所处的位置和作用。根据旅游资源的结构，可以将旅游资源分为以下两种。

(1) 旅游景观资源：旅游景观资源又可以分为自然旅游资源、人文旅游资源、社会民俗旅游资源。

(2) 旅游经营资源：①购物型旅游资源（购物中心与特色市场、著名店铺、土特产品）；②休闲求知健身型旅游资源（体育中心、运动场馆、科学文化设施、休闲疗养和社会福利设施等）。

3. 按照旅游资源的利用限度分类

按照旅游资源的利用限度，可以将旅游资源分为有限旅游资源和无限旅游资源两类。

(1) 有限旅游资源：所谓有限旅游资源，是指有一些旅游资源不能够持续地、无限量地供给，对其使用必须制定计划性、保护性的措施，来保证以后的旅游者仍可使用该旅游资源。有限可以是指该旅游资源存在空间或时间的有限性，如一些古建筑；也可以是指某一类旅游资源供给数量的有限性，即存在一个容量的问题。需要旅游业经营者采用一定的供销途径来予以控制。

(2) 无限旅游资源：所谓无限旅游资源，是指相对无限的意思。例如，供人们游览、泛舟、滑冰的自然或人文旅游资源，它可以持续地或循环地被使用，可以说它们的使用时间是无限的。但这个无限，也必须是以对该旅游资源的合理利用作为前提的，对其过度开发和利用，有可能导致其质量的降低乃至毁坏，使其不能再维持原有的美的质量或者不能再持续地被利用。

4. 按照旅游目的地旅游资源的吸引强度和辐射能力分类

(1) 核心资源"C"（Core-Resources）

核心资源"C"是指能开发成为满足游客特定或综合出游动机的，实现游客核心利益需要的目的地型产品的旅游资源。构成要素为：资源品级高（一般为特品级）、主题鲜明、内涵丰富、生命周期长、交通通达性好、游客承载量大，是形成旅游目的地的最具核心吸引力的旅游资源。

(2) 支撑资源"S"（Supportive-Resources）

支撑资源"S"是指为直接支持旅游目的地打造，加强旅游线路构建，丰富旅游目的地游览内容和功能，强化游览主题，提供更加多元服务的起支撑作用的旅游资源。

(3) 配套资源"S"（Subsidiary-Resources）

配套资源"S"是指属于旅游目的地打造的间接支持型资源。虽处于旅游目的地更外围的地区，但也处于旅游交通线路廊道中，能够以核心资源为节点，提供满足深度体验需要和多元利益，增加客人逗留时间，为建构旅游宽带、圈层或网络体系起配套作用的旅游资源。

(4) 储备资源"R"（Reserved-Resources）

储备资源"R"是指资源具备一定品级，有开发利用的价值，但由于处于同类或相近核心资源、可替代资源、抢占先机的资源等阴影下被遮蔽的、起储备作用的旅游资源，或由于资金约束、交通条件限制和市场需求量不足等因素在开发时序上予以后置的资源。这些资源的存在增加了旅游目的地的资源丰度、市场容量和规模，未来可供各类资金介入时参考、备选。从游客的角度看，一个区域内还有未开发的资源，留下了余地和想象空间，能够增添旅游地的魅力，吸引游客重游。

另外，还可根据旅游资源的可持续利用潜力，将旅游资源分为可再生、不可再生、可更新旅游资源；按照旅游资源特征与旅游者体验程度分为利用者导向型旅游资源（满足日常休闲需求的体育设施、一般性公园等）、资源基础型旅游资源（风景区、历史遗迹、国家森林公园等）和中间型旅游资源（介于上述两者之间的旅游资源）；根据旅游资源开发状态可以分为已开发利用旅游资源、正在开发利用旅游资源、未开发利用（或称潜在）旅游资源。

知识链接

国外学者具有代表性的分类方法

国外对旅游资源分类的研究是伴随着旅游研究的发展而不断发展的，由来已久。特别是自20世纪50年代以来，全球旅游经济活动的蓬勃发展更使人们对旅游资源的认识范围不断拓展。一些西方学者将旅游与休闲利用的资源，统称为游憩资源（Recreation Resources），这使旅游资源所包含的种类丰富了许多，也使旅游资源分类的研究走上了一个新的高度。尤其是地理学者和林业学者的加入，使旅游资源分类的研究更具专业性、科学性和系统性。西方地理学家和规划师在划分游憩资源时，较多地从资源使用者的角度考虑问题。

美国的德里弗（B.Driver）等依据旅游者的心理体验将旅游资源（旅游地）分为五大类，即原始地区、近原始地区、乡村地区、人类利用集中地区、城市化地区。

伯卡特（Burkart）和梅特利克（Medlik）将旅游资源分为资源基础型和游客导向型两大类，前者不管区位状况如何都对旅游者有着高度的吸引力，其旅游趋向是全国性甚至国际性的；后者区位条件较好但是资源质量一般，旅游趋向是地方性与区域性的。

科比特（Corbet）等按照旅游者的旅游活动性质将旅游资源分为以下三种。

(1) 供陆地活动的旅游资源，包括露营、篷车旅行、野餐、骑马、散步、远足、狩猎、攀岩和滑雪等。

(2) 以水体为基础的旅游资源，包括内陆水域垂钓、其他水上活动、靠近乡村道路的水域、海岸边等。

(3) 供欣赏风景的旅游资源，包括低地、乡野、高原、秀美的小山、高耸的山丘等旅游资源。

克劳森（M.Clawson）和尼奇（J.L.Knetsth）按照旅游资源特征与游客体验的分类方案影响深远，将旅游资源分为三类。

(1) 利用者导向型游憩资源。以利用者需求为导向，靠近利用者集中的人口中心（城镇），通常满足的主要是人们的日常休闲需求，如球场、动物园、一般性公园。一般面积在40～100公顷，通常由地方政府（市、县）或私人经营管理，海拔一般不超过1000米，距离城市在60千米的范围内。

(2) 资源基础型旅游资源。这类资源可以使游客获得近于自然的体验。资源相对于客源地的距离不确定，主要是旅游者在中长期度假中得以利用，如风景、历史遗迹及远足、露营、垂钓用资源，一般面积在1000公顷以上，主要是国家公园、国家森林公园、州立公园以及某些私人领地。

(3) 中间型游憩资源。特性介于上述二者之间，主要为短期（一日游或周末度假）游憩活动所利用，游客在此的体验比利用者导向型更接近自然，但又比资源基础型地区差一级。

本章小结

旅游资源分类是区域资源调查与评价的基础，同时也是人们深入了解和认识旅游资源属性系统、发现并掌握其特点与规律，以及更好地开发利用旅游资源的坚实基础和重要依据。

本章在系统阐明旅游资源分类的相关理论的同时，紧密结合具体实例分析，目的是便于学生认识和了解旅游资源分类的意义、原则，熟悉旅游资源分类的具体依据和一般步骤。在此基础上，深入详细地阐述了早期一些常见的旅游资源分类方法，比如依据资源与旅游资源属性的认识角度不同，分为"二分法"和"三分法"；按照资源的价值和管理级别高低分为世界级、国家级、省级旅游资源；具体分析了基于旅游资源的存在状况、结构和利用限度等维度的新型旅游资源分类方法；简要介绍了国外具有代表性的旅游资源分类方法，拓展学生学习思维，引导其从资源使用者的角度考虑旅游资源的分类问题。

复习思考题

一、填空题

1. 依据旅游资源本身的基本属性，一般可以将旅游资源分为 _____ 和 _____ 两大类，我们把这种分类方法称为"二分法"。

2. 从2018年7月1日起开始实施的中华人民共和国国家标准 _____ 将全部旅游资源划分为三个层次，依次称为 _____ 个"主类"、_____ 个"亚类"、_____ 个"基本类型"。

3. 按旅游资源的价值和管理级别可以将其分为 _____ 级旅游资源、_____ 级旅游资源、_____ 级旅游资源和 _____ 级旅游资源。

二、不定项选择题

1. 下列不属于旅游资源"三分法"分类标准的是（　　）。
   A. 自然旅游资源　　　　　　　　　　B. 人文旅游资源
   C. 康乐疗养型旅游资源　　　　　　　D. 社会旅游资源

2. 旅游资源按其存在状况可以分为（　　）。
   A. 热点、温点和冷点旅游资源　　　　B. 原生性旅游资源和萌变性旅游资源
   C. 旅游景观资源和旅游经营资源　　　D. 有限旅游资源和无限旅游资源

3. 《旅游资源分类、调查与评价》（GB/T 18972—2017）分类体系将旅游资源分为（　　）。
   A. 地文景观类、水域景观类　　　　　B. 生物景观类、天象与气候景观类
   C. 建筑与设施类、历史遗迹类　　　　D. 旅游购品类、人文活动类

4. 按照旅游目的地旅游资源的吸引强度和辐射能力，可以将旅游资源分为（　　）。

　　A. 核心资源　　　　B. 支撑资源　　　　C. 配套资源　　　　D. 储备资源

三、简答题

1. 旅游资源分类应该遵循哪些原则？
2. 旅游资源分类的主要依据是什么？
3. 请指出你认为较科学的旅游资源分类方案，并说明其理由。

四、案例分析题

新疆各类旅游资源的赋存状况

新疆位于亚欧大陆中部，地处中国西北边陲，总面积166.49万平方千米，占中国陆地总面积的六分之一。新疆自然景观神奇独特，冰峰与火洲共存，瀚海与绿洲为邻，自然风貌粗犷，景观组合独特。新疆境内5000多千米的古"丝绸之路"干线上，留下了数以百计的古城池、古烽燧、古建筑等遗址。在这片广袤的土地上，有着丰富多彩的自然旅游资源和人文旅游资源，如表2-5所示。八大类旅游资源中，建筑与设施和地文景观的种类较丰富；建筑与设施类景点最多，水域风光和生物景观次之。新疆旅游资源等级较高，优良级占43.6%，高等级集中于凸峰、观光游憩湖区、林地、草地、废城与聚落地、石窟、边境口岸、特色街巷、传统手工产品与制品、民间演艺等类。新疆自然旅游资源是整个地理环境演变过程的产物，而多民族、多元文化的社会环境是人文旅游资源形成的主要成因。

【2-5拓展视频】

表2-5　新疆旅游资源分类表

主类	亚类	基本类型	景点名称
A 地文景观	AA自然景观综合体	AAA山丘型景观	阿尔金山自然保护区、火焰山、那拉提山、乌孙山、博格达山
		AAD滩地型景观	金沙滩、库木塔格沙漠、木垒鸣沙山、金草滩
	AB地质与构造形迹	ABA断层景观	天山神秘大峡谷、吐峪沟大峡谷、哈密南湖大峡谷、努尔加大峡谷
		ABD生物化石点	奇台硅化木园、恐龙沟

续表

主类	亚类	基本类型	景点名称
	AC地表形态	ACB峰柱状地景	博格达峰、托尔木峰
		ACC垄岗状地景	奥义塔克风景区
		ACD沟壑与洞穴	阿拉沟、石头沟、科桑溶洞、红层峡谷
		ACE奇特与象形山石	乌尔禾魔鬼城、怪石峪
	AD自然标记与自然现象	ADB自然标志地	亚洲大陆地理中心
B水域景观	BA河系	BAA游憩河段	葡萄沟、喀纳斯河风景河段
	BB湖沼	BBA游憩湖区	天山天池、喀纳斯湖、赛里木湖、泽普金湖、博斯腾湖、白沙湖
		BBC湿地	可可托海湿地，艾比湖湿地
	BC地下水	BCB埋藏水体	沙湾温泉、阿拉善温泉、坎儿井、艾比湖
	BD冰雪地	BDB现代冰川	博格达冰川、天山一号冰川
C生物景观	CA植被景观	CAA林地	贾登峪国家森林公园、西天山自然保护区、塔里木胡杨林自然保护区
		CAC草地	那拉提草原、巩乃斯草原、唐布拉草原、江布拉克草原、喀拉峻草原
	CB野生动物栖息地	CBB陆地动物栖息地	卡拉麦里有蹄类野生动物保护地、巴音布鲁克天鹅保护区
E建筑与设施	EA人文景观综合体	EAA社会与商贸场所	丝绸之路遗址、车师古道、夏塔古道、红其拉甫口岸、阿拉山口口岸
		EAB军事遗址与古战场	克孜尔尕哈烽火台
		EAD建设工程与生产地	努拉塞古铜矿遗址
		EAE文化活动场所	自治区博物馆、喀什丝路博物馆
		EAF康体游乐休闲度假地	沙漠植物园
		EAG宗教与祭祀活动场所	艾提尕尔清真寺、靖远寺、圣佑寺

续表

主类	亚类	基本类型	景点名称
	EA人文景观综合体	EAH交通运输场站	乌鲁木齐地窝堡国际机场
		EAI纪念地与纪念活动场所	回王府、伊犁将军府、周总理纪念馆、三五九旅文化旅游区
	EB实用建筑与核心设施	EBA特色街区	二道桥、新疆民街、喀纳斯图瓦村、白哈巴村、喀什居民点
		EBD独立场、所	天山国际滑雪场、丝绸之路国际滑雪场
		EBJ陵墓	香妃墓、阿斯塔纳古墓群
		EBP特色市场	国际大巴扎、喀什中西亚国际贸易市场
	EC景观与小品建筑	ECF碑碣、碑林、经幢	格登山碑、红其拉甫界碑、新疆各族人民烈士纪念碑、巴伦台黄庙
		ECI塔形建筑	苏公塔、红山塔、丝绸之路塔、新疆国际大巴扎观光塔
		ECL水井	亚尔乡坎儿井
F历史遗迹	FA物质文化遗存	FAA建筑遗迹	北庭西大寺、苏巴什佛寺遗址、台藏塔、楼兰古城、高昌古城、交河故城、喀什噶尔老城、尼雅遗址、柏孜克里克千佛洞、克孜尔石窟
		FAB可移动文物	康家石门子岩画、阿图什人头骨化石、彩绘天王踏鬼木俑、五星出东方利中国锦
	FB非物质文化遗存	FBD传统演艺	十二木卡姆、麦西来普、阿肯弹唱
		FBE传统医药	雪莲、阿魏、恰玛古、伊贝母、紫草
		FBF传统体育赛事	那达慕大会、姑娘追、叼羊、赛马
G旅游购品	GA农业产品	GAA种植业产品与制品	葡萄、哈密瓜、抓饭、伊利特曲
		GAC畜牧业产品与制品	烤羊肉串、奶皮子、马奶子、驼奶粉、沙朗刀克、牛奶、酸奶
	GC手工工艺品	GCB织品、染织	丝绸、地毯、哈萨克刺绣、花帽
		GCF金石器	和田玉

续表

主类	亚类	基本类型	景点名称
H 人文活动	HB岁时节令	HBA宗教活动与庙会	开斋节、古尔邦节、肉孜节、乌鲁木齐红山庙会、玛纳斯大佛寺庙会
		HBC现代节庆	乌鲁木齐经商洽谈会、冰雪风情节、吐鲁番葡萄节、中国环塔拉力赛

 请思考

新疆旅游资源的空间分布特征表现在哪些方面?

Chapter 3 自然旅游资源的形成与特点

学习目标>

- 了解自然旅游资源的形成机理
- 熟悉各类自然旅游资源的构景类型
- 理解各类自然旅游资源的主要特点
- 把握各类自然旅游资源的多种旅游功能

知识结构 >

自然旅游资源的形成与特点	地文景观旅游资源的形成与特点	地文景观旅游资源的形成、构景类型、特点和功能
	水域景观旅游资源的形成与特点	水域景观旅游资源的形成、构景类型、特点和功能
	生物景观旅游资源的形成与特点	生物景观旅游资源的形成、构景类型、特点和功能
	天象与气候景观旅游资源的形成与特点	天象与气候景观旅游资源的形成、构景类型、特点和功能

> **导入案例**

仙境张家界，峰迷全世界

在世界的东方，中国湖南省的西北部，有一个人间仙境，它就是令人向往的张家界。张家界风景区主要地质遗迹类型为砂岩峰林地貌、岩溶洞穴。其造景地貌类型多样，以"奇、险、秀、美"著称。这里大地生而灵秀，山川奇而险峻，河流清而婉约，草木长而丰茂；峰林峡谷漫步，清幽梦幻；溪布街头夜游，唯美浪漫；茅岩河上戏水，刺激凉爽；吊脚楼前研学，趣味盎然。张家界因山而名，以峰而著。张家界的山不仅"状异"而且"色奇"，可谓千姿百态、无所不有、无所不奇。这些奇山异峰大多拔地而起，棱角分明，它们或上锐下钝，或上大下小，变化多端；山形如芒、如柱、如塔、如屏、如人、如兽。山峰有些纤细，有些粗犷；有些秀雅娴静，有些威武勇猛；有些朴实自然，有些鬼斧神工，各具风采且十分有趣。2022年7月11日，在首届湖南旅游发展大会上，张家界市的旅游形象宣传口号"仙境张家界，峰迷全世界"获得一致认可。

【3-1拓展视频】

张家界风景区的峰林地貌独特，其形成是因流水侵蚀、重力崩塌及长久风蚀的共同作用。追溯至三亿八千万年前的泥盆纪，张家界所在区域还是一片汪洋大海，随着地壳运动，海底的岩层逐渐上升为陆地，又经历海陆更迭，最终沉积形成了厚达五百多米的石英砂岩层。张家界地区的原始地貌基础是早第三纪末期的准平原——湘西期准平原。晚第三纪初期，喜马拉雅造山运动第二幕开始，地面抬升，湘西期准平原构成了山地的顶部而成为山地夷平面。同时，地面遭受侵蚀、切割，开始了晚第三纪地貌旋回。至晚第三纪末期，构造运动趋于平静，以外营力为主的侧蚀作用使地面逐渐展宽，地貌上形成了盘状宽谷及山麓剥蚀面。第四纪初期喜马拉雅造山运动第三幕——新构造运动开始，山地快速抬升，河流强烈切割遂将盘状宽谷及山麓剥蚀面切割、破坏，形成了深切割的河谷，如索溪峪及其两侧的支流河谷——金鞭溪、琵琶溪等。整体看，张家界的峰林主要以棱角平直的高大石柱林为主，以及造型各异的嶂谷、石墙、天生桥、方山、平台等，是具有世界影响力的独特峰林景观。2010年11月，张家界这种特征鲜明、规模巨大的独特石英砂岩地貌类型，被国际地质地貌学专家界定为"张家界地貌"。自此，凡在世界任何国家或地区发现类似张家界石英砂岩峰林的地貌，都可统称"张家界地貌"。

依托独特的"张家界地貌"，张家界市现已快速发展成为世界级旅游目的地。从冠绝天下的三千奇峰，到世界瞩目的天门洞；从激情四射的茅岩河，到幽如明镜的宝峰湖；从曲径通幽的黄龙洞，到纵览山河的大峡谷……山水入画，全域皆景。放眼全国乃至世界，少有一个城市如张家界一般，拥有无与伦比的旅游资源吸引力，让国内外无数游客远者来近者悦。

💡 **案例思考**

从自然旅游资源形成视角出发，分析张家界旅游资源具有哪些特点与优势。

自然旅游资源是指由自然地理要素（地质、地貌、水文、气象、气候、动植物等）相互作用、长期演化而构成的有规律的、典型的综合体，是自然界天然赋存、可为旅游业发展利用并产生效益的物质资源，是可供人类旅游享用的自然景观与自然环境。按照《旅游资源分类、调查与评价》（GB/T 18972—2017）的划分方法，自然旅游资源包括地文景观、水域景观、生物景观、天象与气候景观四大类型。

3.1 地文景观旅游资源的形成与特点

3.1.1 地文景观旅游资源的形成

地文景观旅游资源，也称地质地貌旅游资源，是指在长期地质作用和地理过程中形成的，并在陆地表面或浅地表存留下来的各种自然资源类型。

地球自形成到现在至少经历了46亿年的演变。在这一漫长的演变进程中，由于地球的结构、构造、物质成分等都处于不断运动和变化之中，所以整个地球的表面也随之发生了沧海桑田的巨大变化。如大陆的分离与聚合、海洋的诞生与消亡、山地高原的隆起、盆地的沉降、岩浆活动及岩石的形成与变质等，种种现象均直接受控于地质构造与地质作用。根据地质作用的动力来源可将其分为内动力地质作用和外动力地质作用相互联系的两大类别。地球的内动力地质作用对地壳的发展变化起主导作用，决定着海陆分布、岩浆活动、地势起伏等变化，对自然旅游资源的类型与形成具有一定的控制作用。在更多情况下，表现为使地壳岩层变形，使地面提升或沉降以及产生褶皱、节理或断裂，从而形成大陆、海洋、高

【3-2拓展视频】

山、深谷、高原和盆地等各种地表形态及火山地貌、山岳地貌、峡谷、断陷湖泊、地热景观、地震遗迹、地层剖面、古生物化石点等自然景观。如果没有构造节理强烈发育的花岗岩地貌，就没有"中国第一奇山"黄山的"奇峰""怪石"；如果没有地壳变动的断块隆起，就无法形成雄伟险峻的泰山、华山、庐山等山地旅游景观；如果没有地壳变动的构造断陷，也就不可能产生青海湖、鄱阳湖等断陷湖泊旅游区。

宁夏沙坡头

【3-3拓展视频】

地球的外动力地质作用的能源主要是太阳的热能，表现形式主要有风化作用、侵蚀作用、岩溶作用、搬运作用、沉积作用和固结成岩作用等。这些外力作用下的地貌总趋势是削高填平，同时又进一步塑造地表形态，可形成喀斯特地貌、雅丹地貌、丹霞地貌、风沙地貌、流水地貌、海岸地貌、冰蚀地貌等自然景观。总之，自然景观中的山水名胜，无论是峰谷、洞穴，还是河流、泉瀑，都是在特定的地质条件下形成的。

3.1.2 地文景观旅游资源的构景类型

地文景观旅游资源是旅游资源中最为常见、分布最为广泛的资源类型。国家标准《旅游资源分类、调查与评价》（GB/T 18972—2017）中，地文景观旅游资源的构景类型具体包括AA自然景观综合体、AB地质与构造形迹、AC地表形态、AD自然标记与自然现象4个亚类、17个基本类型，如表3-1所示。

表3-1 地文景观构景类型

主类	亚类	基本类型	简要说明
A 地文景观	AA 自然景观综合体	AAA 山丘型景观	山地丘陵内可供观光游览的整体景观或个别景观
		AAB 台地型景观	山地边缘或山间台状可供观光游览的整体景观或个别景观
		AAC 沟谷型景观	沟谷内可供观光游览的整体景观或个别景观
		AAD 滩地型景观	缓平滩地内可供观光游览的整体景观或个别景观
	AB 地质与构造形迹	ABA 断裂景观	地层断裂在地表面形成的景观
		ABB 褶曲景观	地层在各种内力作用下形成的扭曲变形
		ABC 地层剖面	地层中具有科学意义的典型剖面
		ABD 生物化石点	保存在地层中的地质时期的生物遗体、遗骸及活动遗迹的发掘地点
	AC 地表形态	ACA 台丘状地景	台地和丘陵形状的地貌景观
		ACB 峰柱状地景	在山地、丘陵或平地上突起的峰状石体
		ACC 垄岗状地景	构造形迹的控制下长期受溶蚀作用形成的岩溶地貌
		ACD 沟壑与洞穴	由内营力塑造或外营力侵蚀形成的沟谷、劣地，以及位于基岩内和岩石表面的天然洞穴
		ACE 奇特与象形山石	形状奇异、拟人状物的山体或石体
		ACF 岩石圈灾变遗迹	岩石圈自然灾害变动所留下的表面痕迹
	AD 自然标记与自然现象	ADA 奇异自然现象	发生在地表一般还没有合理解释的自然界奇特现象
		ADB 自然标志地	标志特殊地理、自然区域的地点
		ADC 垂直自然带	山地自然景观及其自然要素（主要是地貌、气候、植被、土壤）随海拔呈递变规律的现象

1. 典型地质构造遗迹景观

地质构造景观主要受地球内力作用所致，典型独特的构造形迹，不仅具有重要的科学研究价值，而且具有很高的观赏价值。地质构造景观从规模上可以划分为三级：第一级为陆海构造（大陆与海洋景观）；第二级为大地构造（山地、平原、盆地和高原景观）；第三级为小型褶皱和断裂。第一级和第二级地质构造景观规模较大，一般情况下旅游者难以观赏全貌，这里主要介绍第三级地质构造旅游资源。

(1) 褶皱构造遗迹旅游资源

褶皱是指岩层在受横向压力过程中所产生的连续弯曲构造。它主要有两种基本类型：背斜和向斜。背斜是岩层向上弯曲的构造；向斜是岩层向下弯曲的构造。在未经外力作用的情况下，一般是"背斜成山，向斜成谷"。褶皱构造的规模一般很大，对风景地貌的形成往往起着控制性的作用。例如，喜马拉雅山就是巨型褶皱带。

(2) 断裂构造遗迹旅游资源

断裂是岩层受力达到一定程度时发生破裂，甚至沿破裂面发生错动，是连续性受到破坏的地质构造。地壳岩石受力后发生变形，形成节理和断层两种断裂构造。

节理是岩层发生破坏后，破裂面两边岩石没有发生明显位移的断裂构造。节理的存在，可以加速各种外营力和侵蚀过程，是形成地貌旅游资源的关键。例如，湖南的张家界砂岩峰林和云南石林等，就是沿垂直节理侵蚀的产物。

断层是岩层因断裂而变动位置，一部分升起，另一部分降落，突出于两个陷落间的地块叫"地垒"，两地垒间的陷落地带叫"地堑"。大的断层可形成巨大的裂谷。规模较大的断层一般都具有陡峭、雄伟的断崖，极具旅游美学特征。例如，云南西山滇池风景区，就是断层作用所形成的湖盆及断层山；泰山、华山等都是因地壳断裂隆起作用形成的；我国台湾地区花莲县清水断崖，是我国最大、最险，也是唯一的海岸断崖，属世界第二大断崖，具有奇特、壮观的美学特征；宁夏银川西北红果子沟和苏峪口断层崖等都具有很高的观赏价值。

【3-4拓展知识】

2. 古生物化石

所谓古生物，是指存在于地质历史时期的生物，一般以第四纪全新世开始（距今约1万年）作为划分古代生物和现代生物的时间界限。保存在地层中的地质时期的生物遗体、遗物和遗迹，就叫作化石。生物遗体指的是动物的骨骼、贝壳、牙齿、植物的茎秆、花叶、种子等；动物的粪迹，以及猿人或古人使用过的石器、骨器等则为生物遗物；而虫迹、足迹、外壳形成的印模，人类祖先用火形成的灰烬等都属于生物遗迹。

古代生物并不是都能在地层中保存下来成为化石，形成化石的只是其中很少的一部分。这是因为化石的形成必须具备下面三个条件：生物死亡后，生物体必须迅速被掩埋，以防止外界的风化和破坏；被掩埋后的生物遗体还要经过充填、交替、蒸馏等不同类型的石化作用才能形成化石；一般必须具有不易分解的生物硬件，如骨骼、牙齿、贝壳、树干、孢粉等。

如果说文字是记载人类社会历史必不可少的工具，那么化石就是大自然史册的天然记录者。我国北宋著名科学家沈括（1031—1095）曾在太行山一带发现岩石中镶着螺蚌壳，他当场解释说："这里过去是海滨，这些螺蚌壳是古代海洋生物的遗体变成的化石……但现今海洋已距太行山千里之遥了。"沈括的这一解释精辟地论述了沧海桑田的科学道理，正确地阐述了化石研究与古地理环境恢复的关系。

知识链接

世界著名化石群遗址类博物馆：自贡恐龙博物馆

自贡恐龙博物馆位于四川省自贡市的东北部，距市中心9千米。它是在世界著名的大山铺恐龙化石群遗址上就地兴建的一座大型遗址类博物馆，是中国继半坡遗址和秦始皇陵兵马俑坑之后，又一大型现场博物馆，也是我国第一座专业性恐龙博物馆，世界三大恐龙遗址博物馆之一。博物馆占地面积6.6万多平方米，馆藏化石标本几乎囊括了距今2.01亿~1.45亿年前侏罗纪时期所有已知恐龙种类，是世界上收藏和展示侏罗纪恐龙化石最多的地方之一，被美国《国家地理》杂志评价为"世界上最好的恐龙博物馆"。

自贡恐龙博物馆

【3-5拓展知识】

大山铺恐龙化石群遗址于1972年被发现，已陆续发掘出大批珍贵的恐龙化石，成为一个罕见的化石宝库。经勘察，大山铺恐龙化石群遗址的化石富集区达1.7万平方米，共分为3~4个小层。在仅两个800多平方米范围的化石群内就发掘出恐龙个体化石近百个，完整和较完整的骨架30余具。其恐龙动物群包括5个纲11个目16个科40余个属种，并出土了一批珍贵的伴生动物化石。化石群中有相当一部分是新属新种，包括长达20米的亚洲第二长龙、植食性长颈椎蜥脚类恐龙、凶猛的食肉性恐龙、身材矮小的鸟脚类恐龙和极珍贵的原始剑龙，这在国内外同地质时代的地层中实为罕见，具有很高的科研价值和游览观光价值。为研究恐龙及古爬行动物分类、生态、生理、生活、演化规律以及古地理、古气候和中生代地学等提供了实物依据，成为世界侏罗纪化石研究的重要场所，同时也为中外游客提供了一个扣人心弦的异景奇观，被誉为"恐龙群窟，世界奇观"。

3. 火山、地震遗迹

火山遗迹是由火山喷发留下的各种遗迹，如火山湖、堰塞湖、火山锥、熔岩洞穴等，是吸引旅游者的重要旅游资源。我国有许多以火山喷发景象和火山活动遗留物为景点的旅游胜地。黑龙江五大连池和吉林长白山天池是我国最著名的火山遗迹奇观，素有"火山博物馆"之称；云南腾冲火山口温泉群是著名火山温泉群，有大小火山、火山口、火山锥20多处，周围有温泉群80多处。最令人感兴趣的要算"地下森林"——在黑龙江省宁安市境内的张广才岭上，有不少第四纪火山喷发的遗迹，其中的7个火山口，内壁因长期风化而剥落。由风力和动物粪便带来的植物种子，散落在火山剥离物形成的肥沃土壤中，发芽生根发育成茂密的森林，这里山高路险、人迹罕至，森林完好地保留至今。高20~40米的大树，巧妙地生长在火山口的"肚子"里，成为奇特的"地下森林"。

地震遗迹旅游资源是一种独特的地质旅游资源。它是在具有破坏性的地震的作用下，以突然爆发的形式造成的具有旅游吸引功能的自然遗迹景观。地震遗迹旅游资源作为景点，其基本旅游功能是以地震科学考察为主，通过考察、参观获得有关地震的知识。由于地震原因的多样性，震迹旅游资源形成具有多样性、复杂性的特点。地震旅游资源从其类型可分为陷落型（琼州海底村庄）、现代建筑遗址型（唐山地震后留下的各种地震遗址）、古建筑遗址型、河流堰塞型和山地构造断裂型等多种地震旅游资源。

 知识链接

五大连池火山奇观：石海

五大连池景观之佳不仅在于山奇、水秀、泉美，更在于那位于老黑山东北侧的举世罕见的火山熔岩奇观。这片浩浩绵延的黑色熔岩台地，犹如无垠的大海一样壮阔，故得名"石海"。石海是玄武岩的海，是火山爆发时岩浆喷涌漫流，冷凝后形成的。远远望去，翻花熔岩组成的大海，波浪起伏，汪洋浩瀚，仿佛还能听到那海面上的怒涛隐隐，浪声阵阵。石海堪称五大连池景观中的一绝，它的波澜壮阔、气势磅礴不仅国内独有，在世界上也属罕见，科学家把五大连池比喻成一本"打开的火山教科书"。

五大连池火山奇观：石海

五大连池是石的海洋，800多平方千米的火山熔岩，展布在1060平方千米的黑土沃野上，铸就了举世震撼的地质遗迹奇观。世界上火山熔岩分为三种：结壳熔岩流、块状熔岩流和翻花熔岩流，这三种熔岩在五大连池火山群中都有典型的体现，五大连池火山地貌也因此与云南石林的喀斯特地貌、张家界的砂岩峰林地貌、广东的丹霞山地貌、敦煌的雅丹地貌、河南云台山的峡谷地貌构成了华夏河山的地貌奇观。其中尤以五大连池火山地貌最为气势宏大，最为雄浑壮观。

4. 海岸地貌

陆地和海洋间的分界线，即海洋水体与大陆交互作用的地带，称为海岸带。海岸带由海岸、潮间带以及水下岸坡三部分组成。狭义的海岸，系指高潮线以上到海蚀崖上缘之间的狭窄陆上地带。根据海洋所接触的陆地形态，可将海岸概括为平原海岸与山地丘陵海岸两大类。海岸和其他的自然界事物一样，处在无休止地运动和发展之中。"沧海桑田"是中国古代人民对不断变化着的海岸所作的生动概括。

【3-6拓展知识】

在海岸地貌的塑造过程中，构造运动奠定了基础。在这一基础上，波浪作用、潮汐作用、生物作用及气候因素等共同作用，塑造出众多复杂的海岸形态。根据海岸地貌的基本特征，可分为海岸侵蚀地貌和海岸堆积地貌两大类。侵蚀地貌是岩石海岸在波浪、潮流等不断侵蚀作用下所形成的各种地貌，主要有海蚀洞、海蚀崖、海蚀平台、海蚀柱等。这类地貌又因海岸物质的组成不同，被侵蚀的速度及地貌发育的程度也有所差异。堆积地貌是近岸物质在波浪、潮流和风的搬运下，沉积形成的各种地貌。

四面环海与大陆不相连的小块陆地被称为海岛（即海洋中的岛屿），这种被海水阻隔着的封闭环境，往往形成它自己独具特色的小环境。从气候、植被等自然环境到居民日常生产、生活方式，皆有着独特的吸引力。一些无人定居的荒岛，被用来饲养、繁殖与保护动物，开发观光、狩猎等旅游项目。如旅顺口西北的蛇岛，已被列为国家重点自然保护区，在这一总面积约1.2平方千米的小岛上，有着1.3万条黑眉蝮蛇，吸引着众多游客乘船观赏。分布在热带、亚热带海域中的珊瑚岛和珊瑚礁，是由珊瑚虫的石灰质残骸堆积而成，它们像散落在辽阔洋面上的明珠，景色旖旎，有不少已成为国际盛名的旅游胜地。如澳大利亚大陆东北部沿海环绕一群珊瑚礁，叫大堡礁，长达2000多千米，是世界上最大的珊瑚礁群。

5. 冰川

在高纬及高山地区，沿地面运动的巨大冰体在压力和重力的影响下发生运动而形成冰川。冰川的流动非常缓慢，速度取决于冰川厚度、地形坡度或冰面坡度。在冰川流动过程中，由于冰层的静压力很大（若冰层厚100米，则其静压力为90吨/平方米），会将床底基岩压碎、掘起，所携带的基岩碎块，对沿途床底和两侧基岩进行磨挫，从而形成冰斗、角峰、悬谷、羊背石等一系列冰蚀地貌。当冰川融化时，冰川所携带的碎屑物质被堆积下来，形成漂砾、鼓丘等冰碛物。

近年来，冰川旅游资源的开发已引起有关地区的重视。位于甘肃河西走廊西端嘉峪关西南120千米处的祁连山"七一"冰川，是我国新开辟为探险旅游点的第一个冰川。该冰川是亚洲距城市最近的可游览冰川，冰舌部海拔4302米，冰峰海拔5150米。由峡谷深处沿并不险陡的山路攀登，可领略"一日四季"之奇妙景色。

6. 山岳地貌

山岳旅游资源按其高度可分为极高山旅游资源（海拔在5000米以上）、高山旅游资源（海拔在3500～5000米）、中高山旅游资源（海拔在1000～3500米）、低山旅游资源（海拔在500～1000米）和极低山旅游资源（海拔在500米以下）五种类型；按其岩性可分为花岗岩山岳旅游资源（如华山、黄山、泰山、大兴安岭、九华山、贡嘎山、莫干山、天台山、贺兰山、六盘山、祁连山、天柱山、普陀山、衡山等）、变质岩山岳旅游资源（如庐山、五台山等）、砂岩山岳旅游资源（如张家界砂岩峰林等）、玄武岩山岳旅游资源（如长白山等）、流纹岩山岳旅游资源（如雁荡山、天目山等）、丹霞山岳旅游资源（如福建武夷山、江西贵溪龙虎山、湖南新宁崀山、广东仁化丹霞山、甘肃张掖七彩丹霞山等）、喀斯特山岳旅游资源（如桂林峰丛、峰林等）；按其旅游功能可分为观赏型山岳旅游资源和登山探险型山岳旅游资源。

山岳一般具有特殊的气候、地貌和生物条件，景色瑰丽、气候宜人、空气新鲜。人们身处其中，可以充分领略大自然的恩泽，从而获得多种美感，得到极大的精神享受，使人心旷神怡。山岳是人们领略美学艺术的集结点，赏美、育美的理想之地，人类"共享空间"的乐园，又能给人以览胜、寻幽、避暑和滑雪之利，还可作为登山探险的基地，让人们在攀登锻炼体魄、磨砺意志的过程中观赏奇峰异石、流泉飞瀑、云雾变幻、奇花异草和寺庙、宫观、摩崖、石刻等，充分享受美的愉悦和文化的熏陶。

7. 岩溶地貌

岩溶是指地下水和地表水对可溶性岩石的破坏和改造作用及其形成的水文现象和地貌现象。岩溶地貌在我国分布非常广泛。据统计，我国典型的岩溶地貌面积达3120平方千米，而西南三省区（云、黔、桂）就占了2080平方千米，是世界上岩溶地貌分布最广泛、最典型的地区之一。

在岩溶作用下，石灰岩地区的地表形成各种不同的形态。地表岩溶形态中，最能吸引游客，最具观赏价值的，要数峰丛、峰林、孤峰、漏斗和石芽（凹者为槽，凸者为芽），因石芽排布如林，故称石林。云南石林，以岩柱雄伟高大、排列密集整齐、分布地域广阔而居世界各国石林之首。另外，地下形成的溶洞也是岩溶地貌的代表形态。溶洞内时常充满水，形成地下河、地下湖和地下瀑布。在洞穴内，有众多洞穴堆积物，这些堆积物相应形成一些特殊的形态，尤以化学堆积物堆成的形态最为绚丽多彩，如石钟乳、石笋、石柱、石幕、石灰华等。我国桂林七星岩，具有多层岩洞，仅中层洞面积就达1万多平方米，能容纳数万人，是个罕见的"地下宫殿"，它与漓江等景点一起组成了桂林风景名胜区。

【3-7拓展视频】

8. 干旱地貌

干旱区气候干燥、蒸发量极大、降水稀少（年降水量250毫米以下）、地面植被极其稀疏。干旱区的松散沉积地面及裸露的基岩地面，受到风力强烈作用，形成荒漠等景象。主要的风蚀风积地貌旅游资源有以下两种。

(1) 风蚀蘑菇石和风蚀柱：干旱区中突出的孤石或破裂的岩块，经受风沙长期磨损，形成下细上粗的蘑菇形态，称风蚀蘑菇石；若岩块中垂直裂隙发育，经受风的长期吹蚀，即形成风蚀柱。

(2) 雅丹地貌：又称风蚀垄槽或风蚀脊。维吾尔语中的"雅丹"，即"陡壁土丘"之意，是一种典型的风蚀地貌。在极干旱地区的一些干涸的湖底，因干缩形成裂隙，风沿着裂隙吹蚀，形成一些鳍形垄脊和宽浅沟谷。由于大风不断剥蚀，风蚀沟谷和洼地逐渐分开了孤岛状的平台小山，后者演变为石柱或石墩，长数十米到数百米，深可达10米。雅丹地貌在世界上许多干旱区都可以找到，在中国，新疆的雅丹地貌分布最多，除了罗布泊和古楼兰一带外，克拉玛依的乌尔禾"魔鬼城"、奇台的诺敏风城"魔鬼城"等也都是典型的雅丹地貌。新疆的塔里木盆地东部罗布泊地区雅丹地貌发育最为典型，最著名的有乌尔禾、白龙堆、三垄沙三处雅丹地貌。甘肃敦煌的雅丹地貌，形成时间之久远、地貌之奇特多样、规模之大、艺术品位之高，堪称"世界仅有的大漠地质博物馆"。

敦煌"魔鬼城"

敦煌雅丹位于新疆、甘肃交界处，距玉门关西北80余千米处，属于古罗布泊的一部分。敦煌雅丹地貌群落，布局有序、造型奇特，是一座罕见的天然雕塑博物馆，堪称敦煌的又一奇观，它是大自然鬼斧神工、奇妙无穷的天然杰作。敦煌雅丹土质坚硬，呈浅红色。东西长约15千米，南北宽约2千米，与青色的戈壁滩形成了强烈的对比，在蓝天白云的映衬下格外引人注目。进入雅丹，遇到风吹，鬼声森森，夜行转而不出，当地人们俗称雅丹为"魔鬼城"。

敦煌雅丹地貌

【3-8拓展知识】

> 敦煌雅丹整体像一座中世纪的古城堡，城堡内布局有序、错落有致，城墙、街道、大楼、广场、雕塑，如同巧夺天工的设计师精心布局一般。每个雅丹地貌都各具形态、造型生动、惟妙惟肖。有的像宝塔、像宫殿、像麦垛、像昂首屹立远眺的金孔雀、像展翅欲飞的雄鹰、像大海中乘风破浪的船队、像怒目远视的武士，还有的像亭亭玉立的美女……在这里，千奇百怪、千姿百态的雅丹地貌，会使你心旷神怡、放飞思绪、浮想联翩。在这里你可以展开丰富的想象力，领略大自然妙造天成的神奇之美。

(3) 沙垄：沿一个方向延伸的沙质高地，称为沙垄。沙垄有横向沙垄和纵向沙垄之分，前者与主要风向垂直，后者顺风向延伸。纵向沙垄，呈波状起伏，长度从几百米、几千米到几十千米。高度一般为10～30米，最高可达200米。这是由新月形沙丘发展而成的，也有的是几个草丛沙堆同时顺主要风向延伸而相互衔接形成的。甘肃敦煌鸣沙山就是一座纵向沙垄，它高达130米。史载敦煌鸣沙山为"神沙山"，因沙响而得名。我国是世界鸣沙旅游资源分布最多的国家，除已有的敦煌鸣沙山、宁夏沙坡头、内蒙古响沙湾、新疆伊吾鸣沙外，在新疆古尔班通古特沙漠也发现多处鸣沙。对鸣沙的研究，已引起国内外学者的广泛关注。

(4) 沙漠：沙漠是指整个地面覆盖着大量流沙的荒漠。若地面由砾石所覆盖，则称戈壁。组成沙漠的沙源有当地的，也有外地由风吹来的。在世界各干旱地区，都有沙漠分布。而干旱区的形成，一种情况是与南北纬15°～35°副热带高压控制区有关。该高压带内，对流层气流下沉，大气稳定而少雨，空气相对湿度减小，分布着很多世界著名沙漠。另一种情况是由于地处温带大陆内部，远离海岸或受山脉阻塞，来自海洋的潮湿、温暖气流到达不了该地，并受北方高压冷气团影响，形成温带干旱区，我国西北沙漠和中亚沙漠就属于这一类。因此世界的气候状况，基本上决定了世界沙漠分布格局。

(5) 黄土：黄土是一种黄色的、质地均一的第四纪土状堆积物，主要分布在中纬度干旱或半干旱的大陆性气候地区。我国黄土集中分布在陕西北部、甘肃中部和东部、宁夏南部和山西西部一带，即著名的黄土高原区域。黄土地貌独具特色，它沟壑纵横、壁垒叠嶂、姿态万千，塬、墚、峁、陷穴、沟谷等黄土地貌景观均具有较强观赏性。地面较平坦、沟谷不甚发育的大面积的原始黄土地面，称为黄土塬；黄土墚是长条形的黄土高地，宽约数百米，长可达数千米；黄土峁是一种孤立的黄土丘，若干峁连接起来形成和缓起伏的墚峁，统称为黄土丘陵；由于地表水下渗进行浸蚀作用形成的黄土陷穴，可深达10～20米，有的还呈串珠状分布；黄土沟谷的发育，使黄土地面被切割得支离破碎。

【3-9拓展视频】

3.1.3 地文景观旅游资源的特点

1. 空间规模较大

地文景观体现了地球表面的沧桑巨变，空间尺度巨大。在所有地质地貌旅游资源类型中，除了矿点、矿脉与矿石积聚地、生物化石点等类型的旅游资源空间规模较小外，其余均是大尺度景观。例如，山丘型旅游地、谷地型旅游地、沙砾石地型旅游地、滩地型旅游地、奇异自然现象、自然标志地、垂直自然地带等，均达到占地面积数百平方千米至数千平方千米。泰山总面积达426平方千米；黄山景区面积达160.6平方千米；庐山面积302平方千米；甘肃敦煌雅丹景观，分布面积达400多平方千米；中国五大连池火山景观，分布面积达1060平方千米。

2. 形成年代久远

地文景观是在地球演化的漫长地质历史时期，由于内、外营力的作用形成、发展并遗留下来的自然景观。地球表面的海陆起伏、复杂多样的自然环境、千差万别的生物群落，都是地球长期演变的结果。自从地球开始物质分异，形成圈层构造和原始地壳，已有46亿年的漫长历史，包括地球初期发展阶段、太古代、元古代、古生代、中生代、新生代等地质年代。为了深入地揭示各地质年代中地层和生物的特征，地质学家又在"代"之下分出次一级的地质时代，包括古生代六个纪、中生代三个纪和新生代两个纪。目前已知最古老的岩石景观年龄为38亿年。地球上主要山川、河谷的形成，经历了早古生代的加里东构造运动、晚古生代的华力西运动、中生代的太平洋构造（也称旧阿尔卑斯构造、燕山构造）运动和新生代喜马拉雅构造（也称新阿尔卑斯构造）运动等亿万年沧海桑田的巨大变化。地壳中保留下来的各时期的地层和地貌景观，就像一部内容丰富的大自然历史画册，成为地文类旅游资源的主体。如果将地质历史比作一部巨厚的史书，那么人类历史仅是其最后一页。

3. 承载能力较强

承载力是指在当前经济技术条件下，在保持旅游资源质量的基础上，旅游资源所能承载的最大旅游活动量。旅游资源承载力的计算公式如下：

$$F = E \times \frac{T}{T_0} \times \frac{A}{A_0}$$

式中：F——旅游资源承载力，单位为人次；

E——资源适游期，单位为天/年；

T——资源每日可开展旅游活动的时间；

T_0——人均每次利用资源时间；

A——资源空间规模；

A_0——个人最低空间标准。

前已述及，绝大多数地文景观空间规模大。地文景观只要有可见光，就可开展观光活动，气候适宜时，还可进行度假旅游。因此，每日可接待旅游的时间比较长。除了个别高寒山顶、高原以外，许多地文景观的适游期也是比较长的。根据上述旅游资源承载力公式可知，地文景观的 E、T、A 的值普遍较大，因此旅游资源承载力的数值必然也较大。

4. 不可再生性

地质地貌类旅游资源经历了漫长的地质历史时期，是地球内、外营力亿万年长期作用的结果，远非人力所能为。正因为如此，地文景观一旦遭到破坏，人工恢复的可能性也是非常小的。例如，广东丹霞山经由中生代后期到新生代初期将近数百万年才形成；河南嵩山的地质变动历经了30多亿年的演化，经历了从太古时代一直到新生代的四个地质变动时期，因而是弥足珍贵、不可再生的地质自然遗产。它们一旦遭到破坏，将永远在地球上消失，人工复原的可能性几乎为零。而不合理的开发，也会使其改变原貌，失去原有的魅力，丧失原有的科研价值和观赏价值。

3.1.4 地文景观旅游资源的功能

1. 科普教育功能

地质地貌类旅游资源的产生与演变实际是整个地球地质地貌演变的缩影。这个过程对很多旅游者来说都是相当神秘的，并且会充满好奇心。通过游览地质地貌类旅游景观，可以了解其产生与演变的原理，使旅游者从中获得有关地质地貌乃至整个自然界的更多知识，满足旅游者开阔视野、丰富阅历、审美游乐、接受科普教育和环保教育、增长见识、提高科学素养等多种需求。

2. 美学鉴赏功能

地质地貌类旅游资源表现出千姿百态的形态和突出的美学观赏性。游览国家森林公园张家界，你就会被国内外罕见的石英砂岩峰林地貌景观所吸引。这里石柱耸立、奇峰千叠、树木葱茏、沟壑纵横，显示出一派雄奇峥嵘而又俊秀幽微的自然美景，令人陶醉。尤其是索溪峪的十里画廊，那"紫驼过江""山重水复""猛虎啸天""寿星迎客""采药老人""众女拜观音"等若人、若神、若仙和似林、似禽、似兽的石英砂岩峰林，在云雾中时隐时现、变化万千，真是十步一景。行走在其间，人仿佛置身于一幅气势磅礴的长卷画中。来到华山，游人总是怀着极大的兴趣去观赏由于长期风化剥蚀而形成的一座座峻秀峭拔的山峰和许许多多奇形怪状的岩石。武夷山的"鹰嘴岩"，本是光秃浑圆的巨厚沙砾层，它矗立在丛峰之中，光曲如琢的岩石向东南端突出恰似鹰嘴，整块岩石活像一只雄鹰屹立在山冈展翅欲飞，这真是大自然巧夺天工的造化。

3. 健身与探险功能

人们历来把高和险，作为构成地质地貌美景的重要内容。"无限风光在险峰""登高极顶景无穷"成为游览自然景观的传统内容。具有攀爬健身功能的资源主要分布在山地、丘陵地区，健身功能包括疗养和体育锻炼两个方面。就疗养功能而言，主要是利用山地和其他自然要素如气候、水域、森林等的协调组合，向旅游者提供避暑、消夏、休憩等服务。属于体育领域中极限运动范畴的探险旅游，通常是离不开具有不同寻常、奇异、荒野特点的地质地貌类旅游资源的支撑。目前我国已经有专门从事科学考察、探险旅游项目的科学旅行社，旅游者可以在导游的带领下，去新疆、西藏、四川、青海等地观赏高原、冰川、沙漠、戈壁风光，亲身体验野外作业，参加野外探险活动。

3.2 水域景观旅游资源的形成与特点

3.2.1 水域景观旅游资源的形成

水域景观旅游资源是指水体及水体所依存的特定地文环境所构成的自然旅游资源类型。地球表面近3/4的面积覆盖着水，因而地球有"水的行星"之称。地球上的水以固态、液态、气态等形式分布于陆地、海洋和大气之中，形成了陆地水、海洋水、大气水等各种类型的水体，并共同组成了一个不规则连续的水圈。水圈与岩石圈、生物圈、大气圈相互作用，形成海洋、河流、瀑布、湖泊、冰川、涌泉、湿地等各种水体形态，组合成丰富多彩的水域景观旅游资源。

在地球表面，海洋占据了71%的广阔面积，在大洋型地壳的地质构造与海底地形地貌、海洋气候与洋流、海洋生物等因素的作用下，辽阔的海洋形成了丰富的旅游资源。陆地与海水相接的海滨部分，海岸、沙滩、岛屿、潮汐等地貌与现象为人类提供了良好的观赏大海、运动健身、度假疗养的旅游活动场所，形成极具吸引力的海滨旅游资源。河流是地球上陆地动、植物赖以生存的主要水源，纵横交错的河流不仅孕育了人类文明，同时也是人类在陆地上的重要交通动脉，在旅游资源中则成为重要的构景因素并在地表形态上承担着重要的造型功能。因陆地表面天然洼地蓄积水体而形成了湖泊，又由于所处的地形部位、成因、水文特征的不同，形成了形形色色、绚丽多姿的湖泊旅游资源；在特定条件下形成的泉水、瀑布，以其自身优美的景色而成为独立的、极有价值的风景名胜区，如我国贵州的黄果树大瀑布、济南的趵突泉等均闻名于世。水体对其他自然旅游资源的形成有深刻影响作用，水体有"大自然雕刻师"之称，大气降水、地表流水对许多地貌特别是岩溶地貌、海岸地貌、冰川地貌等具有普遍的塑形作用。水体在一定程度上可以起到调节局地温度和湿度的作用，因而有"美容师""空调器"之称。总之，水域景观资源为其他自然旅游资源的形成提供了重要的构景环境和素材，加之其本身所具有的诸多旅游功能，使其成为备受旅游者青睐的重要旅游资源。

3.2.2 水域景观旅游资源的构景类型

水是自然资源的重要组成部分，也是自然风景的基本构景要素。国家标准《旅游资源分类、调查与评价》（GB/T 18972—2017）中，水域景观旅游资源的构景类型具体包括BA河系、BB湖沼、BC地下水、BD冰雪地、BE海面5个亚类13个基本类型，如表3-2所示。

表3-2　水域景观构景类型

主类	亚类	基本类型		简要说明
B 水域景观	BA 河系	BAA	游憩河段	可供观光游览的河流段落
		BAB	瀑布	河水在流经断层、凹陷等地区时垂直从高空跌落的跌水
		BAC	古河道段落	已经消失的历史河道现存段落
	BB 湖沼	BBA	游憩湖区	湖泊水体的观光游览区与段落
		BBB	潭池	四周有岸的小片水域
		BBC	湿地	天然或人工形成的沼泽地等带有静止或流动水体的成片浅水区
	BC 地下水	BCA	泉	地下水的天然露头
		BCB	埋藏水体	埋藏于地下的温度适宜、具有矿物元素的地下热水、热汽
	BD 冰雪地	BDA	积雪地	长时间不融化的降雪堆积面
		BDB	现代冰川	现代冰川存留区域
	BE 海面	BEA	游憩海域	可供观光游憩的海上区域
		BEB	涌潮与击浪现象	海水大潮时潮水涌进景象，以及海浪推进时的击岸现象
		BEC	小型岛礁	出现在江海中的小型明礁或暗礁

1. 江河旅游资源

江河即陆地地表沿线形凹地运动的经常性或周期性的水流，规模大的称为江或河，规模小的叫溪或涧。由于河流流经的地形地貌、地理区域不同，受地域分异规律和区域地理环境的影响，形成多种多样的河流景观，因而呈现出不同的旅游吸引力。如在青藏高原地区，河流呈放射状向四方奔流，形成高原上奔腾湍急的高山峡谷河流、高原边沿丘陵与平原地带蜿蜒宁静的河流等。

实际上，江河是一种具有多种功能的地理实体，其旅游意义主要体现在四个方面。

(1) 江河常位于山水相融、自然风光与人文景观交相辉映之处，所以更易激发旅游者的游兴。

(2) 江河常是经济发达、历史悠久、人文景观荟萃之地。世界上较早的一些文明古国几乎均沿大江、大河分布，尤其是古代文明发祥地的黄河、长江、尼罗河、两河流域、恒河等。

(3) 河流两岸可进入性好、物产丰富、旅游供给条件优越、对旅游者来说，具有经济实惠、路程短、乘坐游船较为舒适的好处。

(4) 在江河上，可以开展多种旅游项目，如漂流、泛舟、乘船观光等。

江河依其资源特色及景观特征可以分为四种类型。

(1) 急流涧溪型：多发育在河流上游的高山地区，河床纵坡大、水流湍急、两岸层峦叠嶂、景色迷离，是泛舟漂流旅游的好地方，如长江上游的金沙江。

(2) 峡谷型：这是江河上最迷人的旅游胜境。狭窄的江面、湍急的水流、中流的砥柱与浅滩、两岸的造型地貌，把游人带入了仙界幻境。这是地壳新构造运动与河流强烈侵蚀作用的产物，如长江三峡中的巫峡，峡谷特别幽深曲折，是长江横切巫山主脉背斜而形成的。

(3) 河流三角洲型：河流带来大量泥沙倾泻入海（湖泊）的地方，往往形成一个近似三角形的平原，称三角洲。世界上各大河流入海处均形成规模巨大、形态和自然景观各异的三角洲平原，构成一种特殊的三角洲旅游景观。如我国的长江三角洲、珠江三角洲，都是著名的旅游胜地。欧洲多瑙河三角洲旅游区，河道宽阔、水流平稳、地势平坦、土壤肥沃、芦苇茂密、鸟类群集，形成一个由河流网结湖泊、村庄、渔场、农田、菜园的神奇世界。多瑙河三角洲被称为"鸟类的天堂"，是欧、亚、非三大洲候鸟迁徙路径上的一个重要会合点，三百多种鸟类齐聚相会，形成了热闹非凡而又繁华壮丽的景象。

(4) 人工河流型：人工河道包括运河、排水河、引水河等。世界上重要的人工河流旅游景观有中国的京杭大运河、埃及的苏伊士运河、巴拿马的巴拿马运河等。

2. 湖泊旅游资源

湖泊，是大陆上较为封闭的集水洼地。世界各地都有湖泊分布，其总面积占全球大陆面积的1.8%左右。我国也是一个多湖泊的国家，湖泊面积在1平方千米以上的有2600余个，主要分布在青藏高原和长江中下游平原地区，这些地区湖泊最为密集。

湖泊具有灌溉、航运、养殖、旅游、调节河川径流、调节湖滨地区气候等功能，是一项宝贵的自然资源，是水体旅游资源中一个重要的组成部分。在分类上，湖泊分类方法众多，如按湖泊的成因分类、按湖泊水源的补给条件分类、按湖泊的排泄条件分类、按湖水的含盐度分类等。若按湖泊的成因分类可以分为九类，如表3-3所示。

表3-3 湖泊分类（按成因分类）

名称	成因	典型案例
构造湖	地壳构造运动产生凹陷	俄罗斯贝加尔湖
火口湖	火山通道被阻塞，火山口成为封闭的洼地	吉林长白山天池
堰塞湖	火山、地震、冰川或泥石流堵塞河床	黑龙江镜泊湖
溶蚀湖	可溶性岩石被溶蚀形成洼地	云南石林的剑池；贵州威宁草海
河迹湖	泥沙堆积不均；泥沙河口淤塞	南四湖；洪泽湖
海迹湖	沙嘴沙洲不断向外伸展，封闭了海湾	杭州西湖
冰蚀湖	冰川刨蚀作用或冰碛作用形成洼地	青藏高原冰湖
风蚀湖	风蚀作用形成洼地积水成湖	腾格里沙漠的草湖
人工湖	人工修筑蓄水调节径流的蓄水区域	北京密云水库；埃及纳赛尔湖

3. 瀑布与名泉

从河床纵断面陡坡或悬崖处倾泻而下的水流称为瀑布，瀑布是一种跌水现象。瀑布多分布于山区河流的中上游地段。它是自然山水结合的产物，由溪流、跌水和深潭组成，具有融形态、声势及色彩的美为一体的特点。在形态方面，瀑布飞流急泻、喷珠溅玉一眼望去千变万化、各有特色，给人以雄、险、奇、壮之感；在声势方面，瀑布或如雨声，或如雷鸣，或如万马奔腾，足使游人惊心动魄，同时对景观起到了良好的"配音"效果；在色彩方面，瀑布下落时或似"白练"，或似"堆雪"，可谓美不胜收。

泉，是指地下水的天然露头。泉为人类提供了理想的水源，同时构成许多观赏景观和旅游商品资源，如理疗泉、饮用泉等。我国泉的总数约十万处，分布相当广泛，种类也十分丰富。从泉水的流出状态划分，由下向上或喷或涌的称上升泉，自上而下滴落的称下降泉。从出水口的出水温度来划分，低于20℃的为冷水泉，20～37℃为温泉，38℃以上为热泉和高热泉，而温度约等于当地地表水沸点的地下水露头则称为沸泉。从泉水中矿物质的含量来划分，小于1克/升为淡水泉，超过此标准的为矿泉。

泉点（水）的旅游价值主要体现在三个方面：首先，是可观赏性，泉水的一些特殊性状，可引起游人观赏的兴趣，如家喻户晓的"泉城"济南就属于此类；其次，是医疗保健效果，这是矿泉水最重要的功能；最后，是品茗酿酒之功能，泉水水质纯净，口感一般较好，用名泉水泡茶效果更好，如用杭州虎跑泉水冲泡龙井茶，堪称"西湖双绝"。

> **知识链接**
>
> ### 亚洲最大跨国瀑布——德天瀑布
>
> 在中国西南边陲广西与越南接壤的一个地方，不知道从什么时候起就流淌着一条清澈的河，不论四季寒暑，它始终碧绿清澈，纯朴得像大山里的女孩，人们给它起了一个美丽的名字——归春河。
>
> 归春河静静地流向越南，又绕回广西，最终在硕龙这个边陲小镇，寂静了许久后的力量瞬间爆发，冲破了千岩万壑，冲出高崖绿树的封锁，一泻千里，划开了中越两国边界。或许是大自然的造化，倔强垂坠的河水从高达60余米的山崖上跌宕而下，撞击着层层岩石，飞流曲折，水花四溅，水雾迷蒙，远望似缟绢垂天，近观如飞珠溅玉，透过阳光的折射，五彩缤纷，那哗哗的水声，振荡河谷，在不经意间就形成了一个迷人的奇迹，这就是世界第四大、亚洲第一大的跨国瀑布——德天瀑布。德天瀑布从被造就的那一天起，就成了归春河最激情的表达。
>
>
>
> 德天瀑布

4. 海滨旅游资源

目前海洋景观用于旅游的多趋向于近海与海滨景观、热带浅海海底景观。由于海滨所处的地理位置、气候带及海岸类型（沙泥质、岩岸、生物海岸）不同，致使景观总体特征不尽相同。概括起来，海滨旅游资源可分为三种类型：①海滩型，如地中海沿岸、泰国的芭堤雅海滨和中国的亚龙湾；②生物滨海型，如澳大利亚的大堡礁海洋公园；③海潮型，如浙江钱塘江大潮。

我国大陆海岸线北起鸭绿江口，南至北仑河口，全长18000千米。沿海岛屿约计6500个，纵跨温带、亚热带、热带三个气候带。海岸类型十分错综复杂，一般以钱塘江口为界，其北以泥沙质海岸为主，个别地区如山东半岛、辽东半岛等地为基岩海岸；钱塘江口以南以基岩海岸为主，只有珠江口等少数地区为平原海岸。我国北方海滨地区因受海洋调节，气温变化和缓，夏季无酷暑，常开发为避暑胜地。我国自北向南的海滨胜地依次为大连海滨、北戴河海滨、青岛海滨、普陀山海滨、亚龙湾海滨及天涯海角海滨。

3.2.3 水域景观旅游资源的特点

1. 性状多变

水体最富变幻性，水相、水量、水色和水态等都会随环境的不同而发生变化。水的三种物理形态——固态的冰雪、液态的水体和气态的水蒸气，都可以构成风景。"气蒸云梦泽，波撼岳阳城"描写的就是水气蒸腾的景色；"今古长如白练飞，一条界破青山色"描写的是动态水；"明月松间照，清泉石上流"则是对静态水的生动刻画。泉水中冷泉可饮、温泉可浴、间歇泉可观赏。河流与沿岸的各种地貌、花草树木、人文景观相组合，共同构成多姿多彩的风景，展现给人们一个步移景异的画面长廊。瀑布将形、声、色、动态美等美学特点融为一体，给人以雄、险、奇、壮之感。平静的湖泊、宽阔的大海给人以畅旷的美感，而且还可以调节气候，提高负氧离子含量，增强环境舒适性。水体自身没有颜色，但由于其所处的位置、季节、水体深度、周围景色的不同，对不同波段的可见光吸收和反射程度各不相同，因此水域景观因其性状变化多端而显得多姿多彩。

2. 承载力较小

风景河段、湖沼、泉瀑等水域景观，相对于地文景观、生物景观、天象与气候景观等其他类型的自然旅游资源来说，体量小，自我净化和生物降解能力弱，往往是风景区生态环境最为脆弱的地段，对旅游活动的承载能力比较小。一旦超载，旅游景观就会受到破坏，而且难以逆转。在许多风景河段，尤其是城区或郊区，景观水体建设呈蔓延之势。人工水景建成之后的两年之内，一定程度上能起到美化环境、吸尘、降噪、调节小气候、提升楼盘品质、吸引旅游与投资的作用。但是由于河湖水体的水岸出现硬质化现象较频繁，水体与河道土壤的联系被阻隔，造成水中微生物群落受损甚至缺失，有机物质得不到及时、充分分解而大量累积，藻类大量繁殖，水域生态循环被破坏，导致水体自净能力不高。一般两年以后，水体就会出现变浑、变黑、发臭现象，即使有些水体已采取了截污、清淤、引水换水等措施，但由于缺乏整体性规划及相互之间协调不足，往往导致收效甚微。

3. 活化景观的作用显著

水是自然景观的重要构景要素。海洋的潮涨潮落、河流的平和从容、湖泊的轻柔幽静、瀑布的奔放勇猛、泉水的秀美清丽，都具有形、色、声动态变化的多样性美感，使人心驰神往、浩气激荡，吸引着众多游客，为游客提供了种类繁多、富有生气的旅游产品。水域景观活化景观的作用十分明显，表现在以下几方面。

(1) 水是景区"灵气"之所在。古人云：山得水而活，水得山而媚。古往今来，无论是皇家官苑，还是私家花园，都采取"引水注入""引泉凿池"方式，十分重视水体的组合。"风乍起，吹皱一池春水"，园林只要有了水，一切都活起来了。如果说山是园林的骨架，那么水是园林传神的眼睛，古人有"名园依绿水"之说，突出了水体在构景中的地位与作用。被人们称为"童话世界"的九寨沟，其众多的海子（湖泊）和连接海子的瀑布群，构成了九寨沟风景中最富有魅力的奇丽景观。

【3-10拓展视频】

(2) 水体可以变幻景观的色调。无色透明的水域，在不同的地理环境中，不同的季节里，不同的光照条件下，不同的洁净程度下，不同的矿物质含量下，可呈现出丰富多彩的色调。比如黄山脚下的"翡翠谷"，其水色因植被和光线的倒影而呈现五颜六色，美不胜收。

(3) 水体可以丰富景观的声响。雨打芭蕉、溪流淙淙、惊涛拍岸、飞瀑流泉等都丰富着自然景观的声响，使游人听到不同于都市喧嚣、机器轰鸣的自然之声。

(4) 水体资源增添了景观的动感。山岳景观千百年来"岿然不动"；植物景观的季相变化在短暂的旅游时间里，难以被旅游者观察到；野生动物景观，出没无常，可遇不可求；天象景观稍纵即逝。只有悬泉飞瀑、川流江涌、大河奔流、潮涨潮落等水域景观，能够在较长时段增添景观动感，让旅游者从容地观赏和玩味。

(5) 水体资源可以加深游客的旅游体验。对于水域景观，游客不仅可以身临其境，而且可以嬉戏其中。海滩，能开展游泳、滑水、驾艇、划船、冲浪等多种海上运动项目。我国三亚、大连，以及国外美丽的夏威夷、迈阿密海滩等水域景观，每年吸引着大量游客。据不完全统计，意大利开辟了6000多个海滨浴场、150多个旅游港口和500多个海滨旅游中心。西班牙人以出口"阳光和海滩"为骄傲。美国拥有10余处国家海滨旅游区，其中全长45千米的弗吉尼亚海滨浴场为世界最大的海滨旅游区。在水体资源中，人们通过观水、乐水、戏水、饮水、淋水、浴水、疗水（以水疗养）等参与性亲水活动，加深旅游体验。

园林中的水域风光

(6) 水体资源还可以提高环境品质。水体可以净化空气，增加旅游环境的湿度，提高空气中负氧离子含量，减少浮尘，改善区内小气候。我国东南沿海城市创造的经济奇迹和良好的人居环境、工作环境，也体现出人与水、水与城市经济的亲和关系。现代科学证实，城市因傍山邻水，天地人相互感应，造就了人的"美和聪"，因为水面越大，产生的"负离子"越多，越有利于人的大脑健康。同时水体可以为人们营造回归自然的氛围，增强游人的舒适感。

3.2.4 水域景观旅游资源的功能

1. 审美功能

水域景观具有雄壮之美、秀丽之美和奇特之美。水体在形态、倒影、声音、色彩、光线、水味、奇特等方面都具有吸引功能。碧波浩渺的大海、水天一色的江河、跌崖飞泻的瀑布、澄碧晶莹的泉水、蜿蜒曲折的溪涧、风光旖旎的湖泊、澎湃汹涌的潮汐等都是水域景观美的体现。"山，骨于石，褥于林，灵于水。"水体景观可以用深浅、清浊、明暗、动静、急缓等方面的丰富变化为游人开辟游、观、听、触、思、情的整体游憩感受活动空间单元。

2. 疗养功能

矿泉、药泉具有防病、治病的功效。在温泉中洗浴能使人消除疲劳、祛病健身，这在我国众多的古籍中都有记载。明代李时珍在名著《本草纲目》中就有记载："温泉主治诸风湿、筋骨挛缩及肌皮顽痹、手足不遂、无眉发、疥、癣诸疾……"温泉水的温热，可使毛细血管扩张，促进血液循环，而水的机械浮力与静水压力作用，具有按摩、收敛、消肿、止痛之功效。另外，温泉水中含有各种矿物质等特殊化学成分，例如，硫化氢、二氧化碳，以及钙、镁、镭、氡、铁、锂、硼等元素，还有大量的离子对人体都会有影响。泉水的成分不同，会对人体有不同程度的治疗效果。

3. 品茗功能

明朝钱椿年著的《茶谱》中提到的"煎茶四要"，首先就是要选择好水。煎茶的水如果不甘美，会严重损害茶的香味。古人对泡茶用水的选择，一是甘而洁，二是活而鲜，三是贮水得法。现代科学技术的进步提出了科学的水质标准，卫生饮用水的水质标准规定了感官、化学、毒理学和细菌四方面的内容。泡茶用水，一般都用天然水。天然水按来源可分为泉水（山水）、溪水、江水（河水）、湖水、井水、雨水、雪水等。现在很多景区都结合本景区良好的水质和茶叶，开展游客品茗项目。

4. 体育娱乐功能

水体是最富有普遍吸引力的康乐型自然旅游资源，也是最能满足游客参与要求的旅游资源。游客喜爱的海水浴、温泉浴、游泳、划船、舢板、帆船、冲浪、漂流、潜水、滑水、垂钓等活动项目，以及滑雪、雪橇、冰橇等冰雪体育娱乐活动，参与性与娱乐性都很强，是休闲度假旅游的首选项目。旅游产品的开发，旅游项目的设计，都已越来越多地注重游客参与的心理需求。具有和谐美学本质的休闲度假，与洋溢着优美美学情韵的水体资源，两者存在天然的相契相合的关系。

5. 文化功能

水是万物之源，也是中国人智慧和情愫的催化剂。江河是人类文明之源，世界上凡是文明古国，其文明史都和一条河水相伴。中国的文化典籍，几乎所有历史记载的文字，都蕴涵着丰富的"水文化"的内容，对"水"的描写、吟唱、歌咏，也一直被视为永恒的题材，成为世代文人笔下旷古不衰的"文学命题"。一部中国文学史，倘若从"水文化"的角度去审视，它是渗透着"水"的精髓的人类文化史卷。孔子曰：知（智）者乐水，仁者乐山。智者步水而行、望水而思，以碧波清流洗濯自己的理智和机敏；仁者则在山的稳定、博大和丰富中，积蓄和锤炼自己的仁爱之心。"问渠那得清如许，为有源头活水来"，这就是山水可以陶冶情操的根本原因。水，不仅影响了中华文化的产生，在文化进程中演绎出风姿多彩的面貌，而且随着历史的演进，人类文明的发展，已成为中华文化所阐释的一个重要"对象主体"。

3.3 生物景观旅游资源的形成与特点

3.3.1 生物景观旅游资源的形成

生物是地球表面有生命物体的总称，大体上可以分为动物、植物、微生物三类，是自然界最具活力的群落。据统计，地球动物种类不少于100万种，植物种类不少于50万种，微生物的种类多得更是难以统计。在地球历史演化进程中，生物物种也在不断演化。由于地质历史环境的变化，大量的古生物遗体或遗迹被保存下来，成为颇具研究价值及观赏价值的古生物化石旅游资源，如古生代地层中的三叶虫、珊瑚、鱼类化石，中生代的恐龙化石等；有些生物种群随地质环境的变迁而灭绝，而有些则在特定的条件下存活下来，成为重要的观赏和科考旅游资源，如我国的珍稀动物大熊猫、孑遗植物珙桐、桫椤、银杏等。

不同的地理环境下生存的植物群落和动物群落，在景观上存在着明显的地域差异，不仅形成了地表最有特色、最生动的外部特征，也构成了丰富多彩的娱乐环境和观赏游览对象。如为了保护珍稀动植物及特殊的地理环境等建立的自然保护区，现已成为科学研究和旅游开发的重要场所。此外,绿色植物不仅是重要的构景要素,而且能够净化空气和美化环境,有疗养、休闲、健身等功能,因此也是绝大多数旅游区必不可少的组成部分。生命演化至今,丰富多彩的生物使地球生机盎然。在山、水、生物、天象四大要素组成的自然景观画卷中,山体是自然景观主要的形象骨架,而树木花草则是山的"衣裳"。同样的山体因一年四季二十四节气的变换,不时地更换着衣裳,给适时出游的观赏者增添了趣意无穷的猎奇内容。在现代旅游活动中,随着人类对重返大自然的向往,生物资源便成为最重要的旅游资源之一。

3.3.2 生物景观旅游资源的构景类型

生物景观以其复杂的形态和由其自身生命节律所表现出的变化性,构成了旅游景观的实体,是自然旅游资源中最具特色的类型。《旅游资源分类、调查与评价》(GB/T 18972—2017)中,生物景观旅游资源的构景类型具体包括:CA植被景观、CB野生动物栖息地2个亚类8个基本类型,如表3-4所示。

表3-4 生物景观构景类型

主类	亚类	基本类型	简要说明
C 生物景观	CA 植被景观	CAA 林地	生长在一起的大片树木组成的植被群体
		CAB 独树与丛树	单株或生长在一起的小片树林组成的植被群体
		CAC 草地	以多年生草本植被或小半灌木组成的植被群落构成的地区
		CAD 花卉地	一种或多种花卉组成的群体
	CB 野生动物栖息地	CBA 水生动物栖息地	一种或多种水生动物常年或季节性栖息的地方
		CBB 陆地动物栖息地	一种或多种陆地野生哺乳动物、两栖动物、爬行动物等常年或季节性栖息的地方
		CBC 鸟类栖息地	一种或多种鸟类常年或季节性栖息的地方
		CBD 蝶类栖息地	一种或多种蝶类常年或季节性栖息的地方

在诸多的生物景观旅游资源中,最具观赏价值的旅游资源区包括自然保护区、森林公园、草原与草地、动物园等。

1. 自然保护区

自然保护区，是人类为保护自然资源和自然环境，拯救和保护珍贵、稀有或经济价值高而濒于灭绝的生物种源，保存有价值的自然历史遗迹，监测人对自然界的影响，保护和合理利用自然资源而设立的永久性基地和自然资源库。近些年来，由于自然和人为的原因，地球生态环境迅速恶化，某些动植物品种已经濒临灭绝的状态，建立自然保护区以实现对野生动植物的有效保护已成必然。自1956年建立第一批自然保护区以来，我国共建立各类自然保护区2729个，其中森林生态系统类型自然保护区数量最多，达1410个；85%以上的国家重点保护野生动植物在自然保护区内得到了保护。同时，对重要生态功能区、陆地和海洋生态环境敏感区、脆弱区等区域，明确要求划定生态红线，禁止与保护无关的开发建设活动。作为野生生物的"天堂"和最后"避难所"，建立自然保护区是生物多样性保护的最重要途径，保护生物多样性是生态文明建设的重要标志。

【3-11拓展视频】

 知识链接

鼎湖山国家级自然保护区

鼎湖山国家级自然保护区位于广东省肇庆市境内，面积1133公顷，于1956年经国务院批准建立，是我国建立的第一个自然保护区。1980年加入联合国教科文组织国际"人与生物圈"保护区网，主要保护对象为南亚热带常绿阔叶林及珍稀动植物。

鼎湖山国家级自然保护区

鼎湖山国家级自然保护区地处热带北缘，是中国南亚热带季风常绿季雨林保存比较完整的地区，保护区内的天然森林为世界上特殊的森林类型之一，林中动植物资源丰富，种类繁多，高等植物有2400多种，属于国家重点保护植物有桫椤、苏铁、格木、野荔枝、鸡毛松等数十种。保护区特有植物种类亦较多，单以鼎湖山命名及"模式标本"产于此地的植物就有20多种。保护区内复杂的森林植被和丰富的食源，为各种动物栖息和繁殖提供了理想的场所，高等动物有100余种，属于国家重点保护的动物有豹、苏门羚、蟒等。该保护区具有很高的科研价值，是开展生态系统定位研究的理想场所。此外鼎湖山国家级自然保护区优美的自然风景，众多的人文历史遗迹，使这里成为华南著名的旅游胜地。

2. 森林公园

森林公园是以森林景观、森林环境，以及其他相关方面作为生态、休闲、观光旅游的主要对象而设置的公园。建立森林公园的目的是保护其范围内的一切自然环境和自然资源，并为人们游憩、疗养、避暑、文化娱乐和科学研究提供良好的环境。森林公园的旅游资源包括各种自然或人工栽植的森林、草原、草甸、古树名木、奇花异草、大众花木等植物景观。为了有效保护和合理开发利用珍贵的森林风景资源，自1982年我国建立第一个森林公园——湖南张家界国家森林公园开始到现在，全国建立各类森林公园3571处，保护森林风景资源1858万公顷，其中国家级森林公园906处（2022年3月）。中国世界地质公园名录中有15处为森林公园，森林风景资源保护在自然文化遗产保护中发挥着重要作用。

3. 草原与草地

草地是指以多年生草本植物或小半灌木组成的植物群落构成的地区。按土地利用类型划分，主要用于牧业生产的地区或自然界各类草原、草甸、稀树干草原等统称为草地。草地以生长草本和灌木植物为主，并适合发展畜牧业。世界草地面积约占陆地总面积的1/5，是发展草地畜牧业最基本的生产资料和基地。在这些土地上，生产了人类食物总量的11.5%，以及大量的皮、毛等畜产品，还生长许多药用植物、纤维植物和油料植物，栖息着大量的野生动物。

桑科草原

桑科草原位于甘肃省甘南藏族自治州夏河境内，夏河县城拉卜楞西南10千米，有公路直通。桑科草原属于草甸草原，平均海拔3000米，草原面积达70平方千米，辽阔无际，是一处极为宝贵的自然旅游景区。这里地形起伏缓和、宽广无垠、水草丰美、牛羊肥壮，是甘南州的主要畜产品基地。这里设有藏式帐篷接待站两处，每年7—9月份搭起藏包，为游客准备新鲜奶茶、糌粑、藏包、手抓羊肉等藏区特色风味，还为游客准备了马匹、牦牛、射击、篝火晚会等草原旅游节目。游人在草原上可以尽情地体味神秘淳朴的藏族风情。历史上这里曾多次举行过盛大的藏传佛教佛事活动，重要的节日有"香浪节"。"香浪"在藏语中可译为"拾柴"的意思。每逢六月份，草原上风景如画，奶甜肉香，寺院的僧人就借口拾柴，来到野外与家人团聚，消遣上几天，后来沿袭成俗，形成了今天的"香浪节"。

桑科草原风光

4. 动物园

动物园是指由人工饲养、繁育的动物聚居场所，主要功能是进行科学研究和科普宣传。随着旅游业的发展，动物园的旅游功能被广泛重视。它们参与性强、观赏性高，吸引着八方游客。

根据动物园的特点可将其分为四类：①综合性动物园，如我国最大动物园——北京动物园，欧洲最大、最著名的动物园之一——英国伦敦动物园等；②专门性动物园，如无锡凤鸣谷鸟园，广州白云山、大连老虎滩、青岛海产博物馆中的水族馆，美国西部圣迭戈的海洋世界，檀香山的海生动物园等；③野生动物园，如南非和博茨瓦纳的卡拉哈里羚羊国家公园、坦桑尼亚的塞伦盖蒂国家公园等；④狩猎场，如我国甘肃省哈尔腾、哈什哈尔、康龙寺三个狩猎场，浙江宁波南方狩猎俱乐部等。

除动物园之外，我国不少旅游区都有其特有的动物，如峨眉山的猴群、西双版纳的大象、扎龙的丹顶鹤、长白山的梅花鹿、海南的长臂猿等。一些旅游区或俱乐部利用动物资源特色开展相应的旅游活动项目，如表3-5所示。也有一些旅游区养殖特有的动物，制作出地方风味的食品以飨游客，如北京烤鸭、西湖醋鱼、阳澄湖蟹、武昌鱼、深圳龙虾等。

表3-5 利用动物开展旅游活动项目统计表

活动类别	活动项目	利用的主要动物	举例
娱乐	马戏表演	马、猴、熊、狗、象、狮、虎等	各国马戏团
	固定表演	大象、海豹、海豚、鳄鱼、蛇等	各国海洋公园、泰国鳄鱼公园
体育	赛马	马	世界各国
	斗牛、斗羊	牛、羊	西班牙、中国
	狩猎	兔、鹿、豹、野猪、鸟类等	各国
观赏休憩逗趣	观赏动物	金鱼、热带鱼、小型鸟类等	中国、欧美各国
	垂钓	鱼类	世界各国
	逗趣	鸡、蟋蟀等	中国及欧洲、亚洲各国
	听鸟鸣	鹦鹉、八哥、黄鹂等	亚洲部分国家

5. 植物园

在植物园内，植物种类丰富，观赏植物及奇特植物比比皆是，且园内空气清新、风光绚丽，使植物园的功能由研究和科普扩大到旅游，世界各地著名的大植物园都是游客向往的旅游胜地，各国各地区的小型植物园也是人们休闲的好地方。

世界各地的植物园数量已近千个。目前国内外著名的植物园有：英国皇家植物园、美国阿诺尔德树木园、加拿大蒙特利尔植物园、北京植物园等。另外，我国各地著名的植物园还有黑龙江森林植物园、东北林业土壤研究所树木园、西安植物园、民勤沙生植物园（甘肃省）、武汉植物园、杭州植物园、上海植物园、桂林植物园、华南植物园、南岳树木园（湖南衡山）、赣南植物园（江西省）、贵州植物园、昆明植物园和西双版纳热带植物园等。

6. 田园风光

由人类的种植和养殖等农业活动，形成与大自然协调的田园风光，充满美学价值，对游客尤其是城市游客具有较强的吸引力，形成了近几年悄然兴起的田园旅游。种植作物可分为乔木、矮树、灌木与草本四类。

较为典型的乔木林为热带种植的橡胶林。橡胶在南亚等热带地区均有大片种植，我国海南及云南热带区域也大面积种植。橡胶林高大、排列整齐，形成了与天然林一样的茂密景观。

温带水果的桃、梨、苹果等多属于矮树，粉红的桃花、洁白的梨花十分艳丽。成规模种植的果园，不仅具有品尝意义，更有观赏价值，成为这几年兴起的果园旅游的旅游对象。

灌木方面，典型的有热带种植的咖啡园和干旱地区的枸杞园。鲜艳似火的枸杞果使丰收之季的枸杞园充满生机和活力。

种植风光最引人注目的、面积最大的要数草本植物。金灿灿的万亩油菜花、布满山头的荞麦花等也都是极具美学价值的种植风光。人类主食的水稻和小麦都属于草本植物。种植在辽阔平原上的小麦，一望无际，春季绿油油、夏季金灿灿，随风起伏、麦浪滚滚，好一派田园风光；山区的水稻梯田，沿等高线拾级而上，弯弯曲曲的田埂和如镜的田水，使梯田极有韵律，在蓝天白云衬托下似仙景般迷人。亚洲南部的丘陵和山区的梯田风光尤为典型，中国云南元阳的梯田堪称人间一绝，有"元阳梯田甲天下"之美誉。

云南元阳梯田

【3-12拓展视频】

3.3.3 生物景观旅游资源的特点

1. 广泛性与多样性

生物是地球表面有生命物体的总称，按其性质可分为动物、植物和微生物。生物资源在空间分布上具有广泛性。如果以海平面为标准来划分，生物圈向上可到达约10千米的高度，向下可深入约10千米的地壳深处，包括大气圈的底部、岩石圈的表面和水圈的大部分。生物在地球上无所不在，甚至是两极零下40℃以下的严寒地带和70～80℃的滚烫泉水中都有生命的存在。据统计，现今被发现、记载并定名的生物体约有200万种，这使得自然界呈现出多姿多彩的生物景象。作为旅游资源的生物景观，主要是指由动植物及其相关生存环境所构成的各种过程与现象。我国生物景观资源丰富多样，其中包括不少特有、独存的珍稀物种。据不完全统计，我国有高等植物3万多种；维管束植物约有353科3184属27150多种，居世界第三位；独有的树木50多种，其中银杏、水松、水杉、金钱松、银杉被称为"植物的活化石"。我国的动物资源也很丰富，有陆栖脊椎动物约2000多种，其中鸟类约有1189种，兽类近500种，爬行类约有320多种，两栖类约210多种。世界上有不少陆栖脊椎动物为我国特有或主要产于我国，如丹顶鹤、褐马鸡、金丝猴、羚羊等。还有一些属于第四纪冰川后残留的孑遗种类，如大熊猫、扬子鳄、大鲵、白鳍豚等，都是极为珍贵的物种资源。虽然这些数量庞大的生物个体绝大多数在目前不能成为旅游资源，但它们具有美化、活化、演化旅游资源和环境的重要作用。

生物的多样性是一个与人类生活质量提高和旅游资源开发有密切关系的术语，也是包揽了可提高人类生活和福利的自然生物财富的术语。因为许多的工业原料、能源都直接来源于多种多样的生物品种；而且，生物还有保持水土、清新空气、降低噪声、美化环境和对污染物进行吸收和分解的作用。因此旅游资源开发区域中的生物多样性，是一种能随着人类社会的发展，满足人类需求变化的自然资源，它影响着人类社会可持续发展的进程，对人类的贡献是难以估量的。从某种意义上讲，保护生物多样性就是保护人类自己。

2. 明显节律性

由于地球的公转和自转，形成一年寒暑的变更、四季的交替，周而复始，使得生物景观的节律性表现十分明显。各种生物机体内都存在着调节和控制自身行为的"生物钟"，生物钟按照自己的时间表和运动规律，盛衰起伏变化呈现循环往复。所谓"一叶知秋"，说明生物景观的变化，具有季节表征、指示物候的意义，使抽象的节气具有生动具体的物象。不同的季节有不同的植物开花，春季桃李争春、夏季荷花吐艳、秋季菊花盛开、冬季腊梅傲雪。许多植物的叶面颜色，也随着季节的不同而变换。初春绽蕾，枝条嫩黄；夏季放叶，一片浓绿；仲秋染色，漫山绛红。动物也随着季节的更替，而呈现不同的生存状态。许多动物春天复苏、夏季繁衍、秋季养膘、冬季休眠。不少动物还随着季节有规律地迁徙。鱼群洄游产卵、大雁冬去春归、孔雀开屏求偶等节律性的行为，都可成为旅游活动的生动景观。一些动物的毛色也随季节而变化，如雷鸟在冬季为了与雪地的颜色保持一致，它的羽毛会变为白色，作为防御敌人的保护色。许多动物如候鸟、蝴蝶、驯鹿等，为寻找更好、更舒适的生活环境，会随季节有规律地迁徙，从而出现生物空间位置随季节变化的景象。

3. 生命有机性

自然旅游资源中的地质、地貌、水文等要素都属于无机物，由它们构成的风景景观，也有动、静的变化，但这种动态变化主要是在地球内外引力作用下的自然运动过程，是无生命的。自然旅游资源中，生物旅游资源是最具活力、最富生机、最为鲜活的类型。生物旅游资源的每一个单体，都是一个有生命的物体，都具有繁殖和自己同类生命物体的能力，并经历生、老、病、死等生理过程。生物景观与其他物质景观的本质区别，在于生物景观个体的每个组织中，都存在遗传因子DNA，为生物组织的形成、发育和繁殖提供必不可少的遗传物质。植物的DNA所包含的信息，能使叶子的细胞产生叶绿素分子，进行光合作用，维持自身鲜活的生命机能，为风景区增添生命的颜色——绿色；动物景观中的动物个体，具有四处觅食的能力，从食物中获得能量，通过有性繁殖，把自己的遗传因子传给后代。多种多样动物的形体、动态、色彩、鸣叫等不同的特征,使旅游景观鲜活生动,如青海湖鸟岛上的成千上万只禽鸟,使原本寂静的湖泊变得热闹非凡、生机盎然。

4. 垂直分异性

自然景观的垂直变异,主要体现为植被的种群、形状和色彩变化。只要山体有大于500米的相对高度,景观就会出现垂直分异。气温通常随着山地海拔高度的增加而降低,降水和空气湿度,在一定高度以下,随海拔升高而递增。受湿热条件制约的植被,也发生相应的变化,自下而上组合排列成山地植被垂直分异。这种植被景观的垂直分异,远比岩石、土壤等景观的分异大。较为典型的植被垂直分异地有喜马拉雅山、天山、长白山、峨眉山等。如天山中部北坡从山麓到山顶依次出现荒漠、荒漠化草原、山地针叶林、亚高山草甸、高山草甸、高山垫状植被、亚高山稀疏植被。

5. 色彩变幻性

生物旅游资源的色彩变幻最为丰富,极具审美性。在风景区,生物景观往往呈现出五彩缤纷的色调,而且在旅游时段里,色彩比较稳定,它不像天象景观的色彩,稍纵即逝。"峨眉杜鹃""柳浪闻莺""西山红叶""居庸叠翠""苏堤春晓"等景观,都反映了生物景观丰富的色彩。同一种生物景观,随着季节的变换,色彩变化也比较丰富,有"春翡夏翠秋金冬银"之说。有些动物能随着环境和季节的改变而变换自己的色彩,如古巴热带森林枝头上成群的彩色蜗牛,远望如一簇簇开放的花朵,当它们从一棵树爬到另一棵树时,身上的颜色会随之变化,有时像晶莹的翡翠,有时像瑰丽的红宝石。再如非洲詹姆斯敦的树林里,有一种色彩鲜艳的"花鸟",羽毛鲜艳且善于变化:当发现老鹰时,花鸟就会落在树枝上,变成一朵"花",此时它的头酷似花蕊,张开的翅膀则像五个美丽的花瓣;昆虫若来采蜜,就会成为花鸟的食物。这些生物景观,对游客来说,既神秘又美丽,极具旅游吸引力。

【3-13拓展视频】

6. 再生性与脆弱性

再生性是由生物自身的可繁殖性、可驯化性和空间可移动性决定的。人们在生物的可繁殖性基础上,借助生物的可驯化性和空间可移动性特征,在局部改善生态环境条件,运用人工干预的手段将许多动植物进行驯化、移植、饲养、培育,形成人工生物景观。在合理的管理和维护下,生物不断地增长,被人们持续利用。但若管理不当,破坏了生物生长发育的基础,或者利用强度超过了其可更新能力,生物旅游资源的数量就会愈来愈少、质量愈来愈差。如我国通过人力作用保护了濒危灭绝动物大熊猫及其生存环境,并将它作为"国宝"加以保护爱护,让更多人可以有机会见证这一珍贵的"活化石"。脆弱性是指生物及自然生态系统受胁迫增大且在抗干扰能力上较为脆弱的特点。灾害性环境变化,使不少生物死亡甚至物种灭绝,如白垩纪时期的灾变环境,使称霸一时的恐龙灭绝。

3.3.4 生物景观旅游资源的功能

1. 成景与构景功能

成景指的是自然界中由动植物本身的美学价值引起人们的美感，吸引游客探索大自然的奥秘而形成的旅游景观。动植物的成景作用源于其形态和生命过程的美、奇、稀的特征。从生物的形态上看，植物的花色之艳、花姿之俏，动物的色彩艳丽、体形奇特、鸣声悦耳，此为"美"；不同环境有不同的生物，致使热带动植物对于温带的人来说充满奇特之感，此为"奇"；世界上数量稀少而又极具科学考察和观赏旅游价值的生物，被视为无价之宝而备受人们宠爱，如我国的大熊猫，此为"稀"。从生物的生命过程来看，植物随季节变化形成的春季观花、秋季赏叶，动物随季节迁徙形成的蝴蝶谷、天鹅湖、鸟岛等，都能成景。构景指的是生物以其美化环境、装饰山水的功能而构成旅游景观的一大组分，失去生物，旅游景观便会因此失去魅力。有的人将植物比作大自然的秀发，"峨眉天下秀"的"秀"，指的就是在起伏流畅的山势上由茂密植被所构成的色彩葱绿、线条柔美的景观特色；"青城天下幽"的"幽"，指的是在深山峡谷中茂密的植被更增加了其景深层次，使人产生幽深、恬静的美感。有人将动物比作大自然的精灵，"两岸猿声啼不住，轻舟已过万重山"，描写的就是主要由猿猴声而构成的令人流连忘返的景观。"山清水秀""鸟语花香"所形容的都是由生物美化环境的功能所构成的美景。人们早已认识到生物的构景与成景这一特点，并充分利用生物资源进行园林建设和装点城市。

青海湖鸟岛

2. 造景功能

造景是通过人工手段，利用环境条件和构景的各种要素创造出所需要的景观。生物的造景功能指的是人们根据生物的特征，将野生生物驯化后进行空间移置，在新的空间创造出新的具有旅游价值的景观。通过人工营造环境，将各地的植物活体汇集一园形成的植物园，具有较高的科学考察、探奇、观赏和娱乐价值，如英国皇家植物园、美国阿诺尔德树木园、加拿大蒙特利尔植物园，以及中国的北京植物园、南京中山植物园、华南植物园和西双版纳热带植物园都是著名的旅游胜地。人类驯化并栽培和养殖生物形成的农业生态景观，为大自然添景增色，如极有韵律的梯田、麦浪滚滚的丰收景象、万亩油菜花的壮美、硕果累累的果园等景观，历来为人称颂，成为田园旅游美景。

普罗旺斯：薰衣草的浪漫世界

普罗旺斯位于法国的东南部，是世界著名的薰衣草故乡，同时也是人们喜爱的旅游胜地。在普罗旺斯飘荡着朵朵白云的蔚蓝色天空之下，是一望无际的薰衣草花田，充满了浪漫、美好的气息。这里最令人心旷神怡的是，它的空气中总是充满了薰衣草、百里香、松树等的香气。这种独特的自然香气是在其他地方所无法轻易体验到的。由于充足灿烂的阳光最适宜薰衣草的成长，再加上当地居民对薰衣草香气以及疗效的钟爱，因此，在普罗旺斯不仅可以看到遍地薰衣草紫色花海翻腾的迷人画面，而且在住家也常会见到挂着各式各样的薰衣草香包、香袋，商店也摆满由薰衣草制成的各种制品，像薰衣草香精油、香水、香皂、蜡烛等。普罗旺斯薰衣草花海在"唯美、浪漫、闲适"的主题下，将文化创意与现代农业相结合，以视觉、听觉、嗅觉、味觉、触觉五感深度体验，为人们提供全新的浪漫休闲空间。

【3-14拓展视频】

普罗旺斯的薰衣草庄园

3. 医疗保健功能

生物资源中尤其是森林资源具有重要的医疗保健作用。比如，森林会散发出对人体有益的多种药素，这种有机物质主要有单萜烯、倍半萜及双萜烯，它们具有杀菌、抗生、抗炎、抗癌等作用，同时又有促进生长激素分泌的功能。其中单萜烯还有促进支气管和肾脏系统活动的作用；倍半萜具有抑制精神焦躁、调整内脏活动的作用。森林中的负离子含量一般比较高，这是由于树尖可传导地面负电，林中水露微粒又是阴离子附着的最佳物质。这些空气负离子对人体健康非常有益，它能够使人镇静、安定、催眠、镇痛、止痒、止汗、增进食欲，使呼吸、脉搏节律平稳、血压降低、情绪稳定、精神振奋、疲劳消除，给人以极大的舒适感，故被人们称为"空气维生素"。森林产生的大量阴离子与树叶、树干逸散出的大量挥发性芬多精杀菌物质相结合，构成了一种高质量的能增进健康的森林浴疗环境。另外，一些植物、动物都可作为药物发挥医疗作用，其药品的药性、药效丝毫不逊色于其他药品。目前我国已知的药用植物有1.2万多种。中药材是我国药用植物的主要部分，有300多种，其中许多是名贵中草药，例如，人参、灵芝、天麻等，这些药材已成为重要的旅游购品。在我国的中医学宝库中，可以作为药用的动物很多，最早的药物书《神农本草经》记载了公元2世纪前使用的各种天然药物，其中动物药有67种。

4. 科学研究和科普教育功能

所有的生命形式都共同存在于地球的生物圈之中，人类自然也不例外，因此人类与其他生物是息息相关的。生物圈是最大的生态系统，人也是生态系统中扮演消费者的一员，人的生存和发展离不开整个生物圈的繁荣，因此保护生物圈就是保护我们自己。近年来，接触动植物成为"回归自然"等生态旅游活动的核心内容。生物界具有纷繁复杂的形态与现象及审美功能，同时，在这些现象背后蕴藏着丰富的科学知识。例如，植物的分类、不同环境条件下植物的生态适应特征、植物的地域分异规律、动物的生活习性、动物的伪装术、动物的迁徙等。这些知识可满足社会大众了解生物世界的需要，成为吸引游客和开展科普教育活动的重要资源。同时，生物的生存环境是研究生物进化史的重要资料。

5. 美化、净化环境的功能

多数动植物对所在地的环境起着装扮美化的作用。生物景观在各种自然景观和人文景观旅游资源的总体构景中起着育景的作用。动物的奔腾飞跃与鸣叫怒吼、植物的开花结果与摇曳多姿，都使景观变得充满生机和活力。正所谓"山得水而活，得草木而华""山借树而为衣"，"山清水秀""鸟语花香"就是由于生物美化环境的功能而形成的美景。此外，植物净化环境的作用也十分明显：①净化大气，树木能吸收二氧化碳、氧化氮、含重金属的有毒气体、放射性的物质和烟尘、粉尘等，可以释放杀菌物质，杀灭细菌，所以森林被比喻为"地球之肺"，每公顷森林一天可吸收1005千克二氧化碳，制造735千克氧气；

②净化噪声污染；③调节气候，减轻地球外围的温室效应；④防治风沙和水土保持。正因为如此，旅游胜地的植被覆盖率一般都比较高。

6. 文化寓意功能

古往今来，在长期的审美活动中，人们常将植物或动物的某些习性、品格或某种特定的生长环境，进行人格化的比拟并赋予动植物某种寓意，从而使人们的旅游活动和欣赏行为更具文化色彩和精神意义。例如，翠绿挺拔的竹子，给人刚强谦虚的感受；古老苍劲的树木，让人产生坚强不屈和百折不挠的精神。经过历朝历代文人墨客的不断渲染和承续，这些人格化的比拟渐趋完善而定型，以至于我们一看到某些植物或动物就会马上联想到人的某些品格，承载人们共同的价值取向。例如，"岁寒三友"的松、竹、梅，成为不畏严寒、不畏逆境、勇敢向前的精神象征；"花中四雅"的菊、兰、水仙、菖蒲，则象征着圣洁高雅。不少动植物因其蕴涵的深刻含义而成为一个国家、一个民族、一个城市的象征，国花、国树、国鸟、国兽、市花等，都寄托着人们的某种精神追求。例如，加拿大的国树是枫树；智利的国鸟是山鹰；西班牙的国花是石榴花；缅甸的国鸟是孔雀；北京的市花是月季和菊花；洛阳的市花是牡丹等。同时，受宗教文化的影响，一些动植物被视为圣物和神灵来敬奉，成为具有宗教特点的动植物。例如，印度将牛视为"神牛"，每年要举行一次敬牛的节日活动。再如，佛教文化中，娑罗树是圣树，菩提树是觉悟之树，莲花出淤泥而不染的特性正好与佛教的超然脱俗相一致。这些动植物独特的旅游观赏价值和寓意性，使其在受到宗教保护的同时，也成为一种旅游活动，特别是宗教旅游活动中的观赏对象。

3.4 天象与气候景观旅游资源的形成与特点

3.4.1 天象与气候景观旅游资源的形成

由于地球围绕太阳公转及地球自转、月亮围绕地球旋转，而形成了旭日、夕阳及日食和月食等天文现象；受阳光照射及大气、地貌环境等因素影响，在地表上空出现了彩虹、佛光、海市蜃楼等光现象；游荡漂移的无数彗星和流星亦不断划过灿烂的星空……美丽的天象景观不仅吸引着地球上大批的天文爱好者通过天文仪器观看，亦吸引着无数的人们带着浓厚的兴趣观看奇异天象，而一些具备良好观察天象景观的地点便成为天象观察的旅游地。

地球表面由于受纬度位置、海拔高度、地表形态、海陆分布、大气环流等因素的影响，形成了多种多样的气候现象和区域性差异。各种气候现象不仅可直接形成气候景观

（如风、霜、雨、雪、云、雾等），而且对塑造地貌景观、水体景观、生物景观等亦发挥着重要作用，如热带雨林、干旱沙漠、雪原冰川等的形成。气象、气候的地域差异影响着自然景观的季相变化，决定了旅游景观分布的地域差异，气候的区域性差异也可形成山地和海滨避暑胜地、热带与亚热带避寒胜地等有益的康乐气候旅游资源。在一定的气候条件下，大气中的冷、热、干、湿和风、雨、雷、电、雪、霜、雾等可以形成林海雪原、云海雾霭、朝阳晚霞、雾凇、雨凇等各种气象旅游资源。由于气候具有随地表垂直高度的变化而变化的特性，从而影响到自然景观形成"一山有四季"的立体气候旅游景观。

3.4.2 天象与气候景观旅游资源的构景类型

天象与气候景观是指自然光影、天气与气候现象的时空表现。《旅游资源分类、调查与评价》（GB/T 18972—2017）中，天象与气候景观旅游资源的构景类型具体包括DA天象景观、DB天气与气候现象2个亚类5个基本类型，如表3-6所示。

表3-6 天象与气候景观构景类型

主类	亚类	基本类型		简要说明
D 天象与气候景观	DA 天象景观	DAA	太空景象观赏地	观察各种日、月、星辰、极光等太空现象的地方
		DAB	地表光现象	发生在地面上的天然或人工光现象
	DB 天气与气候现象	DBA	云雾多发区	云雾及雾凇、雨凇出现频率较高的地方
		DBB	极端与特殊气候显示区	易出现极端与特殊气候的地区或地点，如风区、雨区、热区、寒区、旱区等典型地点
		DBC	物候景象	各种植物的发芽、展叶、开花、结实、叶变色、落叶等季变现象

1. 天气与气候景观

云、雾、雨所构成的气象奇观是温暖湿润地区或湿润季节出现的景观美：一是薄云、淡雾、细雨，其似轻纱叠加在一切景观上，赋予大自然一种朦胧美；二是流云、飞雾的变化莫测、气势磅礴的真切景观美。在中国的风景名胜山地均有规模不同的云海景观，其中最著名的要数黄山。除此之外，还有衡山的云海、庐山的云瀑都是历代文人赞美的对象。

关于天气与气候对旅游的影响，国内外不少学者开展了气候舒适度的研究。他们指出气候的舒适程度是由温度、湿度、风速、日照等气象要素的综合效应通过人体的感觉来反映的。但对于同一气候条件，由于年龄、体质、身体调节机能、生活环境等的差异，不同人的感觉并不完全相同。江西庐山、浙江莫干山都是我国著名的避暑胜地；大连、青岛、北戴河等海滨型旅游城市，都与"气候宜人"有关，气候成了这些地区旅游开发的前提与基础条件。庐山海拔高出九江市区1400多米，平均气温比九江市低5.6℃，因而成为盛夏炎热的长江中下游地区人们的首选避暑胜地。隆冬腊月，游客流向海南岛，他们所追求的是严寒季节时的"温暖"。

 知识链接

中国十大避寒胜地

(1) 云南景洪：西双版纳风景体系中心，花园般的城市，丰富的人文景观，年平均气温21.7℃。

(2) 云南瑞丽：属南亚热带季风性湿润气候，年平均气温20℃，日照充足，雨量充沛。

(3) 海南三亚：被称为"东方夏威夷"，拥有全海南岛最美丽的海滨风光，年平均气温25.5℃。

(4) 海南海口：现代化的热带海滨城市，全国热带海滨旅游休闲胜地。

(5) 广东深圳：常年平均气温24℃，无霜期为355天，适合常年旅游。

(6) 广东广州：地处亚热带，横跨北回归线，年平均温度22℃，气候宜人。

(7) 香港特区：属亚热带气候，夏天炎热且潮湿，温度在26～30℃。

(8) 台湾高雄：年平均温度24℃，全年长夏无冬，一派热带风光，是一座美丽的海港城市。

(9) 福建泉州：是国务院第一批公布的24个历史文化名城之一，素有"海滨邹鲁"的美誉。

(10) 广西北海：常年平均气温都在20℃以上，冬无严寒、夏无酷暑、气候宜人、风光绮丽。

冰、雪、雾凇奇观是高寒地区或寒冷季节才能见到的气象景观，或是雄伟壮观，或是婀娜多姿，均给人以磁石般的吸引力。雾凇又名树挂，是雾气低于0℃时在附着物上直接凝固而成的白色小冰粒，其集聚、包裹在附着物的外围。雾凇景观以倒垂的柳枝最美，最著名的雾凇景观出现在吉林市的松花江畔，一天中不同时间呈现不同的观赏效果："夜观雾，晨看挂，待到中午赏落花。""吉林树挂"每年可出现60余天，是中国"四大自然奇观"之一，享誉海内外。

2. 特殊光现象

"海市蜃楼"景观为大气中的一种光折射现象，它发生在特殊的地理环境和一定季节的气候条件下。常出现在冬、春季的北极地区，夏季的沙漠、大海及江河湖泊上空。山东蓬莱的"海市蜃楼"最为著名，呈现空中楼阁，虚无缥缈，被誉为"蓬莱仙境"。

【3-15拓展知识】

佛光是光线通过云雾区的小水滴发生的衍射分光现象。佛光现象常出现在中、低纬度地区及高山之巅的茫茫云海之中，在与太阳相对方向的云层或雾层上呈现围绕人影的色彩华美的光环，霞光四射，光环随人而动，人在光环中如临仙境，成为高山地区重要的气象旅游景观。在德国的哈尔茨山，瑞士的北鲁根山，我国的峨眉山、泰山、庐山均可见到，其中峨眉山金顶的佛光最为壮观。因为峨眉山一年之中雾天多达320天，所以登上金顶常能见到佛光。

霞景是日出日落时阳光透过云层，由于散射作用，使天空中的云层出现黄、橙、红等色彩的自然现象，多出现在日出日落的时候。霞光就是阳光穿过云雾射出的色彩缤纷的光芒。霞与霞光常与山地及云雾相伴随，显得更加美丽。霞景主要形式有朝霞、晚霞、雾霞、彩云等。当朝霞和晚霞与周围其他景观交相辉映时，常会构成一幅幅壮丽的画卷。由于霞景瞬息万变、五彩迸发，对游人有极大的吸引力。我国著名的霞景有浙江东钱湖十景之一的"霞屿锁岚"，鸡公山十景之一的"晚霞夕照"，江西彭泽八景之一的"观客流霞"，贵州毕节八景之一的"东壁朝霞"，天子山四大奇观之一的"霞日"，泰山岱顶的"晚霞夕照"等。

极光是由于来自磁层和太阳风的带电高能粒子被地磁场导引带进地球大气层，并与高层大气（热层）中的原子碰撞造成的发光现象。极光颜色鲜艳夺目、形状多样、千姿百态，在高空5~10千米亮度最强。北半球有一个极光带，利于观测极光，它通过美国阿拉斯加州北部、加拿大北部、冰岛南部、挪威北部和新地岛南部，每年有240天左右可见极光。中国的漠河和新疆阿勒泰，也可见到极光。

3.4.3 天象与气候景观旅游资源的特点

1. 瞬变性

气象景观的形成大都依赖于多种自然条件的特殊组合，并随着这些条件的变化而变化甚至消失，所以气象景观一般只出现在一定地域中特定而较短的时间内，显得瞬息万变、千姿百态、扑朔迷离。有些风景区，刚才还是晴空万里，转眼间就变成大雨倾盆，由艳阳蓝天转为阴霾雨景。此外，日出日落、朝晖晚霞、海市蜃楼、彩虹佛光等，都是瞬间出现，即刻消失的景观。天气的变化，改变着自然光线、景观的色彩和情境，而且影响着旅游者的心情。宋代杨万里过扬子江时，云开日出，碧天绿水被映得通红，璀璨景色炫人眼目，心情随之格外舒畅，于是写下了："祇有清霜冻太空，更无半点荻花风。天开云雾东南碧，日射波涛上下红。千载英雄鸿去外，六朝形胜雪晴中。携瓶自汲江心水，要试煎茶第一功！"气象景观的瞬变性，对游客的旅游审美方法提出要求，比如佛光、蜃楼、日出、日落及奇特的"日月并升"等，游人必须把握最佳时机，才能捕捉观赏佳景。

2. 季节性

气象景观在一年内所出现的频率具有明显的季节变化，如江南蒙蒙烟雨以春季为多，雾景则以秋冬季清晨为多。"黄山四绝"之一的云海，主要出现在5月至11月。此外，由于气象变化的规律性，使大自然具有明显的季相，同时导致旅游活动出现淡旺季的差异和客流的导向性规律变化。夏季居住于酷暑湿热地区的人们倾向于向高山、高纬等相对凉爽的地区流动，而冬季位于严寒阴湿地区的人们则喜欢向温暖明媚的热带、亚热带地区流动。了解风景区气象景观变化的季节性，有助于对客源市场进行有针对性的营销，并协助旅游者制订出游计划。

3. 地带性

在地球表面，由于太阳辐射随纬度的增高而递减，由低纬到高纬就形成了热带、温带、寒带等不同的气候热量带。在同一地区，随着海拔高度的增大，也会分别出现热带、亚热带、温带和寒带景观。但在不同气候带，山地垂直方向出现的气候带也不同。例如，在热带地区的山区，海拔高度超过5000米，四个气候带都会出现；在亚热带的山地，高度足够时，会出现三个气候带；在温带地区山地，可能只出现两个气候带；在寒带山地，不论高度如何变化，都只有一种寒带气候带。所以，地理纬度、海陆分布、地形起伏，对大范围气候的形成起着决定性作用。气候的地带性分布，促使各地的气象气候旅游资源具有鲜明的地域性。一些特殊景象必须在特定场合与地点才会显现。如雾凇多出现在松花江沿岸；地处热带的海南岛，年平均气温23～25℃，终年长夏无冬，四季常青，是我国冬季避寒的最佳场所。

4. 组合性

气象气候景观作为旅游产品开发，常常要与其他旅游资源相组合。细雨景、云景、雾景、冰雪景、升日景、落日景等，常常成为人们观赏其他风景的背景和借景加以利用。又如观赏奇峰异石时，有云雾缭绕，有彩霞映照；观赏湖景时，有白云蓝天相映；观赏林海时，常与雪原相配合。海南岛之所以能成为避寒胜地，除气候条件优越外，蓝天、碧水、沙滩、少数民族风情、五指山风光等，都是重要的支撑点与组合要素。舒适的气候，虽然有利于休息、疗养，但要建立度假村、疗养院，还必须要有山水风光、树木花草等优美的环境条件。

3.4.4 天象与气候景观旅游资源的功能

1. 造景及育景功能

独特的天象与气候要素不仅是奇异自然景观的形成条件，而且本身具有造景的直接功能。例如，人们向往去蓬莱仙境，为的是目睹海市蜃楼；冒严寒去吉林，目标是观赏树挂；闻名世界的黄山风景名胜旅游区，游人无不为其神奇多彩、变幻无穷、白云滚滚、银浪滔滔的黄山云海及飘忽不定、变幻无穷的黄山雾这一气象景观所陶醉。气候资源还有育景的间接作用，如我国南、北方的园林建筑和民居住宅，都根据当地气候特点设计建造。在南方，炎夏多雨，各类建筑都着眼于通风、防潮、避雨、遮阳；而华北地区的封闭式院落，外墙厚实，北向门窗少而小，以避冬季西北寒风的侵袭。

2. 疗养功能

气候条件是进行疗养活动的一个重要环境条件，许多"气候宜人"的环境适合开展疗养旅游活动。"宜人的气候"是指人们不需要借助任何消寒、避暑的装备和设施，就能保证一切生理过程正常进行的气候条件，也称为满足人们正常生理需求的气候条件。一般来说，洁净的空气，适宜的温度、湿度状况，充足的阳光及宜人的景色对人的身体保健和病体康复有积极作用，有利于开展疗养活动。森林覆盖好的山区，以及湖滨、海滨往往成为主要的疗养场所。例如，山岳地区由于海拔高、气压低、阳光充足、污染较少、空气清新、空气负离子含量大，因此能使人呼吸加深、肺活量增大、促进血液循环、加深体内氧化过程，这种气候适于贫血、高血压、心脑血管疾病、支气管炎、哮喘等疾病患者的疗养。庐山在气候上，与其附近的平原湖区相对比，得天独厚，自成一体。一年之中最热的6—8月平均气温不足22℃，与周围平原地区同期25～30℃的高温形成显著差异，成为夏季炎热的长江中下游平原之中的"凉岛"，每到夏季，到此避暑纳凉的人纷至沓来。

本章小结

本章重点阐述了各类自然旅游资源的形成与特点，分别介绍了地文景观、水域景观、生物景观、天象与气候景观等旅游资源的形成、构景类型、特点和功能。通过本章的学习，使学生了解各种类型的自然旅游资源，熟悉各类自然旅游资源的构景类型，理解各类自然旅游资源的主要特点，把握各类自然旅游资源的多种旅游功能。

复习思考题

一、填空题

1. 在国家标准《旅游资源分类、调查与评价》（GB/T 18972—2017）中，地文景观旅游资源的构景类型具体包括AA_____、AB_____、AC_____和AD_____4个亚类17个基本类型。
2. 水域景观旅游资源具有_____功能、_____功能、品茗功能、_____功能和文化功能。
3. 在诸多的生物景观旅游资源中，最具观赏价值的旅游资源区包括_____、_____、和动物园等。

二、不定项选择题

1. 下列不属于天象与气候旅游资源的景观特点的是（　　）。
   A. 瞬变性　　　　　　　　B. 广泛性
   C. 季节性　　　　　　　　D. 地带性
2. 下列最能体现出水域景观类旅游资源动态美的是（　　）。
   A. "气蒸云梦泽，波撼岳阳城"　　B. "今古长如白练飞，一条界破青山色"
   C. "明月松间照，清泉石上流"　　D. "日照香炉生紫烟，遥看瀑布挂前川"
3. 下列属于生物景观旅游资源特点的是（　　）。
   A. 广泛性与多样性　　　　　B. 明显节律性与生命有机性
   C. 垂直分异性与色彩变换性　D. 再生性与脆弱性
4. 下列属于生物景观旅游资源功能的是（　　）。
   A. 成景与构景功能　　　　　B. 科学研究与科普教育功能
   C. 维护生态平衡功能　　　　D. 美化净化环境与医疗保健功能

三、简答题

1. 地貌旅游资源主要有哪些类型？举例说明各类资源在我国的分布状况。
2. 你所在的市（县）有哪些水域景观类旅游资源？

四、案例分析题

生态海南，多姿多彩

海南省是我国最具热带、海洋和生态特色的省份，其中自然旅游资源是海南旅游资源的重要组成部分，是海南旅游业发展的基本要素之一。海南国际旅游岛建设是国家战略，

【3-16拓展视频】

也是世界首创。海南省在旅游开发的过程中，坚守生态底线，建设生态海南，换来了山清水秀，天蓝海碧，构成了一道美丽的城市风景线。用"生态"底色描绘发展"绿色"，三亚河畔，水清岸绿，鸟飞鱼跃，和谐海南成果显著。从雨林到湿地，从海床草到珊瑚礁，从山川到海洋，这片土地焕发出勃勃生机，如今充满无限的魅力。

海南旅游资源类型多样且丰富。从自然旅游资源种类来看，地文景观类旅游资源是海南自然旅游资源的主要部分，其资源单体占到自然旅游资源单体总数的一半，集中分布在地表形态、自然景观综合体和地质与构造形迹等亚类中；生物景观类所占比例居第二，主要集中在野生动物栖息地亚类及林地、独树与丛树两个基本类型中；水域景观类所占比例居第三，主要集中在湖沼与海面两个资源亚类；天象与气候景观类资源数量相对较少。

从旅游资源质量来看，海南优良级资源单体多，特品级单体、普通级单体和未获等级单体数量较少且相近。天象与气候景观类资源质量极高，具有世界一流的冬季避寒气候条件。同时，海南拥有山地森林、台地、滨海、海洋等四大自然圈层，与历史民俗、渔家文化、南海文化、民族文化等人文资源组团叠加，形成多元文化旅游发展潜力。

在资源优势方面，海南是我国唯一的热带海岛省，具有我国最大的海域，最优良的滨海景观及海水、沙滩、阳光、绿色和空气，海南岛风光旖旎，生态环境优美，环岛沿海有不同类型滨海风光特色的景点。从资源保护方面看，海南自然旅游资源珍稀性明显。有唯一的国家级珊瑚礁自然保护区、唯一的黑冠长臂猿保护区、唯一的海岛型猕猴保护区、品位最高的石碌露天铁矿、最大的海上天然气田、唯一国家认定的白沙陨石坑，博鳌玉带滩是分隔河海最长的自然沙堤，唯一的青皮林自然保护区，唯一的金丝燕自然保护区，唯一的海龟、玳瑁栖息地，唯一的坡鹿自然保护区，唯一的麒麟菜保护区，唯一的白蝶贝保护区，保存最完好的江河出海口——万泉河出海口。海口石山火山口公园是我国唯一的热带海岛城市火山群地质公园，具有我国最长的火山隧洞。东寨港国家级红树林自然保护区是我国最大的红树林自然保护区，是我国第一批列入《湿地公约》国际重要湿地名录的七大湿地之一。

请思考

试分析海南省自然旅游资源的特点及海南旅游业发展的前景。

人文旅游资源的形成与特点

Chapter 4

学习目标>

- 了解人文旅游资源的形成机理
- 熟悉各类人文旅游资源的主要类型
- 理解各类人文旅游资源的主要特点
- 掌握各类人文旅游资源的多种旅游功能

知识结构>

人文旅游资源的形成与特点
- 建筑与设施类旅游资源的形成与特点 —— 建筑与设施类旅游资源的形成、主要类型、特点及功能
- 历史遗迹类旅游资源的形成与特点 —— 历史遗迹类旅游资源的形成、主要类型、特点及功能
- 旅游购品类旅游资源的形成与特点 —— 旅游购品类旅游资源的形成、主要类型、特点及功能
- 人文活动类旅游资源的形成与特点 —— 人文活动类旅游资源的形成、主要类型、特点及功能

伏羲、女娲文化与旅游开发

党的二十大报告指出,要"坚持以文塑旅、以旅彰文,推进文化和旅游深度融合发展"。父系与母系过渡时代的伏羲与女娲兄妹的传说,在中华大地广为流传,全国纪念性建筑有数十处。伏羲、女娲作为华夏文明起源的核心人物,对于旅游文化有着重要影响。

河南周口市历史悠久、文化厚重,距今有6000多年的文明史,素有"华夏先驱,九州圣迹"之美誉。历史文献典籍、地上历史遗址及民间民俗传说中,有大量关于上古太昊伏羲氏、女娲、炎帝神农氏等历史文化名人的记载。因此,这里曾被命名为"三皇故都文化之乡"。当前,周口市不仅有伏羲氏的陵寝"太昊陵",还有西华的"女娲城遗址",两者都是全国重点文物保护单位,并在全国范围内具有较大的旅游观光影响力。

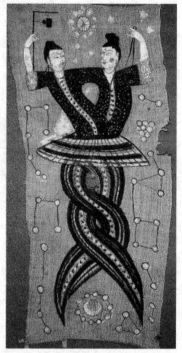

人首蛇身伏羲、女娲图

陕西安康市平利县城西15公里处有座海拔988米的女娲山,古称中皇山,据传为上古时代女娲氏的治所,是女娲炼石补天的地方。山上建有女娲庙,气势宏伟,殿宇纷繁。商代,平利为大巴山区族落良国的封地;周初,良随周武王伐纣灭商,故得袭封旧土,建都上良,平利仍属良国统治。五代时期蜀国杜光庭所著的《录异记》是最早记载女娲庙在平利的史料,故女娲庙在平利的历史由来久远。此处已成为当地开发旅游的重点对象之一。

山西临汾吉县人祖山是女娲故里、伏羲故居,明代的"伏羲皇帝正庙"建于此地,吉县人祖山一带有我国目前发现最早的一万年前的"女娲岩画"艺术。

事实上,甘肃省天水市秦安县陇城镇自古被称为"娲皇故里""羲皇故里"。这里不仅保存有众多相关碑祠、石刻,且该地至今还保存有"女娲村""龙泉村""凤尾村"等村名,以及用女娲"风"姓命名的"风沟""风茔""风谷""风台"等地名。最主要的是,在天水秦安发现了秦安大地湾遗址,出土的文物考古显示伏羲生于成纪(今秦安县北),加之《帝王世纪》《遁甲开山图》都记叙"伏羲生于成纪",因此该地成为伏羲女娲之乡更具可考性。自1988年开始,每逢龙诞日(农历五月十三日)都在天水伏羲庙举办"天水伏羲文化节",举行祭祀朝拜仪式、公祭中华人文始祖伏羲大典,至今已经成功举办35届。天水伏羲庙既是伏羲文化的重要物质载体，也是研究、展示、交流伏羲文化、龙文化、八卦易经文化的中心。今天，伏羲庙已成为世界华人寻根祭祖的圣地和探寻中华先祖圣迹的著名旅游景区。

【4-1拓展视频】

试分析伏羲祭祀仪式这一古老民俗背后的文化内涵、民族精神和现实价值。请谈谈开发这一文化资源对当地旅游经济发展起到什么作用。

人文旅游资源是指以社会文化事物为吸引力本源的旅游资源。人文旅游资源有时也被称作人造旅游资源，特别是在欧美国家的旅游研究中更是如此。与自然风景旅游资源不同，人文旅游资源可被人们有意识地创造出来，可通过建造博物馆、美术馆、游乐园、文化宫、体育运动中心，以及组织文化节、戏剧节、电影节、音乐节和各种民间喜庆活动等别具特色的文化活动来丰富旅游内容，招徕远方游客，形成充满现代气息的人文旅游资源。

按照《旅游资源分类、调查与评价》（GB/T 18972—2017）的划分方法，人文旅游资源包括建筑与设施类、历史遗迹类、旅游购品类、人文活动类四大类型。

4.1 建筑与设施类旅游资源的形成与特点

4.1.1 建筑与设施类旅游资源的形成

建筑与设施是人类在生产生活及其他社会活动过程中创造的重要物质文化财富，它以各种古代和现代的建筑物、构筑物、工程设施等反映人类社会在政治、经济、文化、科技、军事、宗教等各方面的历史与成就，成为旅游活动中最常见、数量最多、形式最丰富多样的旅游观光景观或活动场所，从而构成重要的人文旅游资源。旅游景区景点的建筑，其占地面积、体量的大小差异可以很大，大到一座城市，小到一座小型亭台等，建筑的材料、造型、结构更是千差万别。建筑不仅可独立成景，甚至可以成为旅游目的地，亦可作为补充、完善自然景观不足的构景因素。如世界自然遗产九寨沟风景名胜区以山水秀美闻名于世，而景区内的小磨坊、栈桥、藏寨、寺庙等建筑既是独立景观，又是当地优美的山水自然景观的重要补充和完善，使九寨沟山水景观更增秀雅氛围，为之注入了文化的灵性与活力。再如车站、港口、机场等交通建筑和桥梁、公路、铁路等交通工程设施，不仅本身可独立构成旅游观光景点，同时亦为游人的旅游活动提供舒适的交通条件，并承载着大量的文化艺术信息。建筑是凝固的艺术、科学技术的彰显、时代文明的展现。它可以通过不同的造型来表现情感。比如，通过形体的对比和色彩的强化激起人们豪放振奋的热情；通过简单粗放的造型和阴暗的色彩营造古朴肃穆的意境；通过精致的雕琢和华丽的色彩烘托高贵的格调；通过严格的对称和高耸的造型渲染庄重严肃的氛围。在旅游活动中，成为旅游景观主景的传统建筑大都是艺术性强、建筑质量高、历经时代变迁而保存下来的。在广袤的华夏大地上，建筑以其多样化的类型、宏伟的规模、惊人的数量、多彩的风姿、独特的风格，已经成为我国重要的旅游资源类型。

成都廊桥

4.1.2 建筑与设施类旅游资源的主要类型

建筑设施类旅游资源是指融入旅游的某些基础设施或专门为旅游开发而建设的建筑物和场所。在《旅游资源分类、调查与评价》（GB/T 18972—2017）中，建筑与设施类旅游资源包括EA人文景观综合体、EB实用建筑与核心设施、EC景观与小品建筑3个亚类39个基本类型，具体分类如表4-1所示。

人文旅游资源的形成与特点

表4-1 建筑与设施类旅游资源类型

主类	亚类	基本类型	简要说明
E建筑与设施	EA 人文景观综合体	EAA 社会与商贸活动场所	进行社会交往活动、商业贸易活动的场所
		EAB 军事遗址与古战场	古时用于战事的场所、建筑物和设施遗存
		EAC 教学科研实验场所	各类学校和教育单位、开展科学研究的机构和从事工程技术试验场所的观光、研究、实习的地方
		EAD 建设工程与生产地	经济开发工程与实体单位,如工厂、矿区、农田、牧场、林场、茶园、养殖场、加工企业以及各类生产部门的生产区域和生产线
		EAE 文化活动场所	进行文化活动、展览、科学技术普及的场所
		EAF 康体游乐休闲度假地	具有康乐、健身、休闲、疗养、度假条件的地方
		EAG 宗教与祭祀活动场所	进行宗教、祭祀、礼仪活动的场所
		EAH 交通运输场所	用于运输通行的地面场站等
		EAI 纪念地与纪念活动场所	为纪念故人或开展各种宗教祭祀、礼仪活动的馆室或场所
	EB 实用建筑与核心设施	EBA 特色街区	反映某一时代建筑风貌,或经营专门特色商品和商业服务的街道
		EBB 特色屋舍	具有观赏游览功能的房屋
		EBC 独立厅、室、馆	具有观赏游览功能的景观建筑
		EBD 独立场、所	具有观赏游览功能的文化、体育场馆等空间场所
		EBE 桥梁	跨越河流、山谷、障碍物或其他交通线而修建的架空通道
		EBF 渠道、运河段落	正在运行的人工开凿的水道段落
		EBG 堤坝段落	防水、挡水的构筑物段落
		EBH 港口、渡口与码头	位于江、河、湖、海沿岸进行航运、过渡、商贸、渔业活动的地方
		EBI 洞窟	由水的溶蚀、侵蚀和风蚀作用形成的可进入的地下空洞

续表

主类	亚类	基本类型	简要说明
		EBJ 陵墓	帝王、诸侯陵寝及领袖先烈的坟墓
		EBK 景观农田	具有一定观赏游览功能的农田
		EBL 景观牧场	具有一定观赏游览功能的牧场
		EBM 景观林场	具有一定观赏游览功能的林场
		EBN 景观养殖场	具有一定观赏游览功能的养殖场
		EBO 特色店铺	具有一定观赏游览功能的店铺
		EBP 特色市场	具有一定观赏游览功能的市场
	EC景观与小品建筑	ECA 形象标志物	能反映某处旅游形象的标志物
		ECB 景观点	用于景观观赏的场所
		ECC 亭、台、楼、阁	供游客休息、乘凉或观景用的建筑
		ECD 书画作	具有一定知名度的书画作品
		ECE 雕塑	用于美化或纪念而雕刻塑造、具有一定寓意、象征或象形的观赏物和纪念物
		ECF 碑碣、碑林、经幢	雕刻记录文字、经文的群体刻石或多角形石柱
		ECG 牌坊牌楼、影壁	为表彰功勋、科第、德政以及忠孝节义所立的建筑物，以及中国传统建筑中用于遮挡视线的墙壁
		ECH 门廊、廊道	门头廊形装饰物，不同于两侧基质的狭长地带
		ECI 塔型建筑	具有纪念、镇物、标明风水和某些实用目的的直立建筑物
		ECJ 景观步道、甬路	用于观光游览行走而砌成的小路
		ECK 花草坪	天然或人造的种满花草的地面
		ECL 水井	用于生活、灌溉用的取水设施
		ECM 喷泉	人造的由地下喷射水至地面的喷水设备
		ECN 堆石	由石头堆砌或填筑形成的景观

建筑与设施类旅游资源是对我国的政治、经济与科学技术曾经或现在仍在产生重大影响并对游客产生吸引力的建筑与设施。本节所要讨论的并非一般意义的建筑景观，而是构

成主景的建筑与设施类旅游资源,即以人工构筑物为主景并成为旅游观赏对象的环境综合体,如古建筑中的宫殿、陵寝、长城、园林、坊表、民居、宗教建筑等,以及综合人文旅游地的单体建筑与设施。

1. 宫殿与祭祀建筑

宫殿,是古建筑中最高级、最豪华的类型,是帝王专有的居所。它以建筑艺术烘托出封建制度下皇权至高无上的威势,明清宫殿建筑以北京故宫和沈阳故宫为代表,其他时代的宫殿建筑,由于王朝的更替都变成了废墟,留给后人的只是史书记载和遗址,供人们研究与凭吊。西方的宫殿建筑,像法国凡尔赛宫、俄罗斯克里姆林宫、英国白金汉宫和美国的白宫,都是世界著名的豪华建筑,但在历史的久远及规模的宏大上都远逊于我国北京故宫。北京故宫占地面积约72万平方米,建筑面积约15万平方米,是世界上现存最大、最完整的木结构建筑群。

祭祀性建筑主要是指坛庙,在中国古建筑中占很大比重,其建筑规模之大、建筑造型之精美,达到了相当高的程度。坛指的是中国古代用于祭祀天、地、社稷等活动的台型建筑。最初的祭祀活动在林中空地的土丘上进行,后逐渐发展成用土筑坛。早期,坛除用于祭祀外,也用于举行会盟、誓师、封禅、拜相、拜师等重大仪式。后来,逐渐成为封建社会最高统治者专用的祭祀建筑。规模由简而繁,体型随天、地等不同祭祀对象而有圆有方,由土台变为砖石砌并且发展成宏大建筑群。天坛,是明清皇帝祭天和祈祷丰年的地方,是保存下来的封建帝王祭祀建筑中最完整、最重要的一组建筑,也是现存艺术水平最高、最具特色的优秀古建筑群之一。庙则是中国古代又一类祭祀性建筑,其形制要求严格整齐,大致可分为祭祀祖先的宗庙(如中国古代帝王宗庙太庙)、奉祀圣贤的庙(如祭祀孔子的文庙和祭祀关羽的武庙)及祭祀山川神灵的庙(如岱庙)三类。

天坛祈年殿

2. 古陵墓建筑

原始社会的先民相信人死后灵魂不灭,人的死亡只是肉体的死去,而灵魂永存人间,这种灵魂崇拜源自对先人的怀念。为了祈求祖灵保佑，就产生了祭祀祖先的观念。孔子云：生，事之以礼；死，葬之以礼，祭之以礼。祭祀祖先除了庙祭之外，还需要为祖先建造在"阴间"安息的地方——坟墓。

中国历代封建统治者之所以动用大量的人力、物力修建规模巨大的陵墓及陵寝，用来供奉、祭祀、朝拜，主要是为了推崇皇权和加强封建统治。有些皇帝甚至在活着的时候便开始替自己修建陵寝。汉武帝在继位的第二年就开始修建陵墓，其在位54年，陵寝修了53年，其陵寝规模之宏大、耗时之长，令人叹为观止。从战国时代开始建"陵寝"起，下讫明清，中国陵寝已有2000多年的历史，其形制、规模多种多样，且珍藏着许多珍贵的历史文物，现大多成为著名的旅游胜地。

 知识链接

秦始皇陵

秦始皇陵是中国古代最大的一座帝王陵墓，也是世界上最大的一座陵墓，位于陕西省西安临潼区以东5千米的骊山，亦称骊山园。墓冢高51米，周长1700余米，地宫、内城周长3840米，外城周长6210米，坟丘呈覆斗形，修建工程历时39年。秦始皇率先在陵园内修筑寝殿、便殿，组成大型建筑群，使皇陵显得更加气派。陵园东门外大道的北侧是震惊世界的奇观——秦始皇兵马俑坑。

迄今为止，已确认并发掘了3座兵马俑坑，总面积2万多平方米。秦始皇兵马俑皆仿真人、真马制成，面目各异、服饰各异，再现了秦军统一寰宇的壮阔的历史画卷，继埃及金字塔、希腊宙斯神像、摩索拉斯陵墓、巴比伦空中花园、土耳其阿尔忒弥斯神庙、罗德岛太阳神巨像、亚历山大灯塔后，被称为"世界第八大奇迹"。这三座俑坑坐西向东，呈"品"字形排列，坑内有陶俑、陶马8000多件，还有4万多件青铜兵器，是我国目前最大的遗址博物馆，并于1987年被列入《世界遗产名录》。

【4-2拓展视频】

秦始皇陵

3. 长城关隘

长城是中国古代军事防御工程。春秋战国时期列国争霸，互相防守，长城修筑进入第一个高潮，但此时修筑的长度都比较短。秦灭六国统一天下后，秦始皇连接和修缮战国长城，始有万里长城之称。明朝是最后一个大修长城的朝代，今天人们所看到的长城多是此时修筑。长城依山而筑，因地形用险制塞，布局合理，蜿蜒起伏，盘旋于崇山峻岭之中，宛如群龙啸天，巨蟒窜洞，前不见首，后不见尾，气势磅礴，令人叹为观止。

长城由关隘、城墙和烽火台组成，各有所用。关隘常建于关津要道之处，它通常选择和构筑在具有重要战略、战术价值和敌我必争的高山峻岭之上、深沟峡谷之中。关隘上所构筑的关城，是长城防线上起支撑骨干作用的守御要点，与长城防线在某一地区的安危直接相关。关隘的关城，大都由方形或多边形的城墙及城门、城楼、墩台相互结合而成，有的还有护城河。

随着时代的变迁，长城已失掉了作为军事工程的意义，但其高超的建筑艺术却是中华民族大智大勇的历史见证，成为中华民族的象征，具有极高的旅游价值。尤其关隘之地，城墙完好无损、地势雄伟、关塞险峻，是长城的典型代表。如"天下第一关"山海关、气壮山河的嘉峪关、"重关迢递接燕山"的居庸关、紫荆山麓的紫荆关、重峦深处的平型关、九塞要隘雁门关、临渊据险的娘子关、葱郁秀丽的慕田峪关等。

【4-3拓展视频】

4. 坊、表、阙

坊、表、阙是纪念、导向、标志性建筑物。

坊，即牌坊，又称牌楼，为单排立柱，起划分空间或控制空间的作用。不带屋顶的为牌坊，带屋顶的为牌楼。据其功能不同可分三类：一是形制级别较高，常用庑殿顶或歇山顶的坊。该类坊多分布在离宫、苑囿、寺观、陵墓的入口处，对主体建筑起前奏、标志、陪衬作用，整体呈现庄严、肃穆的意境。二是级别较低，多为悬山顶的坊。该类坊多分布在大路起点、十字路口、桥两端、商店门前，起标识位置、丰富街景的作用。三是"旌表功名"或表彰"节孝"的牌楼。其多分布在城镇，如安徽歙县棠樾牌坊群全国著名，有7座牌坊迤逦而建，以表彰鲍氏忠孝家族。乾隆帝手书："慈孝天下无双里，衮绣江南第一乡。"

【4-4拓展视频】

华表，是古代宫殿、陵墓等大型建筑物前面做装饰用的巨大石柱。相传华表是部落时代的一种图腾标志，古称桓表，以一种望柱的形式出现，富有深厚的中华民族传统文化内涵，散发出中华民族传统文化的精神、气质、神韵。华表通常由汉白玉雕成，底座呈方形，是莲花座或须弥座，上面雕刻有龙的图案，蟠龙柱上雕刻一只蟠龙盘于柱上，并饰有流云纹；上端横插一云板，称为诽谤木；石柱顶上有一承露盘，呈圆形，因此对应天圆地方，上面的蹲兽为传说中的神兽望天犼。天安门和明十三陵华表为现存典型代表。

阙，是从防卫性的"观"演变而来的一种表示威仪和等级名分的建筑，因系双阙孤植，"中间阙然为道"，故称"阙"。常建于宫殿、城池、宅第、祠庙、陵墓之前，为显示门第、区别尊卑、崇尚礼仪的装饰性建筑。按其所属建筑性质，分为城阙、宫阙、墓阙、祠庙阙。

5. 古典园林

园林是人们模拟自然环境，利用树木花草、山、水、石和建筑物，按一定的艺术构思而建成的人工生态环境，是融建筑、雕塑、绘画、文学、书法、金石等艺术于一体的综合艺术品。世界园林分东方园林、欧洲园林、西亚园林三大派系，其中中国园林是东方园林的典型代表。

中国古典园林是自然山水式园林，其艺术灵感来源于大自然，造园手法模拟自然山水意境，在有限的范围内"纳千顷之汪洋，收四时之烂漫"，达到"虽由人作，宛自天开"

【4-5拓展视频】

的意境。中国古典园林可以从不同的角度进行分类：按照占有者身份，可划分为皇家园林、私家园林、寺观园林、陵寝园林；按照所处位置，可划分为北方园林、江南园林、岭南园林，其中北方园林以皇家园林颐和园等为代表，江南园林以拙政园、留园、瞻园等为代表，岭南园林以清晖园、可园、梁园等为代表。世界园林界公认中国园林是"世界园林之母"。

西方园林是几何规整式园林，把园林看作建筑的附属和延伸，强调轴线、对称，发展出具有几何图案美的园林，"强迫自然接受匀称的法则"是西方园林的基本信条。中西方园林艺术风格差异较大，详见表4-2。

表4-2 中西方园林艺术风格差异对比表

项目	西方园林艺术风格	东方园林艺术风格
布局	几何形规则式布局	山水形自然式布局
道路	轴线笔直式林荫大道	迂回曲折，曲径通幽
树木	整形对植、列植	自然孤植、散植
花卉	图案花坛，重色彩	盆栽花台，重姿态
水景	动态水景：喷泉、瀑布	静态水景：溪池、滴泉
空间	大草坪铺展	假山起伏
雕塑	石雕巨像（人物、动物）	大型整体太湖石
景态	旷景：开敞袒露	奥景：幽闭深藏
美感	人与自然"对抗"之美	人与自然"和谐"之美
风格	骑士的罗曼蒂克	文人的诗情画意

6. 民居

民居是指除宫殿、官署和寺观以外的居住建筑，受气候、土质、地形、民族文化和生产力水平等诸多自然和人文因素的影响，带有明显的地方特色。在中国的民居中，最有特点的是北京四合院、西北黄土高原的窑洞、安徽的徽派民居、福建的客家土楼，以及内蒙古、青海、西藏的帐房、毡房和雕房等。中国疆域辽阔，由于各地民族历史传统、生活习俗、人文条件、审美观念的不同，以及自然条件和地理环境不同，民居的平面布局、结构方法、造型和细部特征也就不同，呈现出淳朴自然的特色。特别是在民居中，各族人民常把自己的心愿、信仰和审美观念，自己最希望、最喜爱的东西用现实的或象征的手法反映到民居的装饰、花纹、色彩和样式等结构中去，如汉族的龙、鹤、鹿、喜鹊、梅、竹、百合、灵芝、万字纹、回纹等，云南白族的莲花及傣族的大象、孔雀、槟榔树图案等，这促使各地区各民族的民居呈现出丰富多彩和百花争艳的民族特色。

【4-6拓展视频】

作为传统建筑文化，民居建筑的聚落选址、格局、外观、形式和风格无不体现出对自然的认识和态度。选址上，民居按风水的基本原则和格局，以负阴抱阳背山面水为最佳选择，这样有利于形成良好的生态循环的小气候，背山屏挡冬季北向寒风，面水迎来南向季风，朝阳具有良好的日照，缓坡避免淹涝之灾和保持水土，并易在农副业的多种经营下形成良好的生态循环。中国民居将内院看作是人与天地、人与自然协同共生的最佳场所，并在院落内引入大自然的风光：大户人家高墙深院，叠石理水，植树栽花，曲径通幽地把院落扩大为私家园林，而小户人家即使面积很小也要种植几株翠竹和几棵芭蕉或满架苍藤，充分表现出人与自然的交融。

7. 宗教建筑

古建筑中的宗教建筑，有佛教、道教和伊斯兰教等不同类型、风格迥异的建筑。所有这些宗教建筑由于其不同的教义和使用要求，而表现为不同的总体布局和建筑式样。

(1) 佛教建筑

中国佛教建筑包括佛寺、佛塔和石窟。明、清佛寺的布局，一般都是主房、配房等组成的严格对称的多进院落形式。在主轴的最前方是山门，山门内左右两侧分设钟、鼓楼。中央正对山门的是天王殿，常做成三间穿堂形式的殿堂。穿过天王殿，进入第二个院落，坐落在正中主轴上的是正殿，常名为"大雄宝殿"。正殿对于整个佛寺建筑群体是中心建筑物，它的建筑体量和规格，都在其他单体建筑之上。正殿左右配殿或作二层楼阁形式。正殿后一进院落，常建筑二层"藏经楼"。另外，多在主轴院落两侧布置僧房、禅堂、斋堂等僧人居住的房屋。北京的大型佛寺，如西四牌楼的广济寺等都属于这种类型。小型的寺庙，一般只有一进院落——进山门迎面就是大殿，两厢为僧房。佛寺建筑群组中常布置一系列重要标识性建筑，如山门前的牌坊、狮子雕刻、塔、幢、碑等。

【4-7拓展视频】

(2) 伊斯兰教建筑

伊斯兰教建筑涵盖了自伊斯兰教创立以来，所有受伊斯兰文化圈影响而形成的建筑样式，所涉及的范围很广，包括清真寺及其他类型的建筑，如陵墓、城堡及皇宫，泰姬陵便是其中的佼佼者；甚至是一些较民间的，如公共浴室、广场等也包括在这范畴之中。我国的回族、维吾尔族等民族大多信奉伊斯兰教，因而在我国各地分布着众多清真寺。清真寺作为穆斯林进行礼拜仪式、举行宗教功课、接受宗教教育和宣教活动的主要场所，亦被称为礼拜寺。兴建清真寺被视为穆斯林神圣的宗教义务和信仰虔诚的体现，哪里有穆斯林，哪里就建有清真寺。中国清真寺绝大多数采用中国传统的四合院并且往往是一连串四合院制式。其特点是沿一条中轴线有次序、有节奏地布置若干进四合院，形成一组完整的空间序列。每一进院落都独具功能要求和艺术特色，它们循序渐进，层层递进，共同展现出一个完整的建筑艺术风格。

宁夏永宁清真寺

(3) 道教建筑

道教建筑常由神殿、膳堂、宿舍、园林四部分组成，其总体布局基本上采取中国传统的院落式，即以木构架为主要结构，以间为单位构成单座建筑，再以单座建筑组成庭院，进而以庭院为单元组成各种形式的建筑群。

神殿是道教活动的主要场所，常处于建筑群的主要轴线上，为整个建筑群之主体。大型宫观大多为成串纵向布置，是随地平面逐渐升高的院落。殿堂内设置神灵塑像或画像。膳堂建筑物包括客堂、斋堂、厨房及附属仓房，一般布置于建筑群主要轴线侧面。宿舍为道士、信徒及游人住宿用房，其布置较为灵活，常于建筑群的僻静处单独设院，有的还利用建筑群附近的名胜古迹和奇异地形地物（如山泉溪流、巨石怪洞、悬岩古树等），配合建置楼、阁、台、榭、亭、坊等，形成建筑群内以自然景观为主的园林。

在道教建筑中，四部分分区明确，配置适宜，联系方便，给人以庄严肃穆，清新舒适之感。此外，它还将壁画、雕塑、书画、联额、题词、诗文、碑刻等多种艺术形式与建筑物综合统一，因地制宜，巧作安排，具有较高的文化水准和多彩的艺术形象，从而增强了艺术感染力。建于名山的道教建筑，结合奇峰异壑、甘泉秀水及参天古树等自然景观，灵活布局，运用各种独特建筑形制及建筑方法，建造出许多超逸高雅、玄妙神奇的道教建筑群。

8. 其他各类建筑与设施

其他各类建筑与设施包括：用于开展科学研究的机构和从事工程技术实验场所的观光、研究、实习的教学科研实验场所设施；具有康乐、健身、消遣、疗养、度假条件的地方，如疗养院、度假区、各类游乐园、主题公园等；开展文化活动，举办展览和实施科

银川当代美术馆

学技术普及的场所图书馆、文化宫、大剧院、艺术馆、文化中心、科技馆等；各类经济开发工程和实体单位，加工厂、矿区、农场、牧场、林场、茶园、养殖场、加工企业以及各类生产部门的生产区域和生产线；进行社会交往活动、开展商业贸易交流的场所；动物与植物展示地；边境口岸；展示演示场馆，如博物馆、展览馆、美术馆等；体育健身场馆；歌舞游乐场馆；特色街巷；特色社区；名人故居与历史纪念建筑；书院、会馆、桥梁建筑等；车站、港口、渡口与码头等。它们都是时下方兴未艾的旅游资源，参观这些建筑与设施，既可极大地满足旅游者的好奇心，又可丰富旅游者的知识，开阔视野。

4.1.3 建筑与设施类旅游资源的特点

1. 鲜明的时代特征

建筑是科学技术的凝聚，受相应时代的生产力发展水平制约。在原始社会，生产力水平极其低下，简陋的地面构筑物构成了人类的建筑主体。进入奴隶社会后，随着社会生产力水平的发展，中国木结构建筑物初步形成，宫殿、宗庙、陵墓等建筑物应运而生。在漫长的封建社会，中国建筑逐步形成了成熟、完整、独特的建筑体系，在建筑技术和艺术等方面有卓越的创造，因为儒家思想占统治地位，中国古典建筑也处处可以见到礼制规范打上的烙印。在近代，西方建筑大量涌入，打破了中国传统建筑的程式，使中国建筑呈现出带有近代风貌的过渡色彩。总之，不同时代的建筑总是反映了相应时代的建筑材料和工艺水平，建筑景观具有鲜明的时代特征。比如，古希腊神庙建筑反映了处于人类"童年"时

代的希腊人的宇宙观，承袭埃及金字塔三角形朝"天"的神圣意义，将三角形元素巧妙地融入大理石梁柱结构中，形成著名的古典神庙样式。欧洲的中世纪，随着基督教的兴起，其建筑形式和艺术充满了神学意识，哥特式建筑通过描绘圣经故事的彩色玻璃窗、雕塑、尖券以及建筑上史无前例的高度感，强化了这一时代的神本主义精神，被誉为"石头史书"的欧洲中世纪建筑，是最能反映时代特征的实体。

2. 独特的地域风貌

建筑的初始功能是遮阳避雨、防寒，以庇护人们休息和生产生活活动。由于各地温度、降水、风力等气候因素相去甚远，因而适应气候的建筑也就印有深深的地域风貌。比如，北方天寒，需要更多的阳光，院子大一点；南方酷热，建筑密度较大，院落很小，以便取得更多的阴影面积来防暑。因此，在我国，东北大院的面积大于北京四合院，更大于南方建筑的"明堂""天井"。再如，降水多的地方屋顶坡度较大，降水少的地方屋顶坡度较小。

另外，社会观念和哲学思想对建筑地域风格形成的影响也很大，如中国传统建筑强调实践理性，注重现实社会生活，容易产生亲切的美感。体现在结构上，是建筑沿中轴线的平面铺展和对称，等级分明，这种建筑结构既体现严肃、庄重及井井有条的理性精神，也符合封建礼仪的等级制度。而西方古典建筑追求的是高大、雄伟、神秘、威严和震慑效果，体现一种弃绝尘寰的宗教出世精神。

建筑景观的地域风貌在生产力发展水平较低的时期表现尤为突出。在现代建筑中，由于技术水平较高，地域风貌特征已经大大弱化。但是，为旅游兴建的建筑，通常仍然遵循传统风格，保持地方特色，具有鲜明的地域特征。

补充阅读

布达拉宫、大昭寺和罗布林卡

布达拉宫，坐落在拉萨河谷中心海拔约3700米的红色山峰之上，是集宗教、政治权力于一体的综合性建筑群。它由白宫和红宫及其附属建筑组成。布达拉宫始建于公元7世纪吐蕃王朝时期，17世纪扩建后成为达赖喇嘛的冬宫，象征着西藏佛教和历代行政统治的中心。其优美而又独具匠心的建筑、华美绚丽的装饰与周围天然美景的和谐融洽，使布达拉宫在历史和宗教特色之外平添几分风采。"布达拉"为梵语"普陀"的音译，原指观世音菩萨所居之岛。这座著名的藏式宫堡式建筑，是松赞干布统一西藏之后，为促进吐蕃政治、经济和文化发展，推进与唐王朝的睦邻友好关系，迎娶文成公主而建的。大昭寺始建于7世纪，先后被称为"惹萨""祖拉康"等，后改称"大昭寺"，意为"存放经书的大殿"。它是西藏最古老的一座融合了汉藏建筑风格的木结构建筑。罗布林卡位于布达拉宫西侧约2公里的拉萨河畔，藏语意为"宝贝园林"，建造于公元18世纪，是历世达赖处理政务和进行宗教活动的夏宫。

布达拉宫于1994年12月入选《世界遗产名录》，后来又加入了拉萨的大昭寺。2001年12月，拉萨的罗布林卡也被补充加入此项世界文化遗产。

布达拉宫

3. 浓郁的场景氛围

主体建筑与其周边的自然、文化或社会环境相协调形成建筑景观场。所谓建筑景观场是指建筑景观与其环境构成的综合体向观赏者呈现出的场景氛围。在高质量的建筑景观场中，主体建筑总是与周边环境和谐统一。建筑主体与周边环境的和谐既包括实用功能的需要，也包括生态和景观美学上的和谐。主体建筑与周边环境融为一体，可发挥整体性优势，使建筑景观显示出更为丰富多彩的内容，使观赏者在审美鉴赏中感知更多、更全的信息，获得更大的想象空间。比如，福建武夷山风景区内的武夷山庄、碧丹酒家等建筑采用"武夷传统民居风格"，使建筑与碧水丹崖融合为一，建筑点化了风景，环境衬托了建筑，取得了极佳的景观效果。

4.1.4 建筑与设施类旅游资源的功能

1. 观赏功能

建筑具有突出的造型艺术，能够反映不同时代多种艺术成就。若从意境的角度来审视园林建筑，就可以通过其外在的形式组合与具体景象，感知和领悟建筑中蕴涵的造园主所要表达的审美情趣和展现出的无限、丰富、含蓄的深远内容或意味。游客在观赏建筑设施的过程中，可以充分调动自己的想象、情感积极能动地进行审美观照，更好地理解建筑设施背后蕴含的文化内涵，更好地欣赏建筑设施艺术的美，更好地感受劳动人民伟大的创造力。

2. 科普教育功能

各式各样建筑设施的营造技术是人们在长期的社会实践中产生和累积起来的，其合理的结构形式、独特的建筑风格和巧思多变的设计手法，是建筑设施科技发展水平的充分体现，是人类智慧的结晶。例如，塔尔寺作为青海省和中国西北地区的佛教中心和黄教的圣地，主要建筑依山傍塬，分布于莲花山的一沟两面坡上，有大金瓦寺、大经堂、弥勒殿、九间殿等建筑9300余间，形成了错落有致、布局严谨、风格独特，且集汉藏技术于一体的宏大的建筑群，形成了不同特色和空间布局，共同构建了一个功能完善的宗教神圣空间，使塔尔寺成为藏传佛教格鲁派六大寺院之一。

3. 文化旅游功能

建筑是承载历史文化、宗教文化、民族文化、文学艺术等其他文化旅游资源的重要物质载体。例如，苏州的区域文化——吴文化，因为文化的影响，传统建筑形成了鲜明的特色与个性。走进历史街区，便会感受到粉墙黛瓦、飞檐翼角等本土建筑的文化符号。置身于古宅民居，便会感知到镂门花窗、雕梁画栋等精美图案的文化内涵。通过对建筑设施丰富的文化内涵感受，可以了解和认识各个地区各个历史时期人们的社会活动、意识形态，以及物质生活和精神生活的状况，让游客充分体验地域文化和历史文化的魅力。

4.2 历史遗迹类旅游资源的形成与特点

4.2.1 历史遗迹类旅游资源的形成

历史遗迹是人类在发展过程中留下的历史遗物或遗存，是古代人们适应、利用和改造自然的结果，是人类历史的载体和见证。人类自诞生以来，尤其是在进入新石器时代后的最近一万年历史时期内，在其长期的生存、发展过程中，产生了大量的物质和精神遗存，如古遗址、古建筑、古陵墓、古园林、宗教遗存、古代城市、古代雕塑与绘画等艺术作品、政治与军事活动物品、文学与音乐等。古遗址是古代人类生产活动、生活活动以及其他社会活动（如政治活动、战争活动等）形成的活动场所、建筑废墟（包括城镇、村落、单体建筑）等历史遗迹；古建筑是古代人类为满足人类社会各种需要而建设的工程设施（尤其是古代帝王的宫殿、陵墓、重要宗教活动场所的庙宇等规模宏大且富丽堂皇的建筑）；古墓葬是古代人类丧葬活动安葬死者遗体及遗物的构筑物；古代遗存的生产生活物品是古代人类为满足生产生活活动需要而创造的用品用具；古代雕塑与绘画等艺术作品是古代人类用双手创造的反映精神生活而以物质艺术作为表现形式的智慧结晶；古代政治与军事活动物品是古代人类为满足政治与军事活动需要而创造的用品用器；古代文学与音乐等艺术作品则是古代人类在精神生活领域的重要成果。

这些历史遗迹是人类历史发展阶段性的具体反映，承载了厚重的历史文化价值和古代人类的大量智慧，是现代人认识历史、理解历史的可靠媒介之一。当前，了解历史的演变，探索人类进步的脚步，追寻社会文明的真谛，已逐渐成为现代旅游的主要动机之一。探寻历史遗迹就是追溯历史，能够满足旅游者了解人类历史的发展演变，了解古代科学技术的发展，实现旅游者的思古、忆古、怀古之情，满足旅游者增长历史知识的需要，历史遗迹资源因而成为重要的人文旅游资源。

4.2.2 历史遗迹类旅游资源的主要类型

历史遗迹类旅游资源是指已废弃的、目前已不再具有原始用途的人类活动遗存和人工构筑物。在《旅游资源分类、调查与评价》（GB/T 18972—2017）中，历史遗迹类旅游资源具体包括FA物质类文化遗存、FB非物质类文化遗存2个亚类8个基本类型，如表4-3所示。

表4-3　历史遗迹类旅游资源类型

主类	亚类	基本类型		简要说明
F 历史遗迹	FA 物质类文化遗存	FAA	建筑遗迹	具有地方风格和历史色彩的历史建筑遗存
		FAB	可移动文物	历史上各时代重要实物、艺术品、文献、手稿、图书资料、代表性实物等，分为珍贵文物和一般文物
	FB 非物质类文化遗存	FBA	民间文学艺术	民间对社会生活进行形象的概括而创作的文学艺术作品
		FBB	地方习俗	社会文化中长期形成的风尚、礼节、习惯及禁忌等
		FBC	传统服饰装饰	具有地方和民族特色的衣饰
		FBD	传统演艺	民间各种传统表演方式
		FBE	传统医药	当地传统留存的医药制品和治疗方式
		FBF	传统体育赛事	当地定期举行的体育比赛活动

我国几千年的历史文明留下了无数珍奇瑰丽的历史遗迹类旅游资源，但有大量历史文化古迹或已经毁坏废弃，或湮没于地下，已残缺不全。能够成为旅游资源、被旅游业所利用的，通常是在社会历史发展中曾发挥过重要作用，具有典型性和代表性，享有较高的知名度，能够对游客产生吸引力，并能让普通游客看有所知、知有所思、感触深刻、难以忘怀的历史遗迹。

1. 古人类遗址、古都和古战场遗址

(1) 古人类遗址

古人类遗址在一定程度上反映了古代人生产生活情形，如仰韶文化、良渚文化、半坡文化、大汶口文化、龙山文化、红山文化和河姆渡文化等，都具有典型性。其中半坡文化经过成功复原，再现6000年前原始时代母系氏族社会生活情形，成为西安的一个重要旅游景点。遥远历史的疑谜，会对今天的人们有着永恒的魅力。无论是考古遗迹还是神话传说都让人类的起源和发展充满迷离，使人们始终对于祖先的生活充满好奇心，对于今天的旅游者来说，有较强的吸引力。如"三皇五帝"、夏商周三代重要历史遗迹的考古发现和遗迹的恢复，都会推动文化旅游的发展。

【4-8拓展视频】

(2) 古都

中国历史悠久，遗产资源丰富。封建王朝朝代更迭，古都变迁，留下丰富的古都遗产资源。目前中国古都学会认定从夏到清共有九大古都：北京、西安、洛阳、南京、开封、杭州、郑州、安阳、大同；另外区域政权都城如临淄、邯郸、成都、沈阳、新郑、濮阳、禹州、淮阳、许昌、焉耆、库车、疏勒、于阗、武威、张掖、酒泉、敦煌、凤翔、临潼、徐州、扬州、太原、重庆等，历史上曾先后有200多座古代都城广泛分布在中华大地上。这些古都及都城曾是国家及区域的政治、经济、文化中心，先辈们为我们留下了灿烂的历史文化和无数的文化遗产，如古城墙、宫殿、寺观、作坊、皇陵等建筑和遗址。这些古都中，大多数文物保存较好，古城风貌犹存，加之都是位于山河形势之地，自然风光与其古城风貌浑然结合一体，相映生辉，互增光彩。现如今，各地在原遗址上复原了一大批新的旅游产品，形成新的景区带，招揽八方游客，无论是历史文化旅游资源还是自然旅游资源都拥有较强竞争力，是广大游客选择历史文化旅游目的地的重要去处。

(3) 古战场遗址

古战场，一般都是有险要据守的地形，并留下一些战争遗迹。在一场战争中，形形色色人物纷纷亮相。这里既有惊心动魄的事件，又有动人、令人深思的故事。例如，武汉、荆州和宜昌一带，历史上曾是赤壁和夷陵的古战场。这里有诸葛亮的隆中茅庐、张飞的擂鼓台、庞统献连环记的凤雏庵、赤壁山、曹操败走的乌林、诸葛亮借风的七星台、当阳桥和"长坂雄风"古碑，还有关羽败走麦城后被生擒的回马坡、玉泉的关陵，以及后人怀古的东坡赤壁等胜迹。古战场遗址的文化底蕴，具有不可复制性和不可替代性的特点，游客们不仅可以在遗台故垒边感叹山水沧桑，还可以穿越时空，亲临叱咤风云的火热战场，体验沙场英雄的豪迈气魄，领略古人的战争智慧。

【4-9拓展视频】

三国赤壁古战场遗址

2. 名人遗迹、近现代重要史迹

(1) 名人遗迹

历史名人，是指对政治、经济、文化有贡献、有影响的人物。他们的事迹在历史上有记载，在人民群众中广为流传，并在他的诞生地、活动地有纪念性建筑，如故居、碑刻、祠堂等，供后人瞻仰、凭吊。历史人物包括下列几种。

① 帝王：如周武王、齐桓公、秦始皇、汉高祖、汉武帝、唐太宗、成吉思汗、康熙帝等。

② 政治家：姜尚、管仲、晏婴、伍子胥、张良、诸葛亮、孙中山等。

③ 学问家：老子、孔子、墨子、荀子、孟子、曾子、孙武、孙膑、朱熹等。

④ 文人：屈原、李白、杜甫、苏轼、柳宗元、韩愈、欧阳修、曹雪芹、蒲松龄等。

⑤ 英雄人物：霍去病、岳飞、戚继光、郑成功、林则徐等。

⑥ 宗教人士：玄奘、鉴真、慧能、丘处机、张三丰、法显等。

⑦ 科学家、医学家：张衡、张仲景、华佗、祖冲之、李时珍、徐光启等。

例如秦始皇，作为"千古一帝"，他曾多次出游，留下了很多足迹，在现代都成了历史遗迹。峄山、泰山、梁父山、芝罘山、琅琊台、碣石、会稽等地有李斯小篆的刻石，秦皇岛和琅琊台有秦始皇的离宫，这些地方还流传着许多关于他的传说。诸葛亮，生在今山东临沂，隐居在荆州（今湖北与河南部分地区，具体包括襄阳、南阳等地），出仕于湖北一带，后入蜀，南征、北伐，全国有武侯祠不下20处，蜀人视他为神人。李白，生于四川，25岁出川，先后移居湖北、山东和安徽，足迹遍布全国名山大川，留下众多遗迹和诗文，广大中原和江南人民称李白为"诗仙"。孙中山是近代史上的伟大人物，以他的名字命名的学校、街道遍布全国。广东中山市翠亨村和上海市都有中山故居，广州市有中山纪念堂，北京香山碧云寺有中山纪念堂和衣冠冢，南京有临时大总统办公室原址和中山陵。

【4-10拓展视频】

(2) 近现代重要史迹

自鸦片战争以来，中国人民为争取民族独立、人民解放，同帝国主义、封建主义和官僚资本主义进行了不屈不挠的斗争，留下了许多革命遗址、遗迹和文物，这些遗址对怀念先烈，教育后人有重要作用。近现代重要史迹大体包括下列几类。

① 革命遗址：是指有准确地点，有较多的遗迹、遗物，以及完好、比较完好的建筑物。如井冈山中华苏维埃遗址、瑞金革命遗址、延安革命遗址、重庆和南京八路军办事处，以及太平天国王府遗址等。

② 革命遗迹：曾经在某一地点发生革命事件，而原来的遗物和建筑物经过战争已经不完全或已经不存在，但还有遗迹和有准确地点可查的。如台儿庄战役、解放战争的三大战役的战场等。

③ 革命地址：曾经发生过革命事件，内容也较多，但因时间久，或当事人不存，原物保存较少，遗址准确程度稍差，如金田起义地址等。

④ 革命旧址：建筑物保存尚好，现在还在使用，如广州农民运动讲习所旧址、广州公社旧址、湖南秋收起义文家市会师旧址、八路军和新四军司令部旧址、西安事变旧址等。

⑤ 革命领导人、知名人士故居：如毛泽东故居、孙中山故居、鲁迅故居等。

⑥ 重要会议会址：如中共一大会址、七大会址、遵义会议会址、古田会议会址等。

⑦ 墓葬、陵园：如遵义红军革命烈士陵园、临沂华东革命烈士陵园、石家庄华北军区烈士陵园、四平烈士陵园等。

⑧ 纪念碑、纪念塔：专门为某一战役或某一重大革命事件所立的纪念碑。全国各省、各市都有，数量甚多。天安门的人民英雄纪念碑则是总括自1840年以来的革命先烈和人民英雄，是具有全国性历史意义的纪念碑。

⑨ 纪念性建筑：专门为某一事件或某一领导人而设立的纪念建筑物，如孙中山纪念堂、毛主席纪念堂、福州林则徐祠、淮安关天培祠等。

⑩ 革命历史文化名城：长时间作为重要革命阶段的革命历史城市，如上海、北京、瑞金、遵义、延安等。

4.2.3 历史遗迹类旅游资源的特点

1. 历史性和时代性

历史性和时代性是历史遗迹类旅游资源最突出的特征。古人类历史遗迹等是我们的祖先创造的物质文明的遗存，这些历史遗存都深深地刻上了时代的烙印，反映了当时的社会生活情况和科技文化水平。如周口店北京猿人遗址反映了旧石器时代先民的生活，都江堰代表了战国时秦国的科技

【4-11拓展视频】

水平。所有历史遗迹类旅游资源都反映了其所处的特定时期人类的社会经济状况，其内容、形式、结构、格调无不打上时代特征和历史痕迹的烙印。如我国不同时期的原始聚落就有不同的建筑特征；不同朝代的帝王陵墓都有不同的陵寝形制。那些历史悠久、文化内涵丰富的历史遗迹类人文旅游资源是最具吸引力的旅游资源。

2. 广泛性和集中性

历史上，人类活动几乎遍布全球，作为人类活动产物的历史遗迹分布十分广泛。高山或平原，城市或乡村，江河或湖海，都留存有历史文化古迹。然而，源自各地区自然条件优劣的差异、开发时间长短的不同、经济发展水平以及人口分布密度的迥然相异，历史遗迹、遗址和遗物的数量和水平具有明显的差异。我国历史悠久、地域辽阔、自然条件复杂多样，历史文物古迹数量之多、分布之广、价值之高，为世界罕见。另外，在漫长的历史过程中，人类活动出现不断聚集的倾向。与之相对应，历史文物古迹又呈现区域分布的相对集中性。各封建王朝的都城、经济发达的都市、军事要塞、交通枢纽及风景秀丽的名山大川成为历史遗址、遗迹、遗物分布相对集中的地方。

3. 民族性和地域性

人类活动，既受到自然环境的影响，也受到区域社会经济发展水平的制约，以及所处国家和民族习俗的限制，其历史遗迹遗存必然表现出鲜明的民族性（反映出不同的民族特点）和显著的地域特征（表现出不同地区的特色和水平）。换言之，所有历史文物古迹均是某一民族或几个民族共同的创造物，其风格、样式、造型、色调必然具有民族地域的特征。例如，茫茫草原上的蒙古包，"世界屋脊"上的帐篷，依山傍水的侗族吊脚楼和鼓楼，热带丛林中的傣族竹楼，黄土高原上冬暖夏凉的窑洞和我国北方典雅宁静的四合院等，都具有浓郁的地域特色和明显的民族特征。

4.2.4 历史遗迹类旅游资源的功能

1. 文化教育功能

历史遗迹作为特定历史时期人类某些生产生活活动的产物，是民族、国家历史的记录。大多数人通过参观历史遗迹，都能获得对遗迹历史、审美、科学研究、社会价值的认知与欣赏，从而实现提高历史文化知识的诉求。历史遗迹不仅属于精英阶层，也属于普通大众。蓬勃发展的历史遗迹旅游应是旅游项目中的精品，是一种文化创意的活动，可以对历史文化的增值和传承、社会文化的发展起到积极的推动作用。

2. 艺术审美功能

一些历史遗迹的设计构造、建筑情调非常巧妙，一些历史遗迹所展示的特殊设计与风格非常有特色，一些历史遗迹展示人类艺术上的不断进步和技艺水准上的不断提高，一些历史遗迹的古朴美、精巧美展现着其特殊的美学魅力，它们都会给游客带来精神上或情绪上美的感染力和冲击力，带来艺术美的愉悦体验。

3. 科学研究功能

历史遗迹类旅游资源在历史文化上具有的丰富内涵，能够给人类提供重要的、有价值的知识和信息。无论是从历史与文化角度，还是从自然环境、地质、生物等角度，对历史遗迹类旅游资源进行考察研究，都可以得到具体的答案，并且可以满足游客的求知心理需要。

4.3 旅游购品类旅游资源的形成与特点

4.3.1 旅游购品类旅游资源的形成

旅游购品指的是旅游者在旅游地购买并在旅途中使用、消费或者携带回去使用、赠送、收藏的特色物品。旅游购品是一个地区的传统文化、民族民俗风情的浓缩，是具有地域信息性和纪念性的商品，是旅游者体会当地风土人情的时候所必不可少的。随着旅游业的发展，旅游购品市场日渐繁荣，这对丰富人们的物质文化生活起到了积极的作用。对于旅游景区来说，旅游购品不仅会带来更多的消费收益，有时还可作为一个国家的文化艺术、工艺技巧和物质资源相结合的产物，能在一定程度上加深到访游客对一个国家、一个地区的文化传统、意识情趣、民族风格等的了解。例如，一提到刺绣就会想到苏州，提到瓷器必然会想到景德镇。大部分的旅游购品作为当地民族文化的象征，被旅游者收藏或馈赠亲友，起到了文化交流的作用，也使旅游区文化形象更为具体。时下，旅游购品正以其精湛的工艺、典雅的风格、完美的造型，以及具有的艺术价值、欣赏价值、纪念价值，而成为当前最重要的旅游资源之一。

4.3.2 旅游购品类旅游资源的主要类型

在《旅游资源分类、调查与评价》（GB/T 18972—2017）中，旅游购品类旅游资源主要包括GA农业产品、GB工业产品、GC手工工艺品3个亚类15个基本类型，具体如表4-4所示。

表4-4 旅游购品类旅游资源类型

主类	亚类	基本类型		简要说明
G 旅游购品	GA农业产品	GAA	种植业产品及制品	具有跨地区声望的当地生产的种植业产品及制品
		GAB	林业产品与制品	具有跨地区声望的当地生产的林业产品及制品
		GAC	畜牧业产品与制品	具有跨地区声望的当地生产的畜牧产品及制品
		GAD	水产品与制品	具有跨地区声望的当地生产的水产品及制品
		GAE	养殖业产品与制品	具有跨地区声望的养殖业产品及制品
	GB工业产品	GBA	日用工业品	具有跨地区声望的当地生产的日用工业品
		GBB	旅游装备产品	具有跨地区声望的当地生产的户外旅游装备和物品
	GC手工工艺品	GCA	文房用品	文房书斋的主要文具
		GCB	织品、染织	纺织及染色印花织物
		GCC	家具	生活、工作或社会实践中供人们坐、卧或支撑与贮存物品的器具
		GCD	陶瓷	由瓷石、高岭土、石英石、莫来石等烧制而成，外表施有玻璃质釉或彩绘的器物
		GCE	金石雕刻、雕塑制品	用金属、石料或木头等材料雕刻的工艺品
		GCF	金石器	用金属、石料制成的具有观赏价值的器物
		GCG	纸艺与灯艺	以纸材质和灯饰材料为主要材料制成的平面或立体的艺术品
		GCH	画作	具有一定观赏价值的手工画成作品

旅游购品是指旅游者在旅游活动过程中购买的物品，也可称作旅游购物品。旅游购品的开发是与旅游业的繁荣相伴而生的，它与旅游者的食、住、行、娱、购、游等要素有着紧密联系。

1. 旅游纪念品和地方特产

来中国的旅游者，首选购物纪念品，即丝、瓷和工艺品。因为这些实物中凝结着民族文化，有着悠久历史和独特的工艺水平，举世无双，受到世人赞誉。因此，中国有"丝绸王国"和"瓷器王国"的美称。同时，中药材及各类工艺品也都能吸引旅游者进行消费。

(1) 丝绸与刺绣

丝绸是我国最古老的发明之一，已有5000年的历史。中国丝绸品种繁多，外观形态千变万化，花纹复杂，很早以前就有绸、缎、绫、罗、锦、绮、绡、纱、绉、缟、绨、绒、素、绢等类，每类又有许多种，每种又各有独特形态和性能，有的素织，色泽雅洁；有的色织，艳丽夺目。中国刺绣驰名世界，苏绣、湘绣、蜀绣和粤绣，为中国"四大名绣"。近年来，在国画大师张大千的家乡四川省内江市兴起的汉安夏布绣，被业内誉为崛起中的"中国第五大名绣"，它是一种全新的刺绣产品，因其罕见的"多元文化融合"特性而誉满天下。刺绣是一种在布面上，"以针代笔，以线晕色"的艺术作"画"，当代艺人在传统工艺的基础上，已从单面绣发展到双面绣，由双面相同人物发展到双面异色人物，更发展到双面异色、异形、异针的人物，称为"双面全异绣"，使刺绣工艺达到登峰造极的高度。此外，还有北京的京绣、温州的瓯绣、上海的顾绣、福建的闽绣、开封的汴绣。在各民族地区也有刺绣传统。刺绣成为我国既普及又高超的艺术奇葩。

【4-12拓展视频】

(2) 陶瓷

陶瓷在我国已有六七千年的历史。仰韶文化的彩陶、大汶口文化的红陶、龙山文化的黑陶、秦汉的陶人陶马、唐三彩和宋紫砂陶，均代表了我国的古代文明。我们祖先在烧制陶器的启示下，用高岭土做原料，器表面施釉，用比烧陶高几百度的温度，烧成比陶器还硬，有金属声的瓷器。瓷器始于商代前期，到东汉、魏、晋已成熟。至明清时期，瓷器从我国沿海地区传播至亚洲、欧洲、非洲及美洲等地，这一传播路径被誉为"瓷器之路"。

 知识链接

景德镇陶瓷

提及陶瓷，不得不说闻名中外的景德镇陶瓷。景德镇陶瓷"始于汉世"，其出产的陶瓷瓷雕工艺精湛，工艺种类齐全。景德镇陶瓷打破了青瓷在南方的垄断局面，并形成"南青北白"的格局。该地出产的青花瓷、青花玲珑瓷、薄胎瓷和粉彩瓷被誉为"传统四大名瓷"，素以"白如玉，明如镜，薄如纸，声如磬"的独特风格著称，它们都成为景德镇这一"瓷器之国"的代表和象征。景德镇也因制瓷历史悠久、瓷器精美绝伦而闻名全世界，故有"瓷都"之称。

(3) 工艺品

在我国悠久的历史长河中，涌现出了许多杰出的艺术大师，创造了一系列巧夺天工的稀世珍品。发展至今，已经形成了门类繁多的民族特色工艺品。

雕塑工艺品是工艺美术品中最多的一类，通过利用各种动物、植物和矿物为原料，巧妙地雕塑出珍贵的艺术品和实用品，主要有象牙雕、玉雕、石雕、木雕、砖雕、贝雕、煤精雕、微雕、泥塑、面塑等。

金属工艺品，是利用金、银、铜、锡等金属，分别采用掐、錾、点釉、镶嵌等技艺，制成各种或富丽堂皇或清雅实用的工艺品。金属工艺品中以北京景泰蓝最为著名。景泰蓝于13世纪由云南传入北京，盛于明景泰年间，又多用宝石蓝、孔雀蓝等蓝色珐琅釉料，因此称之为"景泰蓝"。由于景泰蓝是一种铜和珐琅相结合的工艺品，故又称"铜掐丝珐琅"。景泰蓝工艺精美、色泽深厚、富丽堂皇，和福建脱胎漆器、江西景德镇瓷器并称中国传统工艺"三绝"。

漆器制作始于六七千年以前，是颇具中国特色的工艺品，也是代表中国传统文化的旅游纪念品。福州脱胎漆器质地轻巧坚固、造型典雅大方，有耐热、耐酸、耐碱等特点，被称为"真正的中华民族艺术"。扬州镶嵌漆器以镶嵌螺钢而著名。

【4-13拓展视频】

年画是我国传统的民俗艺术品，内容大多是祝福新年的意思，也有描绘农事场面等。天津杨柳青、江苏苏州桃花坞、山东潍坊杨家埠是中国三大木版年画产地，其中杨柳青年画，始于明崇祯年间，到清中后期最为风行，有"家家会刻版，人人善丹青"之誉。

(4) 中草药材及其制品

中医与国画、京剧并称三大国粹，中药是中医用以治病防病和保健养生的药物。中国是中草药的发源地，目前我国大约有12000种药用植物，这是其他国家所不具备的，在中药资源上我们占据完全优势。中草药中有许多名药，植物药以人参、灵芝、何首乌、枸杞、冬虫夏草等最为著名；动物药以鹿茸、牛黄、熊胆、蛇毒等最为珍贵；矿物药以朱砂、芒硝等最为常用。

在中药中，人参作为第三纪孑遗植物，是十分珍贵的，它以"东北三宝"之首驰名中外，在我国药用历史悠久。云南白药是云南著名的中成药，由云南民间医生曲焕章于1902年研制成功，具有止血愈伤、活血散瘀、消炎去肿、排脓祛毒等疗效，特别对内脏出血更有神奇功效。雪蛤是东北著名的土特产，其中长白山雪蛤最为名贵，自明代就被列为四大山珍（熊掌、林蛙、飞龙、猴头）之一。燕窝是海鸟金丝燕的巢穴，是珍贵的佳肴，又是名贵药材，有补肺养阴之功效，主治虚劳咳嗽、咯血等症，在我国海南岛及南海诸岛等地均有出产。

知识链接

冬虫夏草

冬虫夏草，又名中华虫草，是中国历史中传统的名贵中药材，冬虫夏草是一种真菌，是一种特殊的虫和真菌共生的生物体。冬虫夏草真菌的菌丝体通过各种方式感染蝙蝠蛾的幼虫，以其体内的有机物质作为营养能量来源进行寄生生活，经过不断生长发育和分化后，最终菌丝体扭结并形成子座伸出寄主外壳，从而形成的一种特殊的虫菌共生的生物体。入药部位为菌核和子座的复合体。冬虫夏草主要产于青海、西藏、四川、云南、甘肃等省及自治区的高寒地带和雪山草原。功能主治：具有养肺阴、补肾阳的功效，为平补阴阳之品，用于肺痨咯血等症。此外，病后体虚不复，自汗畏寒等，可以用冬虫夏草同鸭、鸡、猪肉等炖服，有补虚扶弱之效。

冬虫夏草

2. 地方饮食

饮食是旅游者六大消费要素中首要和基本要素，也是旅游地重要旅游资源，品尝名酒、名茶，参加席宴是重要旅游项目。在中国古老的历史和文化中，饮食文化是重要内容之一。中国素有"烹饪王国""美酒之乡"和"世界茶叶的祖国"之称。

(1) 茶

在我国，茶被发现和利用已有4000多年历史。到西汉，茶已成为人民群众性饮料，唐代陆羽著有世界第一部茶叶专著《茶经》，人们奉他为"茶圣"。茶，原产地云贵高原，随着经济开发和文化发展，茶叶种植扩展到全国，至今移栽到北纬36°。随着汉代以来对外交往，先后传到南亚和欧洲。

我国茶叶品种极为丰富，最先出现绿茶，宋朝开始有花茶和白茶，清代出现了红茶和乌龙茶。此外，还有紧压茶，将茶加工成茶块，有的像砖，有的像饼，有的如覆碗，还有龙团、凤饼的美名。由于产茶地点、制法、风味的不同，加上当地历史掌故，形成了各自特点，涌现出众多名茶。

我国主要茶类品种如下。

① 绿茶：有西湖龙井茶、太湖碧螺春茶、雅安蒙顶茶、庐山和天台山的云雾茶、太平

猴魁茶、君山银针茶、顾渚紫笋茶、信阳和都的毛尖茶、黄山和雁荡山的毛峰茶、六安瓜片茶、平水珠茶、涌溪火青茶、敬亭绿雪茶、峨眉峨蕊茶、恩施玉露茶、婺源茗眉茶、莫干黄芽茶、普陀佛茶、五盖山米茶。其中龙井茶，因产地雨量多、云雾多、土质多微量元素，因而茶叶"色翠、香郁、味醇、形美"著称于世，饮时有茉莉初展的清香，有新鲜橄榄的回味。

② 红茶：以祁红茶与滇红茶著名。

③ 乌龙茶：既有红茶的浓香，又有绿茶的清新，主要品种有武夷岩茶、安溪的铁观音茶、凤凰单丛茶、台湾乌龙茶。

④ 白茶：色白如银，茶汤颜色素雅、浅淡，主要有白毫银针茶、白牡丹茶。

⑤ 花茶：以扬州茉莉烘青、杭州茉莉烘青、苏州茉莉烘青著名。

⑥ 紧压茶：以普洱茶和六堡茶著名。

(2) 酒

酒，在我国约有5000年的历史，早在龙山文化层中发现盛酒、饮酒的陶器。

传说夏禹时的仪狄和周朝的杜康是酿酒的名师。历代文人、名人饮酒的故事举不胜举。我国是酒的故乡，美酒之多在世界上首屈一指。我国主要有以下酒类。

① 黄酒：是一种具有我国民族特色的低度酒，利用糯米作原料酿制而成，色泽黄亮、浓香醇厚，含有丰富氨基酸、有机酸、酯类和维生素，营养之高，居各酒类之首。著名的有绍兴黄酒、福建龙岩沉缸酒、山东即墨老酒和兰陵美酒、江苏丹阳和江西九江封缸酒，其中绍兴的女儿红酒是黄酒中的珍品。

② 白酒：酒液透明、清澈、芳香浓郁、刺激性强烈。根据制作原料、工艺的差异，产生不同香型，具体可分为酱香型、清香型、浓香型和米香型。

a. 酱香型：以茅台酒为代表，为我国优质白酒中首屈一指。它利用赤水河山泉，特殊蒸煮、发酵、蒸馏工艺酿制而成，酒味芳香，回味悠长。

b. 清香型：以山西汾酒和陕西的西凤酒为代表。其中汾酒产于杏花村，有1500年的历史，其酒清亮透明，口感绵软、微甜，饮后留香。

c. 浓香型：以四川泸州特曲、五粮液、江苏洋河大曲为代表。特点：醇厚、浓香、味甜，回味悠长。

d. 米香型：以广西三花酒和河南杜康酒为代表。用优质大米制造，除具有白酒共有的特点外，还有浓厚的米香味。

③ 果酒：我国汉代就有葡萄酒的记载，距今有2000多年历史。著名的有烟台张裕葡萄酒、吉林通化葡萄酒、青岛白葡萄酒、北京中国红葡萄酒。

④ 配制酒：以白酒、黄酒和葡萄酒为酒基，配以各种草药、糖料、香料、香精，具有健身、滋补、治病作用。著名的有黑龙江的雪蛤大补酒和鹿尾巴酒、山东三鞭酒、吉林人参酒、广东三蛇酒、广西蛤蚧酒、贵州杜仲酒等。

⑤ 啤酒：是我国最年轻的酒种，近代才从欧洲传入。1900年哈尔滨出现第一个俄国人办的啤酒厂，1903年德英联办青岛啤酒公司，1915年在北京中国人自己办了啤酒厂，后改名五星啤酒厂。如今啤酒遍及全国，主要品种有青岛啤酒、沈阳雪花啤酒、北京燕京啤酒、上海啤酒、杭州西湖啤酒等。

(3) 名菜佳肴

我们祖先不仅创造丰富物产，还利用动、植物原料，经过加工，制成风味可口、丰富多彩的佳肴，受到世界人民的赞誉，成为民族文化的一部分。根据地域烹饪过程和菜肴的特点，可分山东（鲁）菜、淮扬（苏）菜、四川（川）菜、广东（粤）菜，合称中国"四大菜系"。四大菜系加上浙江（浙）菜、安徽（徽）菜、湖南（湘）菜、福建（闽）菜，称"八大菜系"。八大菜系加上北京（京）菜和上海（沪）菜，称"十大菜系"。十大菜系加上河南（豫）菜、湖北（鄂）菜称"十二大菜系"。上述几大菜系，是基本划分，每个菜系还分出若干分支。此外，还有佛家素菜、道家药膳、伊斯兰的清真菜等。

在各地还有风味菜和风味小吃。山东菜，以济南、胶东菜为主，味咸鲜，善用葱香调味，精于制汤和以汤调菜，小吃以面点为主，如烧饼、面、煎饼等。四川菜以麻辣、鱼香、怪味为特长，小吃有抄手、担担面、叶儿粑等。淮扬菜重鲜活，味清爽鲜淡，小吃有蟹黄汤包、淮安茶馓、常熟莲子血糯饭等。广东菜由广州、潮州、东江三部分组成，主要特点是重生猛，长于炒泡、清蒸、煲，尤其独擅焗、软炒，调味重清淡，突出原味，小吃很丰富，制作精细，有各式月饼、粥、糕点等。浙江菜口味重鲜嫩清脆，小吃有宁波汤圆、五芳斋粽子、定胜糕等。

 知识链接

兰州牛肉面

牛肉面俗称"牛肉拉面"，是兰州最具特色的大众化经济小吃。兰州牛肉拉面原为西北游牧民族招待高级宾客之风味食品，距今已有160余年历史。相传，牛肉面是清末光绪年间，一个叫马保子的回族厨师所创制的面食，后辈们再代代推陈出新，将这种面食文化发挥到了极致，故而名扬天下。黄河岸边的古城兰州，弥漫在大街小巷的，永远有那股牛肉面的清香。兰州牛肉面具有一清（汤）、二白（萝卜）、三红（辣子油）、四绿（香菜）、五黄（面条）的五大特点。即牛肉汤色清气香；萝卜片洁白纯净；辣椒油鲜红漂浮；香菜、蒜苗新鲜翠绿；面条则柔滑透黄。如今，要在中国找一家没有兰州风味牛肉面馆的城市，很难。不过，牛肉面一走出兰州就"变了味儿"，别看都打出了"正宗"的招牌，但要吃到真正正宗的牛肉面，恐怕还得在兰州才行！

【4-14拓展视频】

兰州牛肉拉面

(4) 水果

我国云南、海南等南部省区，由于自然地理条件优越、雨量充沛、土壤肥沃，兼有热带、亚热带、温带气候。各种时鲜水果，品种繁多，四季不断。著名的果品有象牙果、菠萝、香蕉、菠萝蜜、荔枝、龙眼、椰子、火龙果等。在西北，葡萄、葡萄干是吐鲁番具有悠久历史的特色产品，它以皮薄、肉脆、味美而驰名中外，成为去新疆的游客的首选产品之一。据史书记载，早在2000多年前西汉时期张骞出使西域，就发现这里种植葡萄。吐鲁番的葡萄品种繁多，品质上乘的有无核白葡萄、马奶子、红葡萄、喀什哈尔、梭梭葡萄等18个品种，堪称"世界葡萄植物园"。新鲜水果及水果干制品和果酱等都是旅游者喜爱的旅游购品。

4.3.3 旅游购品类旅游资源的特点

1. 地域性

地域性是指旅游购品具有鲜明的地域文化特点。旅游购品在原材料、表现题材上多是以旅游地自然风景名胜、古迹、民俗风情等为题材，设计及制作工艺方面表现出强烈的地域性和民族性。如苏南、浙北自古以来就是我国的桑蚕基地、丝绸之乡，其丝织品就是当地十分重要、独具特色的旅游购品。还有景德镇的瓷器、贵州的蜡染等都是地域性、民族性很强的旅游购品。旅游购品的名称、外观、设计风格、用料、文化内涵等都可以成为其地域性的载体。

2. 可创造性

传统的旅游资源，虽能被开发，但很难再创造。但是，旅游购品的开发，除了极少部分受到取材的约束之外，大部分具有很强的再创造性。相应旅游购品类资源的旅游开发不是受到旅游资源本身容量的约束，而是受到旅游市场发展规模的限制。为此，作为比较成熟的旅游目的地，不仅要重视其他旅游资源的开发，更需要重视旅游购品的开发，提高购物、饮食在旅游者消费中的比重，为地方旅游收入增长开辟更多途径。

3. 纪念性

旅游活动是一种精神享受和亲历感受，旅游购品尤其是一些纪念品是旅游者旅游活动的见证和物化，是日后重温美好旅游经历的象征和载体。一件精美的旅游购品能激发旅游者美好回忆，可使旅游者长期保存或乐于赠送亲友，这对旅游地形象的传播也是一个很好的渠道，有助于扩大旅游地的知名度。

4.3.4 旅游购品类旅游资源的功能

1. 审美功能

旅游购品除了具有一般商品价值外，还具有艺术价值、欣赏价值。旅游购品可以被收藏或赠送友人，因而在造型、色彩等方面追求艺术美，使人享有美感体验。书法镌刻、刺绣织锦等无一不体现造型、色彩和材质的综合美感，并能够陶冶情操、影响思想，表现出旅游购品的审美功能。

2. 实用功能

旅游购品一般来说，不仅制作十分精巧，而且对游客的旅游活动有一定帮助或在以后的日常生活中有实际用途，即有一定的使用价值。例如，旅行包、太阳帽、手杖、照相机、雕刻精美的砚台、万花筒、胸章、扑克牌、T恤衫、陶瓷保温杯，以及野营帐篷、登山设备等旅游购品。另外，旅游购品中的地方土特产品，如农副产品、鱼类产品、各类菜品等都具有实用功能。

3. 文化功能

旅游购品内容十分广泛，其中包含传统手工艺、书画艺术作品、雕刻剪纸艺术等，这些技艺凝聚了区域或民族的特色文化。在销售的过程中，也把地区或民族的文化特色传播给游客，增强游客对区域文化特色的理解和感悟。

4. 广告宣传功能

旅游纪念品，有些看似小玩意儿，但却透着大乾坤，它不仅是游客旅途中最美好的记忆，也承载着一个城市的旅游名片的功能。旅游纪念品可以随着游客的足迹散布各地，把该旅游地的特殊徽记带到世界各地，为该旅游地进行最广泛最直观的免费宣传，间接地为该旅游地招徕更多的游客。

5. 收藏价值及投资增值功能

精美的纪念品本身就是艺术品，具有较高的收藏价值，收藏和鉴赏这些纪念品对游客来说是美好的精神享受。"今日的精品，明日的文物。"旅游纪念品是特色旅游购品，它因存载了该商品的垄断价值和该景点所在地的社会文化内涵，随着时间的推移而将成为文物，具有一定的投资增值作用。

4.4 人文活动类旅游资源的形成与特点

4.4.1 人文活动类旅游资源的形成

人文活动，简单地说就是人类的文化活动。人类文化活动丰富多彩，是人类历史发展过程中的积淀和结晶，同时又代表了地方文化特色，它包含信仰、艺术、文学、宗教、道德和民俗等多方面的内容，尤其是一些民俗饮食、礼仪活动、节庆会展等，具有很强的参与性，故而对游客极具吸引力。人文活动类旅游资源是在历史作用下，民族传承下来的无形的宝贵资源，其开发及形成来源于人们对于自身民族历史的不断探索、融合以及传承。人文活动表现出来的内容与形式越丰富，其旅游吸引力也就越大。由于社会历史发展及文化的差异，形成了不同的生活方式和生活习俗，即形成所谓的异域风情。这种社会文化在不同地域的差异，是吸引旅游者进行旅游活动的重要动因。加之随着旅游者文化水平的不断提高以及对于人文类活动的更多了解，也增进了旅游者对于人文活动的好感，于是便产生了想要前往"一探究竟"的诉求和兴趣，这便是人文活动成为备受游客青睐的旅游资源的主要原因。

4.4.2 人文活动类旅游资源的主要类型

人文活动类旅游资源，是指以社会风情为主体，反映民间习俗、社会风貌、人文艺术等内容，可以被旅游业开发利用的活动性、过程性旅游资源。在《旅游资源分类、调查与评价》（GB/T 18972—2017）中，人文活动类旅游资源主要包括HA人事活动记录和HB岁时节令2个亚类5个基本类型，详见表4-5。

表4-5 人文活动类旅游资源的类型

主类	亚类	基本类型		简要说明
H人文活动	HA 人事活动记录	HAA	地方人物	当地历史和现代名人
		HAB	地方事件	当地发生过的历史和现代事件
	HB 岁时节令	HBA	宗教活动与庙会	宗教信徒举办的礼仪活动,以及节日或规定日子里在寺庙附近或既定地点举行的聚会
		HBB	农时节日	当地与农业生产息息相关的传统节日
		HBC	现代节庆	当地定期或不定期的文化、商贸、体育活动等

人文活动类旅游资源强调在人类文化的影响下,人类文化行为的过程性和传承性。它包括人在自然环境下的文化行为、民风民俗、社会风情、文化艺术等。

1. 民俗风情旅游资源

(1) 地方风俗

地方风俗与民间礼仪是指地方性的习俗和风气,如待人接物礼节、仪式等。中国有56个民族,在长期的历史发展进程中,各民族在特有的自然和社会经济条件下形成了具有自己鲜明特色的传统习俗。即使同一民族,也会因地域差异而具有不同的风土人情。因此,民俗文化具有民族性和地域性的特征。比如,同样是农业生产民俗,流行于新疆喀什塔什库尔干塔吉克自治县的塔吉克族引水节和播种节,与四川都江堰放水节就有很大的差异。再如,端午节是我国最大的传统节日之一,流传遍及全国各地,主要分布于广大汉族地区。此外,壮、布依、侗、土家、仡佬等少数民族也过此节。即使是汉族,也因地域不同而出现了屈原故里端午习俗、西塞神舟会、汨罗江畔端午习俗、苏州端午习俗等具有鲜明地方特色的基本类型。

【4-15拓展视频】

(2) 民间礼仪

中国作为东方文明古国和东方文化的发源地,素有"礼仪之邦"的美誉,数千年文化的深厚积淀,形成了丰富多彩的人生礼仪。人生礼仪是人在一生中几个重要阶段上所经历的不同的仪式和礼节,主要包括诞生礼仪、成年礼仪、结婚礼仪和丧葬礼仪。此外,标志着进入重要年龄阶段的祝寿仪式和一年一度的生日庆贺活动,也可视为人生礼仪的内容。伴随着人生不同阶段礼仪的有许多一般性的或奇特的风俗,它们共同构成了人生礼仪民俗。比如在交际礼仪方面,各民族均有一套本民族特有的礼仪礼节。例如,汉民族待客多杀鸡杀鸭,买酒买肉;壮族设鸡宴招待贵宾,敬交杯酒;苗族迎宾放鞭炮、吹芦笙、敬牛角酒;藏族向客人献哈达、敬青稞酒和酥油茶;哈萨克族以羊头敬客;侗族则以"拦门酒"迎宾等,尽皆隆重热烈,妙趣横生。

(3) 民间演艺

民间演艺是指民间各种表演方式，主要包括民间口头文学、民间音乐和舞蹈、民间戏剧与曲艺、民间竞技与游戏等内容。一般而言，民间演艺活动有很强的娱乐性和群众性。而"娱"正是旅游六大要素之一，丰富多彩的民间娱乐活动能满足旅游者求乐、求娱的心理需求。我国各民族的民间演艺活动异彩纷呈，有些民间演艺形式影响巨大，入选联合国教科文组织"人类口述和非物质遗产代表作"。例如，昆曲、中国古琴艺术、新疆维吾尔木卡姆艺术、蒙古族长调民歌。

【4-16拓展视频】

(4) 民间健身活动与赛事

民间健身活动与赛事是指地方性的体育健身比赛与竞技活动，如山东潍坊、广东阳江的风筝节，湖北秭归、湖南岳阳、汨罗等地的赛龙舟，蒙古族的那达慕，哈萨克族的叼羊、姑娘追等。民间竞技是一种以竞赛体力、技巧、技艺为内容的娱乐性活动。"争强斗胜"是民间竞技的主要特征。"竞"是比赛、争逐的意思；"技"则是指技能、技艺或技巧。民间竞技活动主要包括三大类，即赛力竞技、赛技巧竞技和赛技艺竞技。

(5) 庙会与民间集会

庙会与民间集会是指在节日或规定日子里，于寺院附近或既定地点举行的聚会活动，聚会期间会进行购物和文体活动。庙会起源于寺庙周围，所以叫"庙"；由于小商小贩们看到烧香拜佛者甚多，故在庙外摆起各式小摊赚钱，逐渐成为定期活动，所以叫"会"。久而久之，"庙会"演变成了如今人们节日期间的娱乐活动。早期庙会仅是一种隆重的祭祀活动，随着经济的发展和人们交流的需要，庙会就在保持祭祀活动的同时，逐渐融入集市交易活动。这时的庙会又得名为"庙市"，成为中国市集的一种重要形式。随着人们多种需求的出现，又在庙会上增加了娱乐活动。当然，各地区庙会的具体内容各有千秋，各有浓厚的地域特色。例如，北京的妙峰山庙会、厂甸庙会、地坛庙会、白云观庙会，安徽九华山庙会，江西南昌绳金塔庙会，广州波罗诞庙会等。

2. 节庆旅游资源

(1) 旅游节

旅游节是指定期和不定期的旅游活动的节日。旅游业的文化内涵特别丰富，同时其经济属性也非常明显，因此应当使两者有机地统一起来。从文化入手，才能达到理想的经济效益；运用经济手段，才能使得理想的文化目的有可能变成现实。事实上，节庆既是民族精神的一种释放，就像一桌全民享用的"文化盛宴"，也是产业发展动机的一种激发。如今的节庆，在世界上被纳入大型"活动管理"的范畴而进行产业化、市场化运作，已成为世界性的大趋势。

> **知识链接**
>
> ### 丰富多彩的旅游节日
>
> 中国旅游节事活动内容丰富、名目繁多，大致可分为以下五种类型：
>
> (1) 以行政区划命名的旅游节，如湖南旅游节、北京国际旅游节、上海旅游节、昆明国际文化旅游节、黄山国际旅游节、扬州烟花三月国际经贸旅游节、武汉国际旅游节、泉州旅游节、巢湖旅游节等。
>
> (2) 以名人命名的旅游节，如伏羲文化旅游节、虞舜文化旅游节、曲阜孔子修学旅游节、孙子文化旅游节、诸葛亮文化旅游节、徐霞客国际旅游节、陈靖姑民俗文化旅游节、湄洲妈祖文化旅游节、澳门妈祖文化旅游节、曾国藩文化旅游节、牛郎织女文化旅游节等。
>
> (3) 以特有的自然景观命名的旅游节，如元阳哈尼梯田旅游节、长春冰雪旅游节、哈尔滨国际冰雪节、林芝杜鹃花旅游节、安顺油菜花旅游节、罗平油菜花旅游节、钱江（海宁）观潮节等。
>
> (4) 以特有的民俗风情或地域文化命名的旅游节，如青海民族文化旅游节、查干湖蒙古族民俗旅游节、端午文化旅游节、河洛文化旅游节、齐文化旅游节、阿里象雄文化旅游节、三平祖师文化旅游节。
>
> (5) 以景区（点）命名的旅游节，如丝绸之路国际旅游节、桂林山水旅游节、三峡国际旅游节、大同云冈恒山旅游节、太姥山文化旅游节、红枫湖旅游节、青岛金沙滩文化旅游节、若尔盖草原旅游节等。

(2) 文化节

文化节是指定期和不定期的展览、会议、文艺表演活动的节日。文化节基本上可分为以下四种类型。

① 以名人命名的文化节，如济宁国际孔子文化节、曲阜国际孔子文化节、老子文化节、西施文化节、昭君文化节、临沂书圣文化节、朱子文化节、普陀山南海观音文化节。

② 饮食文化节，如中国豆腐文化节、舟山海鲜美食文化节、上海国际茶文化节、广州国际茶文化节、中国宁波国际茶文化节、信阳茶文化节、中国仪征茶文化节、永州茶文化节、崂山茶文化节、杭州国际酒文化节、西安国际酒文化节、沈阳国际酒文化节、南京国际酒文化节、泉州酒文化节、新疆石河子国际酒文化节、中国少数民族酒文化节。

③ 以地域特产命名的文化节，如平湖西瓜灯文化节、湖州国际湖笔文化节、湘潭湘莲文化节、月饼文化节。

④ 以历史文化或地域文化命名的文化节，如红山文化节、殷商文化节、水浒文化节、中国海洋文化节、鄂尔多斯文化节、中国芷江国际和平文化节、中国南山长寿文化节、山南雅砻文化节、日喀则珠峰文化节。

(3) 商贸农事节

商贸农事节是指定期和不定期的商业贸易和农事活动的节日。例如，吐鲁番葡萄节、南京江心洲葡萄节、青岛大泽山葡萄节、安徽固镇花生节、河北黄骅冬枣节、北京大兴西瓜节、深圳南山荔枝文化旅游节、广西田东芒果文化节、吉林查干湖冰雪捕鱼节、云南罗平油菜花节、青海门源油菜花节、贵州安顺油菜花旅游节、北京密云农耕文化节、无锡国际农业节、广东澄海赛猪节。

(4) 体育节

体育节是指定期和不定期的体育比赛活动的节日。体育节事产业和旅游业同属于朝阳产业，在人们日常休闲文化日趋多元化的今天，体育节事与旅游交叉的部分已经占据了相当大的比重。随着我国人民生活水平的不断提高，闲暇时间和可支配收入的增加，都使得作为高弹性服务产品的体育节事具有越来越重要的旅游价值。

体育节事旅游主要包括体育节庆旅游、体育赛事旅游、体育会展旅游等。良好的体育节事旅游活动的体验主题，将会给旅游者留下深刻的印象，产生持久的美好记忆。作为我国快速发展的体育旅游的一个重要分支，体育节事旅游正在逐渐广泛地开展起来。例如，中国银川国际汽车摩托车旅游节、武汉国际赛马节、环青海湖国际公路自行车赛、青海国际抢渡黄河极限挑战赛、青海高原国际攀岩赛、香港国际武术节、城市马拉松等。

 知识链接

国际马拉松赛——向世界展示兰州文化

兰州国际马拉松赛创办于2011年，是由中国田径协会、甘肃省体育局、兰州市人民政府共同主办的一项赛事。该赛事是甘肃省（兰州市）组织的规模最大、参赛人数最多的国际体育赛事。

兰州国际马拉松赛比赛线路设在兰州市多年精心打造的城市名片"黄河风情线"沿线，沿途景色优美：观光长廊、"生命之源"水景雕塑、黄河母亲雕塑、西游记雕塑、平沙落雁雕塑、百年中山桥、白塔山、黄河音乐喷泉、人与自然广场、龙源园、体育公园、水车博览园、春园、夏园、秋园、冬园、湿地公园、银滩公园、百合公园等沿河景观，充分展示了西部夏都的风采。此赛事将马拉松挑战自我、超越极限、坚韧不拔、永不放弃的精神与奔腾不息的黄河文化相融合，可以让参赛运动员在奔跑过程中感受黄河文化的无限魅力，领略黄河沿岸所特有的自然生态景观。

【4-17拓展视频】

兰州国际马拉松赛创办以来，赢得了社会各界的广泛赞誉，被评为"最佳马拉松赛事"和"中国田径协会马拉松金牌赛事"，并升格为全国积分赛。赛事综合效应不断显现：一是极大提升了城市的知名度和影响力，加快了"让兰州走向世界、让世界了解兰州"的步伐；二是集中展示了黄河文化和城市魅力，让运动员和观众感受到"如兰之州、如家之城"的城市魅力；三是激发了市民的自豪感和荣誉感，这种感情正积极转化为加快城市发展的精神动力，影响着城市的文明进步和发展进程；四是高效聚集了各类经济要素，给兰州发展带来了人流、物流、信息流、资金流，形成了一场前所未有的"兰州热"；五是显著提升了兰州的社会关注度，兰州国际马拉松赛以其空前的视觉冲击力，引起了新闻媒体和市民网民的广泛称赞和热议。

(5) 民间节庆

民间节庆是指民间传统的庆祝或祭祀的节日和专门活动。我国民族众多，民族传统节日特别丰富，例如，春节、清明节、端午节、七夕节、中秋节、重阳节、京族哈节、傣族泼水节、锡伯族西迁节、彝族火把节、景颇族目瑙纵歌节、黎族三月三节、鄂伦春族古伦木沓节、瑶族盘王节、壮族蚂𧊅节、仫佬族依饭节、仡佬族毛龙节、羌族瓦尔俄足节、瑶族耍歌堂、壮族歌圩、苗族系列坡会群、苗族鼓藏节、苗族姊妹节、水族端节、布依族查白歌节、独龙族卡雀哇节、怒族仙女节、侗族萨玛节、傈僳族刀杆节、塔吉克族引水节和播种节、土族纳顿节、藏族雪顿节、白族绕三灵、毛南族肥套、蒙古族祭敖包。在众多的节庆活动中，还有一些大型祭祀性的节庆活动，例如，黄帝陵祭典、炎帝陵祭典、成吉思汗祭典、祭孔大典、妈祖祭典、太昊伏羲祭典、女娲祭典、大禹祭典。

 知识链接

侗族花炮节

每年的三月初三是广西壮族自治区三江侗族自治县富禄乡传统的花炮节。随着社会生活的不断发展，如今的花炮节已不仅是传统意义上的花炮节了，也已成为依托传统节日的物资流、信息流、游客流等的交汇点。

侗族地区关于花炮节起源的传说很多，各地版本是各有其宗，也无法考证。来到富禄乡，便有人说这花炮节与三国时期的诸葛孔明有关，老人们说当时孔明带兵西征驻扎在这里，把火药制法传进来，并用于生产、狩猎中，同时还将古老的灌溉工具水车传给了这些夜郎王国的先民。至今，融江两岸还有很多"吱吱呀呀"日夜转动发挥抗旱作用的水车。相传诸葛亮为了让山里寨与寨之间加强团结，用抢花炮这一竞技项目让人们相互交往、增进友谊。侗族抢花炮习俗也就这样流传下来。

据三江侗族自治县志记载，富禄花炮节有史记载是从清光绪三年（1877）开始的，已经有些历史了。花炮节主要内容是抢花炮。花炮由一铁筒制成，内装火药，炮口放一直径4厘米、用丝线包扎的彩色铁环，铁炮放在鼓楼场中央，举行简单仪式后，即下令点燃花炮，一声巨响，铁环飞向高空，双方队员争先恐后去抢。当铁圈落地时，人们便按传统比赛规则奔跑冲撞、争抢铁圈，场面异常火爆刺激，被称为"东方的橄榄球"。场上允许挤、抢、护、拦、传，但不能有伤人动作。能够将铁环送上主席台一方为胜。花炮一般一场三炮，也有五炮或更多的。老人们认为一炮福禄寿喜，二炮升官发财，三炮人丁兴旺。所以每一炮双方都会拼命抢夺。花炮节是侗乡最热闹的节日之一，每到节期，方圆几十里的各族群众都来参加，任何村寨都可以组织抢炮队。比赛不限时，以将铁圈交到指定地点的为胜方，三炮两赢的一方获得最后胜利。

4.4.3 人文活动类旅游资源的特点

1. 非物质性

非物质性是人文活动类旅游资源的最主要特征，这是它与其他七个旅游资源主类的显著区别。人文活动类旅游资源的非物质性表现在两个方面：其一，一般不存在物质载体，属于意识遗产的范畴，比如事件、民间习俗。即使个别类型具有物质载体，比如文艺团体、特色服饰，但是资源的吸引力不在于其物质性，而在于物质载体所隐含的文化特征。其二，主要旅游吸引力不在于其外在形式，而在于其文化属性。因而，对这类旅游资源的欣赏，需要具备相关的文化背景知识，否则无法领略其内在的魅力，这一点与其他多数旅游资源是通过形成视觉冲击力来吸引旅游者的情况不同。

2. 民族文化性

无论是社会风情，还是社会艺术、人物事件、民间活动，都是归属于一定的民族。并非所有的人文活动都属于旅游资源的范畴，只有那些民族文化内涵突出，具有显著民族特色的才能对他乡旅游者构成吸引力。而且民族文化性的特点越明显，其吸引力就越大。因而，民族文化性成为人文活动类旅游资源的又一个显著特点。

3. 地域性

地域性是指人文活动类旅游资源的地区差异性。不同的民族由于自然地理环境的不同，历史文脉的差异，各地各民族的习俗、活动方式、饮食、服饰等具有很大的区别。如在中国的饮食习俗中，南鱼北肉，南米北面，南甜北咸，表现出强烈的地域差异。民族文化的形成总是依托一定的地域空间，因此人文活动类旅游资源具有鲜明的地域分异规律和特征。地域民俗的魅力首先在于它是独有的；其次在于它所创造的民俗环境和民俗气氛，这种环境和气氛是在任何其他地域中无法创造的。

新疆石河子民俗风情园

4. 多样性

人文活动类旅游资源的多种存在形式和地域分异规律，决定了它必然具有多样性特点。一方面，中华民族5000多年的发展历史连续而没有中断，积淀了浓厚的文化底蕴。从饮食到起居，从服饰到装饰，以及各种文化活动广阔而深厚，可谓包罗万象，形式多样。另一方面，我国56个民族的大家庭，从南到北，从西到东，跨度达数千里，导致不同地区的方言、风俗、饮食、服饰等，千差万别，使人文活动类旅游资源更加丰富多彩。

5. 体验性

旅游者在对自然和其他人文旅游资源观赏时，可观、可闻、可触、可感，但不能成为其中的一员去参与美的创造。人文活动类旅游资源除了可以通过实物展示文化活动过程，向游客展示生动、独特、新奇、神秘、有趣的文化内涵，游客还能够参与进去，感受活动气氛，获得亲身体验，留下深刻印象。在西双版纳，每年泼水节到来之际，国内外游客蜂拥而至，主要的目的是参与盛大的泼水活动。在那三天里，所有的人都可以提着桶、端着盆，见水就舀，见人就泼，极尽欢娱。人文活动类旅游资源的开发，关键在于活动过程的组织，在于提供给旅游者的活动过程设计，在于可参与程度及体验性。

4.4.4 人文活动类旅游资源的功能

1. 跨文化交际与文化传播功能

人文活动类旅游资源的民族文化性特点，决定了人文活动类旅游有利于区域文化的传承、传播和发展。人文旅游是涉及不同国家和地区、不同民族和信仰以及不同生活方式的人们之间的直接接触与跨文化交流，有助于增进相互了解和理解，增强国际和平友好关系，因而客观上具有"民间外交"的效应。人类学家麦肯说，旅游是人类试图去了解他者的一种强烈、深刻的渴望，由此来了解自我。在旅游活动中，一方面，旅游者通过跟目的地居民的接触，调动自己全部的感官、知识与知觉，倾心体会访问社区的自然与文化元素，主动认知自身与外来的差距，并积极在各个方面提升自我素质、展示其文明程度和文化内涵。而旅游者体验一个地区的民风民情，就不可避免地受到该文化的熏陶和感染，其价值观念和行为准则也就必然会带有该文化的烙印。另一方面，旅游者也会成为社区居民在旅游活动中进行观察、接触、感知体验的一部分，其思想文化、道德素养、社会责任、情感表达、生活方式、礼仪礼貌等都会在主客交流中得到自然的展现而被居民所感知。同时社区居民也能够更加主动地维护社区的形象，广泛地传播当地文化。

2. 休闲与参与体验功能

休闲是人们对体力和精力的一种调整，是人们个性化的一种充分展现，也是人们文化知识的一种补充方式。而人文活动中的体育赛事欣赏、民俗曲艺表演等内容是休闲的一种方式，现代人通过观览、参与这些人文活动，调养身心，提高素养。人文活动中的旅游节庆、饮食习俗、民族居所等都是游客能够直接参与其中的，能够满足游客的食、宿、娱的需求。例如，一项节庆可能会有数以万计的人参与相关活动，泼水节、歌舞表演等也能够吸引游客的参与。

本章小结

本章主要介绍了人文旅游资源的形成与特点。主要阐述了建筑与设施类、历史遗迹类、旅游购品类以及人文活动类旅游资源的形成、主要类型、特点及功能。其中旅游资源的主要类型及功能有较强的实践应用性，为本章的学习重点。通过本章，学生可学习各类人文旅游资源的相关知识，掌握主要类型旅游资源的特点和功能，并通过相关案例学习，从感性上把握其发展规律特点，并能最终结合各种具体的实地旅游景观，把握各种类型的人文旅游资源。

复习思考题

一、填空题

1. 历史遗迹旅游资源主要有＿＿＿＿功能、＿＿＿＿功能和＿＿＿＿功能。
2. 世界园林分＿＿＿＿、＿＿＿＿、＿＿＿＿三大派系，其中＿＿＿＿的典型代表是中国园林。
3. 我国宗教旅游资源主要包括＿＿＿＿、＿＿＿＿、＿＿＿＿和＿＿＿＿等宗教类型的旅游资源。

二、不定项选择题

1. 下列选项中不属于建筑与设施类旅游资源的特点的是（　　）。
   A. 鲜明的时代特征　　　　　　B. 独特的地域风貌
   C. 优良的生态环境　　　　　　D. 浓郁的场景氛围

2. "白如玉，明如镜，薄如纸，声如磬"是指（　　）。
   A. 景德镇陶瓷　　　　　　　　B. 新疆和田玉
   C. 福州脱胎漆器　　　　　　　D. 景泰蓝

3. 下列属于我国八大菜系的是（　　）。
   A. 鲁菜、苏菜、川菜　　　　　B. 浙菜、徽菜、湘菜
   C. 豫菜、鄂菜、京菜　　　　　D. 粤菜、闽菜、沪菜

4. 下列属于民俗风情旅游资源的是（　　）。
   A. 民间健身活动与赛事　　　　B. 地方习俗与民间礼仪
   C. 庙会与民间集会　　　　　　D. 宗教活动

三、简答题

1. 结合实例，分析历史遗迹旅游资源的特点及旅游功能。
2. 针对你所熟悉的建筑与设施旅游资源撰写一篇导游词，并进行模拟导游讲解。

四、案例分析题

长城国家文化公园与中华文化

2019年7月24日，中央全面深化改革委员会会议审议通过《长城、大运河、长征国家文化公园建设方案》，是推动新时代国家文化繁荣发展的重大文化工程。国家文化公园由我国首创，是对国家公园体系的创新，也是中国在遗产保护领域对国际社会作出的重要贡献。国家文化公园的建设有别于以往点、块、面的建设模式，是建立以线性文化遗产为标志的廊道型文化公园，无论长城、大运河、长征，还是黄河、长江，都具备这个特征。对核心文化价值和文化遗产的强调、保护以及开发再利用是国家文化公园的特色之一。

长城是我国现存规模最大的文化遗产，是中华民族的精神象征，在中华文明史和中华传统文化发展史上具有不可替代的重要价值与地位。1987年，长城被联合国教科文组织列为中国首批世界遗产名录。长城从其修建，到长城儿女历世历代的奋斗，都体现了中华民族自强不息的奋斗精神。它在古代不仅是军事防御设施，还是人工设施与自然环境相融合的文化景观。长城国家文化公园是按照中央全面深化改革委员会会议审议通过的建设方案建设的国家级景观，是整合长城沿线15个省区市文物和文化资源，按照"核心点段支撑、线性廊道牵引、区域连片整合、形象整体展示"的原则构建总体空间格局，着力打造的弘扬民族精

【4-18拓展视频】

神、传承中华文明的重要标志。建设长城国家文化公园，对长城实施公园化管理运营，实现长城文化的保护传承利用、文化教育、公共服务、旅游观光、休闲娱乐、科学研究功能，形成具有特定开放空间的公共文化载体，集中打造中华文化重要标志，让历史说话、让文化说话。在当代，长城的功能发生了改变，不再是防御系统，但仍然是生产生活和文化景观，而防御系统的历史价值，则会转化为阐释与展示的文化意象出现在文旅产业中。长城已经是世界级的IP，利用好这个大IP将带动长城沿线的经济社会综合发展。

总之，长城国家文化公园是一定时空中文物和文化旅游资源的系统集合体，是人文旅游资源开发利用延伸的具体形态。建设好长城国家文化公园是新时期的战略性文化工程，也是中华文化的重要标识和中华文明的具体见证。这不仅是延续中华民族文化根脉的重大举措，还是推动文化和旅游高质量发展、探索文物和文化资源保护传承利用的新路径。长城国家文化公园在讲好中国故事的同时，在建设实践中也将逐步探索处理好局部与整体的关系，为世界文化遗产的保护和利用提供中国智慧和中国方案，对中华民族伟大复兴具有重要意义。

请思考

你认为长城国家文化公园旅游资源有什么特征？在建设国家文化公园的过程中需要注意哪些问题？

Chapter 5 旅游资源审美

学习目标>
- 熟悉旅游资源审美历程
- 掌握各类旅游资源的审美特征
- 把握旅游资源审美原理
- 提升自身旅游审美潜能

知识结构>

旅游资源审美
- 旅游美学与旅游资源审美
  - 旅游与审美
  - 旅游美学与旅游资源美学的关系
  - 旅游资源审美的实践意义
- 旅游资源审美历程
  - 审美意识的产生、自然山水崇拜时期
  - 审美意识的觉醒、崇尚山水游时期
  - 旅游审美的昌盛时期
  - 旅游审美的稳步发展时期
  - 旅游审美视角的多元化时期
- 旅游资源审美特征
  - 自然旅游资源审美特征
  - 人文旅游资源审美特征
- 旅游资源审美原理
  - 提高审美能力
  - 掌握审美方法
  - 把握观赏距离、时机和位置

导入案例

"大美青海"美在哪儿？

青海省境内山脉高耸，地形多样，河流纵横，湖泊棋布，旅游资源丰富，类型众多。近年来，青海省大力塑造了"大美青海"的旅游品牌，并通过了国家市场监督管理总局商标局的商标注册，极大地推动了旅游业的发展。2022年1月至3月，青海省文化和旅游厅相继在北京、上海、吉林、河北等大型客源地市场投放以"大美青海，生态之旅"为主题的旅游广告，邀请各地游客到青海做客，欣赏大美青海。并且，《大美中国·春天的青海》宣传片也轮番在CCTV9、央视新闻、学习强国客户端、新华网客户端、央视频等王牌栏目中播出。

"大美青海"LOGO

青海省素来以其纯净、雄奇的高原风光，吸引来自全国各地的游客。此次大美青海旅游宣传片，用更加美观、新意的画面，以"青海蓝"为主展示青海生态之美，主要内容如下。

1. "青海蓝"——蓝天、湖水之美

青海湖，地处青藏高原东北部，这里地域辽阔，草原广袤，河流众多，水草丰美，环境幽静。湖的四周被四座巍峨高山环抱：北面是雄浑壮丽的大通山，东面是巍峨雄伟的日月山，南面是逶迤绵绵的青海南山，西面是峥嵘嵯峨的橡皮山。这四座大山海拔都在3600米至5000米之间。举目环顾，犹如四道高高的天然屏障，将青海湖紧紧环抱其中。从山脚到湖畔，则是广袤平坦、苍茫无际的千里草原，而烟波浩渺、碧波连天的青海湖，就像是一盏巨大的翡翠玉盘平嵌在高山与草原之间，构成了一幅山、湖、草原相映成趣的壮美风光和绮丽景色。

【5-1拓展视频】

2. "青海绿"——草山、草原之美

金银滩草原，位于青海省海晏县境内。它的西部同宝山与青海湖相邻，北、东部是高山峻岭环绕，南部与海晏县三角城接壤。金银滩草原方圆1100平方千米，麻皮河和哈利津河宛如两条银色的丝带贯穿其中，为草原增添了无尽的生机与活力。

3. "青海白"——雪山、白云之美

尕朵觉悟，位于青海省玉树州称多县尕朵乡，是玉树人自视为其守护神的千古名山。它和西藏冈仁波齐、云南梅里雪山、青海阿尼玛卿山并称藏传佛教四大神山。整个尕朵觉悟是由一系列千姿百态的山峰组成的群山体，主峰海拔5470米，平均海拔4900米。

其主峰山势雄伟、险峻，其他山峰则十分象形，奇特的山形似鬼斧神工，具有一种粗犷的雄性美。

4. "青海金"——油菜花海之美

门源油菜花海，是世界最大片的高原油菜花海，也是中国最美丽的油菜花海之一。盛夏季节，金黄色的油菜花临风摇曳，花香沁人心脾。东西向的长川，平畴如织，阡陌纵横，是一派高原特色的田园风光。门源油菜花海是青海最大的油菜基地，金灿灿的油菜花，冠以这里"门源油，满街流"的美誉，将其推至中国北方小油菜基地和全省蜂产品重地的显赫位置。每年仲夏7月，门源县都要举行隆重热烈的油菜花节。以芬芳醉人的油菜花为媒，"文化搭台，经济唱戏"，届时游人如织，四方商贾纷至沓来，一项项新的建设蓝图由此绘就。

门源油菜花海

5. "青海红"——丹霞风光之美

青海省海南藏族自治州的贵德县境内，分布着总面积约400平方千米、形成于1亿2千万年前的丹霞地貌。如今，贵德丹霞已形成一道独特风景，享有"天下丹霞贵德艳"的美誉。丹霞地貌在贵德有数处，而最著名的是阿什贡峡。阿什贡峡地处黄河北岸，两侧山峦夹峙，高耸入云，红的似火，青的如黛。山崖经亿万年的风沙侵蚀，形态各异，有的似老人久经风霜的面孔，有的似取经路上的唐僧师徒，还有多种动物造型，各种形状鬼斧神工、浑然天成、惟妙惟肖、耐人寻味。

💡 **案例思考**

大美青海，到底美在哪？试从旅游审美视角对青海自然生态资源的旅游功能及其旅游开发价值方面进行分析。

5.1 旅游美学与旅游资源审美

旅游资源审美，是指作为主体的旅游者对作为客体的旅游资源进行观察、鉴赏、审美和评价，从而得到感官上、情绪上和心灵上的愉悦和满足。美学家叶朗曾说过："旅游，从本质上说，就是一种审美活动，离开了审美，还谈什么旅游？旅游涉及审美的一切领域，涉及审美的一切形态。旅游活动就是审美活动。"人们对美的追求贯穿于吃、住、行、游、购、娱等一切旅游活动的过程中。因此，衡量旅游资源开发和旅游业经营成败的关键在于是否挖掘出了旅游资源所包含的美，是否充分体现了旅游资源的美学价值。

5.1.1 旅游与审美

作为人类最基本的活动之一，审美活动会使人们产生愉悦的心情，感触唯美的境界，达到感情的升华，从而丰富人生的经历。审美不只是人类感观上的满足，更是心理和精神上的升华。旅游从宏观上讲是一种以空间移动、物质消费和文化娱乐为主要外在形式的社会经济文化现象。但从具体内容和本质意义上看，旅游则是一项集自然美、艺术美和社会生活美之大成的综合性审美实践活动。从总体上看，旅游使大众审美活动成为可能，有助于提升大众文化的审美水平，有助于提高人类的生活质量，有助于人的全面发展。

【5-2拓展视频】

人们外出旅游总是带着美好的愿望去游名山大川，看沧海变幻，观名人胜迹，赏风花雪月，发思古之幽情。然而通过旅游，个体对美如何评说，能达到怎样的审美程度，这由四个基本要素构成。

一是审美感知，这与不同个体的生活经历、阅历、喜好、修养、知识水平都有密切关系。面对同一景观，不同的旅游者因出发点不同、审美角度不同，会造成知觉结果的不同。二是审美想象。审美想象是审美主体所具有的能使审美活动顺利展开的一项重要的能力，又叫审美想象力。审美想象力是主体在长期的审美实践活动中生成的一种审美能力，这是可以让旅游审美充分发挥作用、使旅游景观更加丰富多彩、使旅游产品品位升华的重要因素。三是审美理解。这是在感知基础上领悟自然事物的意味或艺术品内容和意义的一种能力，审美理解运用的是形象（意象）思维。游客若不能对审美对象的象征意义、题材、典故、技法、技巧、程式等透彻理解，就难以理解美之所在，特别是对自己陌生和不熟悉的景观。如在苏州园林游览，得有一定的园林知识，掌握审美要点，才能感受园林艺术美的真谛和它的精妙之处。四是审美心态。从审美角度看，旅游者想在旅游中获得好的审美效果，应该主动调整心态。有时必须保持与现实有一定距离感的审美心态，有时必须拉近与现实的距离，以达到最佳审美的"心理距离"，创造无限美的意境。这些要素互为基础、相互作用构成了审美经验，最终形成了审美观。

5.1.2 旅游美学与旅游资源美学的关系

旅游美学是美学的分支，同饮食美学、服装美学、雕塑美学等共同构成了实用美学。旅游美学具有很强的实用性，研究对象复杂而具体，审美活动范围相当广泛（涉及整个旅游运作系统的方方面面）。旅游美学研究的目的在于，通过在物质的东西中增添精神的内容、在功利的东西中增添超功利的内容，带动旅游运作系统对自身功利性进行超越，最终使旅游者体会到的不仅仅是旅游提供的生理需要的低层次满足，而且还带给人们更高的精神层面满足的审美享受。旅游审美活动促成社会经济文化的生成、传播和转化。旅游美学研究的意义，在于促进旅游业经济效益和旅游者精神效益的双重提升，从而推动社会物质文明和精神文明的整体协调发展。

旅游资源美学是旅游美学的一个分支，它针对旅游运作系统的资源分系统进行研究。旅游资源美学是一门研究旅游资源审美活动及其规律的学科，旅游资源审美活动是指旅游者对旅游资源进行美学意义上的感知、体验、认同和联想，从而得到感官上、情绪上和心灵上愉悦和满足的过程，这也是一个内涵丰富、全方位、多角度、立体式的审美过程。我国旅游资源审美大致经历了审美意识的产生时期、自然山水崇拜时期、审美意识觉醒时期、崇尚山水时期、旅游审美的昌盛时期，现已达到旅游审美的稳步发展及旅游审美视角的多元化时期。自然科学的发展在很大程度上推动着旅游美学从自然美学向科学美学过渡，旅游资源美学日益与自然科学和人文科学相互渗透，紧密联系在一起。自然旅游资源审美包括对地质、地貌、水文、气象、气候、生物等的研究；人文旅游资源审美包含对历史、民俗民情、文学艺术、建筑园林等的考察。

5.1.3 旅游资源审美的实践意义

旅游资源审美是集自然美、艺术美、社会美和生活美为一体，涉及自然山水、历史文化、民俗风情、文物古迹、建筑园林、雕塑篆刻、绘画书法、音乐舞蹈、戏剧电影、烹饪美食等诸多领域，包含柔、刚、壮、雄、奇、秀等一切审美形态的综合性的审美实践活动，有益于满足人们从生理到精神等不同层次的审美需求。因此旅游资源审美在净化心灵、陶冶情操、启迪智慧、开拓思维、强化旅游资源保护意识等方面具有重要的实践意义。

1. 净化心灵、陶冶情操

旅游资源审美以一种潜移默化的方式影响着人们的情感、道德、信念、意志，自然而然、没有强迫，在不知不觉中把个人的感性冲动、生理欲望、情绪意志等纳入审美形式中，心悦诚服地接受情感的规范和引导，从而使心灵得到净化，使冲动得到调控，达到一种超越功名利禄的审美境界。弗洛伊德说：生活中的幸福主要来自对美的享受，我们的感觉和判断究竟是在哪里发现了美呢？人类形体的和运动的美，自然对象的美，风景的美，艺术的美，甚至科学造物所展现的美。为了生活的目的，审美态度在一定程度上抵御了痛苦的威胁，并为我们提供了大量的补偿。美的享受具有一种感情的、特殊的、温和的陶醉性质。美没有明显的用处，也不需要刻意的修养，但文明不能没有它。我国南北朝时梁代文学家吴均在《与朱元思书》中描写的富春江上的景色"鸢飞戾天者，望峰息心；经纶世务者，窥谷忘反"说明了对自然山水的流连忘返。置身其中能够让人脱离红尘烦扰，淡泊名利野心，从而得到性情的陶冶、身心的愉悦和精神的振奋。

2. 启迪智慧，开拓思维

在旅游资源审美过程中，可以获取知识、积累经验，达到启迪智慧、开拓思维的功能。无论是自然美还是人文美，都是人类在创造性的想象和联想的基础上逐步形成的。通过旅游审美实践，使人们在发现自然界丰富、深刻的美时逐渐变得富有创造性，从中获得某种智力领悟。自然美对人的思维、言行的熏陶和影响十分重要。通过旅游资源审美，人类在获得历史文化、山川地理、民俗风情、江河湖海、鸟飞虫鸣、建筑园林等方面知识的同时，通过摄影、写生、绘画、写游记、诗文等形式，使人类的审美感受更加艺术化，审美情感得到升华。例如，美国的自由女神像、中国的万里长城以及埃及的金字塔等，这些杰出的人文资源，无不凝结着民族精神，集中体现了人类的智慧。对它们的审美，可以把旅游者带回到历史中去，从而产生一种与历史距离的超越，使旅游者得到教育并受到启发和鼓舞，同时可以拓展知识面，启迪智慧，从而得到心灵上的满足。

3. 强化旅游资源保护意识

旅游资源审美活动中，游客在观看名胜古迹时，可以感受历史文化的意味、民族风土人情的演进和时代的变迁；欣赏名山大川时，可以体验自然的鬼斧神工，想象沧海桑田的变化；观赏动植物旅游资源时，可以体验自然生物的多样性，想象自然物种的起伏兴衰，从而感受自然创造生命的神奇过程，汲取人类生存的意义。通过耳濡目染和亲身投入到审美实践之中，经过对山水景观的崇高、柔美、豁达、波折起伏、变幻莫测的感知，能够使旅游者心灵得到触动。让旅游者充分认识到旅游资源是旅游活动的前提和基础，旅游资源具有脆弱性和不可再生性的特点，从而较好地激发起旅游者尊重历史、保护自然和人文资源的意识。同时让旅游者认识到保护生态环境、保护旅游资源的重要性和紧迫性，强化旅游者成为生态环境维护者的主人翁意识和责任感。

5.2 旅游资源审美历程

纵观我国数千年文明历史，我国旅游资源作为丰富多彩的文化成果或人们追求美的结晶，经历了一个漫长和不断发展的过程。从审美发展的历程来看，这一过程大致经历了审美意识的产生时期、自然山水崇拜时期、审美意识的觉醒时期、崇尚山水游时期、旅游审美的昌盛时期、旅游审美的稳步发展时期和旅游审美视角的多元化时期多个旅游审美阶段。

5.2.1 审美意识的产生时期

在人类社会出现以前，美所具备的社会属性还不存在，所以宇宙太空的万事万物，无所谓美丑，只是一些纯粹的自然存在，也就是说原始人还没有具备发现美、欣赏美的能力。西方美学家格罗塞在《艺术的起源》中说："原始装饰的效力，并不限于它是什么，大半还在它是代表什么。一个大洋洲人的腰饰，上面有三百条白兔子的尾巴，当然它的本身就是很动人的，但更叫人羡慕的，却是它显示了佩戴者为取得这么多兔尾巴必须具有的狩猎技能；原始装饰中有不少用牙齿和羽毛做成的饰品也有着同类的意义。"我国的人类学家通过对山顶洞人的研究发现：山顶洞人佩戴兽牙来装扮自己，以显示出他们的智慧和英雄气概。兽牙很有可能是当时被公认为英雄的那些人的猎获物。现在我们加工出售的羊角、牛角或动物羽毛等工艺品，在远古时期是作为庆祝丰收，预祝出猎满载而归而举行的祈祷仪式的重要法器。所以，只有当原始文明转入农耕文明之后，人们才开始感受到植物花卉的美丽，植物形象才被大量地描绘出来，并用于装饰，才初步产生了朦胧的美感。

5.2.2 自然山水崇拜时期

远古时代，在生产力水平低下和科学文化落后的情况下，原始人对日出日落、风雨雷电、惊涛骇浪、洪水猛兽、鸟兽鱼虫、生老病死等自然现象无法理解，他们一方面感到畏惧和神秘，另一方面对其赖以生存的自然环境富有强烈的依附性，因而逐渐形成了万物有灵的自然崇拜，且大部分延续至今。一些特别雄伟险峻、高不可攀的山峰，则被说成是登天的梯子或撑天的柱子，并把它们当作自然神加以崇拜。人们相信"天"是至高无上的，主宰一切。自然界中的日、月、星、辰、雷、电、风、雨和山川河流也都各有神明，支配着农作物的丰歉与人间祸福。所以自古以来，从封建帝王到州、郡、府、县的各级官员，以及黎民百姓都要建祭坛祭祀天地、祈风求雨。例如，甘肃武威雷台现存有明朝中期建造的一座高约十米的土台上的雷祖观。据后世文献记载，九州（古代中国之称）之内众多山川被视为神山神水而广受膜拜。其中，东、西、南、北、中"五岳"以及黄河、长江、淮水和济水"四渎"，均属古代中国主要的祭祀对象。

在山水崇拜时期，人的审美需要仍然伴随在人的生存需要、科学认识需要乃至自然崇拜需要之中，审美对象同时也是实践对象、认识对象和崇拜对象，而尚未上升到自觉的审美意识当中。因而，旅游资源与人之间的审美关系仍处于非独立的审美阶段，但这一阶段为纯粹审美活动的产生、旅游资源审美的发展奠定了基础。

武威雷台汉墓景区

5.2.3 审美意识的觉醒时期

据史料记载：昭王十二年，穆王欲肆其心，周游天下，将皆备有车辙马迹。当时的典籍中谈"游"的地方已经很多，日月星辰、山川树木已开始作为人的生活背景而获得了自身的审美意义。但是，当时的人们主要是以"比德"的观点去欣赏大自然的。

春秋以来，随着社会文化的发展，主体意识的觉醒，人们对山川从单一的原始崇拜逐步过渡到以"比德"为主要方式的审美评价。"比德"是中国山水审美中的一个显著特点，也就是将自然物的某些特征比附于人的道德、情操，使自然事物的属性人格化，人的品性客观化，虽然不是对自然美的直接欣赏，却使人们对自然美的感受已经同实用相分离。"知（智）者乐水，仁者乐山。知（智）者动，仁者静"的山水观，意味着水清则人明，水动则人慧；山稳则人厚，山静则人和，山惠则人仁的品质。王逸也在《离骚序》中指出："善鸟香草，以配忠贞；恶禽臭物，以比谗佞；灵修美人，以媲于君；宓妃佚女，以譬贤臣；虬龙鸾凤，以托君子；飘风云霓，以为小人。"当时的人们对那些远离人的功利需求的自然事物，如蓝天白云、晨露夕阳、名山大川、鸟兽虫鱼、鲜花绿草的欣赏，标志着人的审美意识已初步觉醒。

5.2.4 崇尚山水游时期

汉末之后的魏晋南北朝时期，人们对自然山水的欣赏已经开始摆脱"比德论"的束缚，而追寻纵情山水的"畅神"境界，欣赏山水本身千姿百态的美。

这一方面是由于当时人们摆脱了汉代"罢黜百家，独尊儒术"的思想支配，经历了战火连绵、灾祸层出的悲惨世界，北方外族南下侵略，统治政权摇摇欲坠，人心不稳，为逃避战乱而不断南迁的士族文人，在面对广袤浑厚的北方景致与婉秀幽静的南方山水时，顿感新奇，喜不自胜。于是，江南美丽的自然环境与充裕的物质条件，促发和生成了一种登临山水、畅神抒情的悠闲生活方式或隐逸之风。其代表人物谢灵运和陶渊明，他们那种追慕淡泊、平和与宁静的人生态度，以及那种浪迹于山水之中以求超越、解脱与怡情的审美趣味，对后世山水文学的发展与名山胜景的形成有着深刻的影响。

另一方面是由于当时道教的盛行与佛教的兴起，对以自然山水为主调的景观的形成也产生了不可忽视的作用。无论是道教还是佛教，出于教义之需要，争相占据名山大川以建观筑寺，想借天地万物或仙山佛界来修身养性，以便得道成仙或悟禅成佛。一句"南朝四百八十寺，多少楼台烟雨中"（杜牧）就是当时情景的生动写照，概括性地反映出了佛教流行的盛况。那些热爱名山大川，寄情于山水的诗人、画家、士人、官宦、僧人和道士们常常集结于名山大川之间，欣赏山水、空谈玄理、吟诗作画、建设寺观、参禅悟道，说明了当时人们欣赏自然山水的风潮。

5.2.5 旅游审美的昌盛时期

隋唐时期，由于经济繁荣，我国古代的旅游活动逐渐被推向高潮。为了满足隋炀帝巡游观光的需要，开始修筑巡游航路——大运河。"今宵酒醒何处？杨柳岸晓风残月"，描写的就是大运河秋天的景象。在唐代旅游活动中，宫廷旅游已不再占据显著地位，取而代之的是广大上、中、下层文人的旅游。初唐时期山水田园诗的知名人物如王绩、宋之问，宣称"一生好入名山游"的李白，标榜"万事不关心""空知返旧林"的王维，著有《永州八记》、开山水游记文学新风的柳宗元等，均是当时倡导游览之风、善解山水之意和实现畅神优游的代表人物。他们的文学成就突出地反映在各领风骚的山水诗文或绘画之中。唐代还出现了伟大的宗教旅行家玄奘，他自长安出发去天竺游学，前后经历17年，实现了"亲践者一百一十国，传闻者二十八国"的伟大旅程。

隋唐时期开创的旅游景观，分布广、数量多、类型十分丰富。在自然旅游景观方面，更多的名山大川、温泉瀑布、奇花异草、朝霞夕照、海市蜃楼被人们发现，并被唐代的无数文人墨客在诗文中吟咏、描绘。在人文旅游景观的建设、开发方面，唐代成绩斐然。因受唐人称扬而名满天下的楼台景观至少有四座：鹳雀楼、岳阳楼、黄鹤楼、滕王阁；唐都城长安周围集中了秦汉两代的皇家墓葬以及众多历史遗址，成为唐人热心游览的景观和文人们缅怀帝王功业、感叹国家兴亡的名胜；唐代的道教宫观和佛寺、佛塔、石窟似满天星斗，遍布大都小邑、深山幽谷之中，成为平民百姓、王孙贵族信仰寄托与旅游观光的重要场阶。

5.2.6 旅游审美的稳步发展时期

宋元明清时期及其以后，旅游走上了稳步发展阶段。宋人旅游，缺乏唐人那种豪放的精神和振奋的游兴，一般游步谨慎，安于常见的、平稳的山川风物，喜欢清游山水、凭吊古迹、游览都市。宋人崇尚理学，因此宋代的文人士大夫在游山玩水、欣赏景物时，喜欢探索人生与自然的各种道理，他们通过旅游所领悟的道理、创造的意境，往往独具慧眼、发人深省。元代一些旅游爱好者对旅游动机、旅游景观等作了一定研究，提出我国古代景观重人与重文的特征，有些文人还在他们的作品里谈了开发城郊游乐景点的好处。明代文人既普遍参加旅游实践，又重视旅游经验和理论的总结。明人王思任在《游唤》序中谈到旅游的本质时认为，旅游是一种以身体为基础，以心为主导的实践活动，它最初和最基本的目的是满足人审美的快感，其本质是人的生命机能的客观表现。他还认为，旅游鉴赏是一门高深的学问。明人认为，旅游鉴赏需要三个基本功，即"能至""能言""能文"，他们对旅游审美技巧也有一定的论述，如距离的长短、角度的变化、景物的取舍等。明清时期，造园之风盛行，清代著名学者厉鹗，以其对园林风景美的高超欣赏能力，曾很敏锐地看到园林风景中的综合美。当时的人们无论是对自然旅游资源还是对人文旅游资源的鉴赏都达到了相当高的水平。

5.2.7 旅游审美视角的多元化时期

第二次世界大战以后，世界经济得到迅速恢复和发展，教育事业也愈加发达，使得个人的收入和人类整体文化素养普遍提高，从而使现代旅游审美活动发展成为一种大众性的活动。尤其是我国改革开放之后，随着科学技术、文化艺术、教育事业和国民经济的迅速发展，人们的生活水平、审美需求与旅游意识也得到大幅度的提高，旅游审美进入了多元化与个性化并存发展的时期。国内旅游景观在类型、内容、交通、设施等方面，以前所未有的速度得到广泛的开发、设计、创新、修复、保护与综合利用，现今已经形成具有中国历史文化特色的、内容相当齐全的旅游资源审美体系。消遣型的休闲、度假旅游逐渐成为现代旅游活动的主体。同时，其他目的的旅游形式，特别是为满足人们特殊需要的旅游活动，如文化旅游、生态旅游、访古旅游、疗养旅游、探险旅游、会展旅游、考察旅游、海洋旅游等越来越多样，旅游活动审美的内容也越来越多元化。此外，现代旅游业的发展给旅游者提供了更多的选择空间，原来很多未曾进入人们旅游视野的地区和方式开始成为新的旅游热点，吸引了带有特定旅游审美目的旅游者。"换种方式去旅游"成为许多旅游者标榜个性的新口号，登山、攀岩、滑翔、露营、溯溪漂流、野外穿越等专项旅游产品受到越来越多的关注。在这些别样的旅游方式中，旅游者体验着不同寻常的审美感受，感受到大自然对心灵的强烈冲击。这些个性化色彩浓厚的旅游方式的产生，适应了各种不同需求的消费人群，满足了游客自我审美的独特需求。

5.3 旅游资源审美特征

不同的旅游资源在不同的条件下，会呈现出不同的美学特征和审美状态，能给旅游者带来不同的审美感受。下面将分别阐述自然及人文旅游资源审美特征。

5.3.1 自然旅游资源审美特征

自然旅游资源突出的是资源本身的客观形态和外貌，即客观物质的特性，重点调动人的视、听、嗅、味、触等器官感受，以及由其造成的形态感、色彩感、动态感等审美感受。自然旅游资源的审美特征主要有形态美、色彩美、动态美、朦胧美和比德之美。

1. 形态美

美的重要特性就是可作用于人的感官，是可视、可闻、可感、可为的形态性感受。自然旅游资源的形态美，泛指地象、天象之总体形态与空间形式的综合美，其中也包含主体在审美过程中所产生的生理和心理感受。按照我国传统美学的分析，形态美主要包括雄美、奇美、险美、秀美、幽美、旷美、野趣之美七种。

(1) 雄：在这里指雄伟、雄浑、壮丽，意味着形象高大、气势磅礴。雄壮美是巨大的力的展示，具有动人心魄的气势，能够引发人们对自然旅游资源由衷地赞叹和敬仰。如高耸的山峰、浩瀚的海洋、汹涌的江河、巨大的建筑物等，都会使人产生仰慕敬畏，增人豪情，催人奋进。例如，五岳之首的泰山，向来以雄伟著称，有"泰山天下雄"的赞誉。其主峰玉皇顶海拔1545米，且骤然突起，山势陡峭，凌驾于齐鲁大地之上，具有通天拔地之势，给人以高大雄浑之感。杜甫《望岳》一诗中"会当凌绝顶，一览众山小"两句，形象地道出了泰山雄伟壮观的审美形象。

【5-3拓展视频】

(2) 奇：这类景观的形态光怪陆离、奇异多变、非同寻常。在我国的诸多名胜中，以"奇"为美的景观首推黄山。明代大旅行家徐霞客两登黄山，前后著文记之，以"生平奇览""步步生奇""五岳归来不看山，黄山归来不看岳"等溢美之词，盛赞"黄山天下奇"的独特景象。还有"奇秀东南"的武夷山、"天下奇秀"的雁荡山、"奇丽岭南"的桂林山水等，它们各以其独特的景观风貌著称于世。奇特美能给人以特殊的愉快和兴奋感，吸引力极强。可以启迪人的智慧，激励人们勇于探索、创造，并敢于超越自我。

【5-4拓展视频】

(3) 险：这类景观形状陡峭，气势险峻，张扬扩散，充满咄咄逼人的美，吸引众多"知其险却慕名来"的游人充分体验"无限风光在险峰"之境界。如素有"天下险"之称的西岳华山，"耸峙关中，临照西土"，加之其"削成而四方，其高五千仞"的形象，堪称以"险"取胜的典型景观。再如"惊涛来似雪，一坐凛生寒"的海宁钱塘潮、黄山"鲫鱼背"、武陵源"天生桥"及"三根马尾吊半空"的浑源悬空寺等，均堪称"险"的代表。其险峻魅力之美激励人们不畏险阻、百折不挠、全力拼搏、奋力进取。

华山之险

【5-5拓展视频】

(4) 秀：这类景观一般有良好的植被覆盖地表，山石土壤很少裸露、山水交融、草木葱茏、生机盎然。此外，其形态别致丰满，轮廓线条柔和优美。秀美是主客体化解冲突、相互抚慰、情景交融的审美过程，人们常会因秀美而释怀，体会甜美温馨的旅行生活。李白所谓的"秀木含秀气"，郭熙所谓的"山以水为血脉，以草木为毛发，以烟云为神采。故山得水而活，得草木而华，得烟云而秀媚"即是此意，皆从不同侧面揭示出秀美景观的审美特征与构成要素。"天下之秀"的峨眉山、"如情似梦"的桂林山水、"淡妆浓抹总相宜"的杭州西湖，秀丽妩媚，令人陶醉。

【5-6拓展视频】

(5) 幽：这类景观常以崇山幽谷、山间盆地或山麓地带为地形基础，辅以铺天盖地的高大乔木，构成封闭或半封闭的幽雅、僻静、隐蔽、深远的空间环境。这里一般人烟稀少，空气洁净，置身其中，有超然世外之感。幽美在于深藏，景藏得越深，越富于情趣，越显得幽美，正所谓"曲径通幽处，禅房花木深"。如"青城天下幽"的青城山之美，就美在一个"幽"字上。宏观青城，如一个天然陶铸成的大青瓷瓶，幽雅古朴。游人沿山间小路上山，两侧苍松翠竹、碧绿成荫，溪泉清澈见底，潺潺入耳，偶尔传来鸟鸣声，"鸟鸣山更幽"，有一种幽深莫测的神秘感。幽深美是富于理性力度的宁静，是隐含深刻意味的旷远，是特殊氛围对

【5-7拓展视频】

人们情感世界的征服。

(6) 旷：这类景观的视域开阔宽广，形态坦荡旷远，如绵延四野的平原、空旷洪荒的大漠、辽阔无际的镜湖瀚海等，给人一种心旷神怡的审美感受。范仲淹《岳阳楼记》："衔远山，吞长江，浩浩汤汤，横无际涯"；杜甫《登高》："无边落木萧萧下，不尽长江滚滚来"；古诗《敕勒川》："天苍苍，野茫茫，风吹草低见牛羊"等所描写的均为旷远美的景色。最典型的"旷"美景观首推"八百里洞庭"，其旷远美具有雄浑、博大、深沉、单纯之势，在单纯与变化的协调中透出无限生机。旷远美使人解脱忧烦、心胸开阔、心情豁达、行事干练。

【5-8拓展视频】

(7) 野：这类景观属于原始自然或"第一自然"的产物，纯真古朴，富有野趣，一般未受人类干扰、雕饰或破坏。举凡能产生"野"的事物，必须是纯属自然，妙境天成，天然无雕饰，或保持较古朴而少受现代文明影响者。例如，王维《使至塞上》："大漠孤烟直，长河落日圆"；无名氏的《杂曲歌辞·水调歌第一》："平沙落日大荒西，陇上明星高复低"等，是大漠荒原之野。李华《春行即兴》："芳树无人花自落，春山一路鸟空啼"，是山林之野。李白《送友人入蜀》："山从人面起，云傍马头生"，是深山之野。如九寨沟、喀纳斯和神农架等景区，其山、水、石、林、洞等仍处于原始状态，保持着荒洪自然的风貌，给人一种远离尘嚣的"野趣"神秘之感，正所谓有"九寨风光人间稀"之说。工业文明的负面影响使人们产生了强烈的"重返大自然"的渴望，故当今野趣更成了人们追求的目标。野趣富有自在之情、自由之趣、苍凉之慨、悲壮之叹，使人童心不泯、率真磊落，人处此境会很自然地抛开社会生活中的等级高低、贫富差别等束缚人际交往的观念。因此，当今的探险旅游、访古旅游、采集旅游、自然保护区旅游、森林旅游、绿色旅游、野营野炊旅游等日渐兴旺。

【5-9拓展视频】

2. 色彩美

色彩是旅游景观进入人们审美世界的第一感觉，是获取形式美感不可或缺的要素。色彩美又是人们最易感受而无须其他条件限制的、最大众化的一种美。每种色彩都有自己的特性，可以在视觉、感情和意味上产生不同的审美效果。色彩最能够影响人的情感，而且不同的色彩会使人们产生不同的感情和生理变化。在视觉效果的基础上，色彩被赋予特定的情感含义，变成了人类情感的附着体，同时又是激发情感的对象物。蓝色使人感到宁静和满足，绿色带来生命活力，红色使人振奋，白色素雅明亮，黑色高贵而阴郁，黄色使人温暖，绿色与红色配合更使人振奋、激动。

随着季节变换、昼夜更替、阴晴雨雪，自然风物相映生辉，呈现出丰富奇幻的色彩，"苏堤春晓"突出春色，"居庸叠翠"突出夏色，"西山红叶"突出秋色，"西山晴雪"突出冬色，故有"春翡夏翠秋金冬银"之说。山岳为自然大画卷勾勒出色彩基调，近山绿远山蓝，渐远渐淡，层次分明。北京香山层林尽染的枫叶，云南苍山"树头万朵齐吞火，残雪烧红半个天"的山茶花，井冈山青翠欲滴的竹，冬季大兴安岭纯白的林海雪原，都为名山大川风景名胜增添了色彩美的点缀。九寨沟山美、水美、树也美，然而给人们印象最深的却是斑斓缤纷的色彩。

3. 动态美

自然风景中的动态美是由波涛、飞瀑、溪泉、烟岚、云雾及动植物等自然景观所组成的。流云缥缈，自深谷冉冉升起，峰峦在云雾中时隐时现，构成"山在虚无缥缈间"的意境。无论人的眼睛是否能够察觉，或是在人的一生中是否有机会察觉，月换星移、云岫飘忽、江河奔腾、百兽出没、花木摇曳、车驶舟行、生命演替乃至大陆升降、岩石风化，这些都是运动。而运动具有相对性，云飞而山摇，车行而地转，就是明显的例证，是其空间位置相对变化的结果。

需特别指出的是，有时相互间的空间位置并未改变，即一般所谓静止的物体，也能够产生动态。例如，由于地壳和岩浆运动造成倾斜的岩石"层理"（如武夷山的"五马奔朝"）或岩柱，风化作用形成的"风动石"，岩石纹理与植物共同组成的某种形态（如桂林漓江沿岸的"九马画山"），以及某些绘画和雕塑品和中国建筑中的飞檐等，都给人以动感。动态美使人感到灵动、有朝气、催生智慧，激励人进取。

4. 朦胧美

朦胧美是因为照明强度较弱、距离较远、能见度较低或被其他事物半遮半掩所造成的虚无缥缈、似有似无的形象而产生的美感。上述各种美感都属于人们看得真、听得切、嗅得到、感受非常确切而产生的美感，而朦胧美则属于对象隐隐约约、半为感受半为想象而产生的美感。此种朦胧景固然不能使人一览无余，不能看清观赏对象的细部，但也因而掩饰了其某些不足，丰富了景物层次，加强了纵深感，产生了动态美，尤其是给人留下广阔的想象空间，使一切更为生动活泼。苏轼认为杭州西湖不仅"水光潋滟晴方好"，周围一切历历在目，而且"山色空蒙雨亦奇"，在烟雨朦胧中，一切都变得虚无缥缈，披上一层神秘奇妙的轻纱，所以更像那美丽无比的西施了；杜牧《泊秦淮》"烟笼寒水月笼沙，夜泊秦淮近酒家"；王维《汉江临眺》"江流天地外，山色有无中"；秦观《踏莎行·郴州旅舍》"雾失楼台，月迷津渡，桃源望断无寻处"等所描写的都是朦胧景物之美。朦胧美最能引发人的想象力，使人思维活跃，启迪人的创造能力。

5. 比德之美

"比德"是将自然物的某些特征与人的精神道德情操相联系、相比拟，从中体验到某种人格之美。这一审美思想由孔子提出，他认为人对自然山水的欣赏不能仅仅停留在外部形象上，而应从其神态中发掘内在的精神品质之美，使观赏者得到借鉴和陶冶，从而进入更高的精神境界，因为人类一切美好品德均源自大自然的品格。孔子认为人和自然是一体的，山和水的特点也反映在人的素质之中。大水的深不可测，象征智者的学识渊博；大山的养育万物，象征仁者的秉德无私。因为山水具有德、义、道、勇、公平、明察等多种品德，故而智慧的人喜爱山水。在游山观水之时，仁人君子不仅心怀高山流水之志，期许得遇知音之赏，更能反省自身，历练情操，使理想与人生和谐并进。周敦颐《爱莲说》中的"出淤泥而不染，濯清涟而不妖"，体现出比德的审美心理。梅、兰、竹、菊也被誉为"花中四君子"。由此，我们把比德审美观看作我国旅游审美发源的一种自然审美观的传统和模式，它对于后代旅游审美活动和旅游美学理论具有深远的影响。比德之美寓教于游，有助于旅游者在领略自然景观美的同时，更自觉地接受人格操守的陶冶，有助于人们在欣赏自然山水时越过表面现象去寻找山水的内在意蕴，并且为后代的艺术家从更高、更深的层次探究山水之美开辟了道路。

5.3.2 人文旅游资源审美特征

人文旅游资源是人类在漫长的历史时期中，所创造出来的文明和文化的遗址、遗物和社会民俗等。它们是整个人类生产与生活、历史与现实、艺术与文化活动的结晶，以其纵向万千的造型、风格各异的布局、五彩斑斓的色调、神奇奥妙的物象，展示人类活动的大千世界，给游客以各种各样的美感。人文旅游资源的审美特征主要表现为工艺美、特色文化美、独特意境美。

1. 工艺美

在我国，众多的人文景观（如古建、园林、桥梁、佛像等）随着其历史性和时间性的不断绵延，原有的实用功能相对淡化，而观赏功能更加突出。其宏伟、典雅和精巧的造型美吸引着越来越多的国内外游客。从技术美学的角度分析，人文景观的工艺美显然是应用了一系列形式美组合法则或形式美规律的产物。其中应用最为普遍的法则包括反复与整齐、对称与均衡、调和与对比、尺度与比例、节奏与韵律、多样与统一、实景与虚景。

(1) 反复与整齐

要求事物形式中相同或相似部分有规律地重复出现，组成整体结构上的整齐一律形态，给人以秩序感、条理感与节奏感，同时还会营造一种特定的气氛，给人以稳定感和庄重感等。比如，中式大屋顶建筑中形式一律的窗户与斗拱；佛塔上层递的拱门与叠檐；桥体中连串的小拱与桥孔等。需要指出的是，反复与整齐终究是最简单的形式美法则，如果缺失有规则的变化，就容易给人一种刻板、单调和呆滞的视觉感受。因此，需要与既变化又有秩序的参差法则综合运用，或在整齐一律中表现部分的参差变化，或在参差错落中表现部分的整齐一律。譬如，舞蹈中不断变化的整齐队形与舞蹈姿势就是如此，中国古典建筑（如故宫角楼等）错落有序的重檐也是如此。

(2) 对称与均衡

这是比反复与整齐法则更富有变化的一种形式美法则。对称要求物体或图形相对两边的各个部分在大小形状及其排列上对应相当。对称法则在中国古建筑的布局和结构上应用得十分广泛。沿北京故宫中轴线南北穿行游览，门洞、路基、台阶、大殿的立柱、左右的开间、脊顶的装饰、两旁的房屋……在系列组合上均遵守对称的法则，给人以法度严密、体态沉稳之感。至于均衡，则是对称的某种变形。其主要差异在于均衡要求物体或图形左右、上下在形、量、力甚至色彩等方面大体接近，但不要求形体的一致或相等。故宫的午门（俗称五凤楼），由于巧妙地运用了对称与均衡相结合的手法，其造型通过大小、轻重、高低上的变化既保持了稳定而牢固的重心，又表现出庄重与严肃的气氛，给人一种稳重而变化、沉静而流动的形式美感。

(3) 调和与对比

合理运用这一法则对艺术造型或产品设计尤为重要。调和是指将两个相接近的东西并列在一起；对比是指为了追求一种比较或对照的明显反差效果，而将两个极不相同的东西并列在一起。绘画艺术中，色彩的调和与对比是通过色彩的中和、冷暖、纯度、浓淡等因素与技法来实现的。一般来说，前者给人一种融洽、平和、安定与自然之感；而后者则给人一种鲜明、醒目、活泼或华艳之感。如天坛的祈年殿，在圆形的回音壁中看到圆形的大小基座、叠檐与上接蓝天的皇穹宇，这种在形体上由曲线所构成的调和现象，具有浑然一体和融洽适宜的特点。而汉白玉护栏、鎏金宝顶、蓝色琉璃瓦与火红的立柱等，因彼此色彩对比强烈，在外观上具有显赫、宏丽、跃动和超拔的意趣。

(4) 尺度与比例

与艺术设计或整体造型密切相关的是尺度与比例。按照黑格尔的解释"尺度就是量"，就是以一定的量来表示和说明质的某种标准。马克思所说的那种"内在的尺度"与"美的规律"是直接关联的，即与事物的本质特征、形式结构和功能体积等因素是直接关联的。中国人在习惯上所讲的"度"，指的就是适宜的尺度，即一定事物质量变化的限度。宋玉所谓的"东家之子，增之一分则太长，减之一分则太短；著粉则太白，施朱则太赤"，讲的就是一种关乎人体美的"度"或"适度"之美。比例则是指同一事物的整体与局部，或局部与局部之间的尺寸大小所构成的结构关系。古希腊人最早发现的"黄金分割率"，即0.618∶1，则是最有代表性的比例美范式。中国人文景观中的许多古典建筑，其比例是以相等的和不相等的尺寸之间精妙关系为依据的。如大殿、佛塔等，之所以具有明朗和谐、静穆安闲、玲珑亲切的形态，主要在于结构的精密和比例的适度。

(5) 节奏与韵律

这一法则既是自然界与社会生活中普遍存在的调节规律，也是人类实践活动中创造空间感与时间感等形式美的重要法则。简而言之，节奏是指有秩序、有规律地连续变化和运动。乐曲中音调的强弱长短、交替出现；绘画中线条的动静回还、疏密相间；建筑结构的有序组合、层叠排列……都构成不同的节奏。韵律一般是指在节奏基础上，内容和形式在更深层次上有规律地变化统一。节奏和韵律均离不开一定的比例关系和适当的间隔距离。如果在造型艺术中运用得法，会构成形式的动态美，引起视觉的愉悦感。在这方面，故宫的太和门可谓典型。其内容丰富而生动的韵律，沿垂直和水平方向巧妙展开，逐渐变化，令观赏者的心律和视线平和地跃动起伏、回环往复，使原本静止的空间形象活转过来，委实像一首"凝固了的音乐"。

(6) 多样与统一

在诸多形式美法则中，"多样的统一"最具有普遍性和重要性。多样（性）意指不同事物个性间的千差万别；统一（性）代表多种事物共性的有机结合。通常，外在的人文景观内容如果仅有多样性而缺乏统一性，容易造成杂乱无序的印象；如果仅有统一性而缺乏多样性，则又会有单调死板之感。唯有两者有机结合，才能和谐有致，给人以美感。从古希腊毕达哥拉斯学派至今，和谐一直被视为美的极致。而和谐在一般意义上是杂多的统一或不协调因素的协调结果。

在劳动实践中，人们往往从整体结构和比例关系出发，突出重点的同时，恰当利用线条、形状、色彩、体积、量度和质感等因素，以期创造出和谐、美观的事物形式。比如，素有"水从碧玉环中过，人在苍龙背上行"之称的赵州桥，横跨河北赵县洨河之上，如"初日出云，长虹饮涧"。桥体大拱似弓，桥面坦直。大拱两肩又各驮两小拱，整个桥身结构精巧，体态匀称。在系列组合、空间安排、比例尺度和风格式样诸多方面，均体现了调和、整齐、对称、均衡、节奏、韵律和多样统一的形式美，构成了巨大空灵、稳固坚轻、寓秀逸于雄伟之中的形态美。因此，这座"驾石飞梁尽一虹"的赵州桥与"半空垂下玉龙涎"的泰山云步桥及"世界上独一无二"的北京卢沟桥和"风姿秀逸"的颐和园玉带桥等，都被列入稀世罕见的景观对象。

(7) 实景与虚景

特别值得指出的是，中国的园林、绘画及戏剧等艺术均有许多独到之处。因此，在布局、造型和表演等方面，并不排斥或囿于上列形式美法则，而是在兼容并蓄的基础上自成体系。其中最有代表性的是"虚实相生"或"实景与虚景"互补的创作原理。所谓"实景"，一般是指相对独立与实存的景物与形象，如园林中的水、石、亭、台、楼、阁、植被与绘画中的着墨之处等。所谓"虚景"，通常是指相对依附和假借的景物与形象，如园林中的借来之景与绘画中的空白之处等。

就园林而论，西方园林讲究理性法度，喜好几何图形之美与布局开阔的空间。相比之下，中国园林注重诗情画意，追求曲径通幽的物境与宛自天开的格调。因此，虚实相生的造园技术得到广泛运用。譬如，为分隔空间景象经常采取障景法（内含实障与虚障），为强化景象深度经常采取借景法（分为邻借和远借），为丰富景象趣致经常采取框景法（利用门廊和透窗等），为联结对应景象经常采取对景法，为点缀局部景象经常采取点景法等，所有这些便构成了中国园林独树一帜的美学风范。

2. 特色文化美

我国历史悠久，在长期的发展过程中，祖先为我们留下了光辉灿烂的文化遗产。这些建筑文化、民族文化、宗教文化等珍贵历史遗存，既包含着丰富深刻的美学思想，具有很高的现实观赏价值和美学引导作用，又蕴含着深邃的文化内涵，凝结了民族的思想精华。它们能够激发游客产生强烈的共鸣，引发深深的敬畏和情感的升华，使游客获得理性的审美感悟，接受文化精神的洗礼，从而实现精神情感的审美超越。

【5-10拓展知识】

(1) 历史意味美

人文旅游资源大多是历史遗存下来的，每一处人文景观在长期岁月变迁中都有其沉积的文化环境特色，都有自己独特的内容和形式，都具有相应的历史价值。历史价值标志着穿越时间隧道所遗存下来的物质文明和精神文明的痕迹。

古人创造的大量建筑跨越千年文明史，至今仍闪耀着灿烂光辉。万里长城是人类建筑史上罕见的古代军事防御工程，它以悠久的历史、雄伟的气魄著称于世。虽然它在今天已失去了抵御外敌的作用，但是却象征着中华民族坚不可摧、永存于世的意志和力量。北京的四合院更是中国传统文化的产物，它是几代同堂理想生活模式的典范，是忠孝伦理观念的物质表现形态。名扬海外的古典园林、古风犹存的名寺宝刹、历代帝王陵墓等建筑艺术珍品，这些都能够让游客了解历史、学习历史、感受历史，充分领略其历史性特征和审美情韵。一方面会激发起游人的思旧怀古之情，深化他们在观赏景观时的历史文化体验；另一方面也极大地丰富了景观的内涵，扩大了景观的时空意象，使得景观具有了历史积淀的深厚性、时间的立体性和永久的魅力。

(2) 民俗风情美

一般来说，人文景观中的民俗民风、生活方式、传统礼仪与社会人文环境等因素彼此协调起来会构成一种综合性的风情美。如走访青藏高原的青海湖，在连接着日月山、穿流着倒淌河的大草原上，灰色的帐篷、白色的羊群、黑色的牦牛、矫健的骏马、服饰鲜艳的藏民、高亢嘹亮的欢歌、悠扬远播的笛声，还有头顶上的长云碧空等景象，组成了高原特

哈萨克族毡房

有的四周山峦峰影等风土人情景观。置身于如此广袤空旷的环境里，你不但不会感到孤单与惶恐，反而内心会产生神驰怡然之感。再如，傣族的泼水节，蒙古族的那达慕大会，回族的古尔邦节，汉族的春节、元宵节、端午节，这些节日各具特色。此外，形式各异的庙会、灯节与花市以及风格迥异的民族歌舞等，在特定的生活环境和文化氛围中，最能反映出当地独特的风土人情之美。

3. 独特意境美

意境是中国艺术创作和鉴赏方面一个极重要的美学范畴。意，即主观的理念、感情；境，即客观的生活、景物。意境，即理念与生活、感情与景物的结合。旅游审美中的意境美，是指景观的创建者将自己的感情和理念巧妙地融入自然景物与日常生活之中，从而激发观赏者在情感上的共鸣和理念上的联想。独特意境美，亦称为境界美，是中国美学中一个重要的审美概念。宗白华把境界分为六种，即功利、伦理、政治、学术、宗教和艺术。学术境界主于真，宗教境界主于神，艺术境界则是介乎二者之间，以宇宙人生的具体对象，赏玩它的色相、秩序、节奏、和谐，借以窥见并映射出自我心灵最深处的反映。旅游审美中的意境美，正是这种展现艺术美之境界的精髓所在。

【5-11拓展知识】

我国人文景观独特意境的构成，往往或以有形表现无形，以物质表现精神，或以有限表现无限，以实境表现虚境，或小中见大，大中见小。它们能最大限度地引发人们的共鸣和联想，使有限的具体形象和想象中无限的丰富形象结合起来，使再现的真实景致与它所暗示、象征的虚境融为一体。比如，我国园林景观常借助于山、水、花木和建筑所构成的立体画面来传达意境的信息，而且还用园名、景题、刻石、匾额、楹联等文字方式直接通过文学艺术来表达，深化意境的内涵。旅游者在园林中所领略的已不仅是眼睛能看到的景观，而且还有不断在头脑中闪现的"景外之景"，不仅满足了视觉感官上的美的享受，还能够获得不断的情思，激发理念的联想，即"弦外音""景外情"。这就是创作者做到"寓情于景"，旅游者感到处处皆景、"见景生情"。总之，人文景观往往因地而异、因时而变，不同的人文景观具有不同的独特意境。

徽派古民居建筑的审美特征

1. 追求人居建筑与自然环境的和谐统一

徽派古民居建筑从传统的风水观念出发，在选址、布局上讲究风水效果，追求人居建筑与自然环境的和谐统一。徽派古民居建筑多是依水势而建，山环水绕、依山傍水是徽派古民居建筑与自然环境相融合的基本特征，而且徽派古民居建筑的色泽、体量、架构、形式、空间，都与自然环境保持一致的格调。徽州民居村落隐映在青山古树之间，有山泉溪水之便利，以青山绿树为屏障，青瓦白墙高低错落，野鸟家禽交相鸣啼。窗外远眺，天然画图尽收眼底,天井内洒落阳光雨露,小院中植置花木假山。在这里,建筑充满了人情味和乡土气息,建筑与环境相互渗透,人类与自然融为一体。

徽派古民居建筑

　　西递村和宏村是目前保留完整的徽派古民居建筑的代表,被称为是"古民居建筑艺术的宝库",其村落巧妙的整体布局、极富韵律的空间层次都有典型的徽州地方特色。西递村四面环山,两条溪流穿村而过,自古就有"桃花源里人家"的美誉。整个村落仿船形而建,以一条纵向的街道和两条沿溪的道路为主要骨架,构成东西向为主,南北向延伸的村落街巷系统。街巷两旁建筑淡雅朴素,错落有致,整个轮廓与自然环境和谐统一,具有很高的审美情趣,是徽派古民居建筑中的一颗明珠。宏村的整体布局为牛形设计,整个村落犹如一头斜卧山前溪边的青牛。村落背靠的雷岗山为牛首,村口的一对参天古木为牛犄角,错落有致的民居群宛如庞大的牛躯,顺势而下的水圳为牛肠,溪水经九曲十弯,穿流于家庭院落,再汇入犹如牛胃的月沼和牛肚的南湖,绕村的虞山溪上架起的四座木桥为牛脚。"牛形村落"别出心裁的水系设计,不仅解决了消防用水问题,调节了气温,为居民生产、生活用水提供了方便,而且极大地美化了环境,给古朴的村落平添了几分清丽、自然的美感,充分体现了以人为本的环境理念。

2. 追求功能实用与工艺装饰的完美结合

　　建筑的审美性结合其实用功能,满足了人们各种实际活动的需要。建筑的实用性是艺术性的基础,而艺术性中也常常包含着实用功能。徽派古民居从建筑内容到建筑形式上的特点,都与皖南山区独特的历史地理环境相适应,在讲究功能实用的同时,追求工艺装饰之美。

　　徽派民居的"天井"设计在功能上不仅适应了险恶的山区环境,解决了通风采光问题,而且作为徽派居民的一种重要建筑格式,天井在高墙深宅中给人以豁然开朗、别有洞天之感,它上顶苍穹、下俯地面,与庭院空间相互渗透、融为一体。徽州居民利用天井空间植置花木盆景,既为肃穆清寂的内室增辉添彩,净化空气,又美化了家居环境,使庭院生趣盎然。"马头墙"的功能是防风、防火,但马头墙的造型又极具装饰性。它犹如昂首振鬃的骏马,腾跃于屋脊之上,跃向广阔天宇;错落有致、极富动感的形象,大大拓展了徽派建筑的空间感,显示出勃勃的生机和活力,给人以驰空绝尘的奔腾美和外部造型的整体美。

徽派古民居建筑在审美追求上最突出的表现就是广泛采用木雕、砖雕和石雕,并显示出高超的装饰艺术水平。"徽州三雕"题材广泛、内容丰富,或浑厚沉雄、神威逼人;或质朴简练、工写兼得。"徽州三雕"作品富有强烈的空间装饰效果,显示出雕刻工匠高超的艺术才华,形成了徽派民居建筑艺术独特的审美价值。

3. 追求崇儒重教与商业文化相结合的独特人文景观

建筑艺术作为历史文化的体现和时代精神的标志,以直观、形象的方式反映着一定社会的意识形态和深刻的历史文化内涵。徽派古民居建筑,是以明清时期徽商资本为经济基础,以宗法观念为社会基础,在徽州文化的熏陶下形成的,是古代徽州社会历史文化及其时代精神的见证。徽州是封建宗法制度的理论基础——程朱理学的桑梓之地,宗法制度完备森严,人们日常行为完全被纳入儒教礼仪规范。建筑的格局与形式,当然地受到宗法制度的浸染。为保持血统的纯洁性,增强宗族的凝聚力,抵御外族的侵扰,徽派古村落民居建筑,往往是以家族、血缘关系为纽带的同姓同族家庭聚族而居,杂姓不得混居。

以徽商而闻名于世的徽州,却又民风淳朴、尊教重文、崇尚礼仪。徽派古民居中精美的"徽州三雕"所雕刻的图案、题额和楹联,有很多勉励莘莘学子读书进取、奋发向上的内容,也有不少劝勉后人为人处世、安身立命的警句、箴言,其中虽夹杂着封建思想意识和实用功利色彩,却显示出宅第主人的文化品格和精神追求。西递村履福堂厅堂题为"书诗经世文章,孝悌传家根本""几百年人家无非积善,第一等好事只是读书",反映出履福堂的主人对儒学的推崇,让人感受到封建文人自命清高和孤芳自赏的情怀。同在西递村,笃敬堂中有副楹联却写道"读书好营商好效好便好,创业难守业难知难不难",可见古徽州的教育是以"育人"为根本的,不仅进行正统的封建文化教育,而且重视技艺教育,真正做到有教无类、各显其能,"崇儒"和"重商"互为结合。

5.4 旅游资源审美原理

在旅游过程中,无论是名山大川、佳景绝胜,还是荒郊野地、枯藤老树,面对同一景观,不同的旅游者感受不同,有人表现出兴奋、陶醉、拍手叫绝,有人则木然、呆滞。这与旅游者审美能力的高低、审美主体对自然和人文景观之美的理解和接受程度等息息相关。游客若想不枉此行,必须提高个人的审美能力,而审美能力的高低直接与个人的文化素养密切相关。游客对所游景点的历史文化背景、建构特色的了解程度和自身的知识结构，直接影响到审美的质量。旅游资源审美凭借审美能力而进行；反过来，通过旅游审美，审美能力又可以得到发展和提高。旅游审美能力主要有审美感知力、审美理解力和审美想象力三个方面。同时，在让旅游者提高审美能力同时，旅游者还应该讲究审美方法的运用，以达到最佳的观赏效果，获得深刻而全面的审美感受的目的。

秀甲天下——峨眉山

峨眉山位于四川省乐山市峨眉山市境内，景区面积154平方千米，最高峰万佛顶海拔3099米。北魏时郦道元《水经注》记载："去成都千里，然秋日澄清，望见两山相对如峨眉，故称峨眉焉。"此山地势陡峭，平畴突起，巍峨、秀丽、古老、神奇，有"秀甲天下""峨眉天下秀"之美誉。又因它集"雄、秀、奇、险、幽"于一体，故唐朝诗人李白将其尊称为"仙山"。

峨眉山

峨眉山以优美的自然风光、悠久的佛教文化、丰富的动植物资源、独特的地质地貌而著称于世，被人们称之为"仙山佛国""植物王国""动物乐园""地质博物馆"等。唐代诗人李白诗曰："蜀国多仙山，峨眉邈难匹"；明代诗人周洪谟赞道："三峨之秀甲天下，何须涉海寻蓬莱"；当代文豪郭沫若题书峨眉山为"天下名山"。《杂花经·佛授记》中说道："震旦国中，峨眉者，山之领袖。"峨眉山更有"一山独秀众山羞""高凌五岳"的美称。峨眉山是我国佛教圣地，是普贤菩萨的道场，被誉为"佛国天堂"，古往今来，峨眉山就是人们礼佛朝拜、游览观光、科学考察和休闲疗养的胜地。

全山共有寺庙约26座，景点分为传统十景和新辟十景。主峰金顶绝壁凌空、高插云霄。震撼的金顶，凌云之巅，有世界最高的金佛——四面十方普贤，集天地灵气，映日月光辉；有世界最大的金属建筑群，金殿、银殿、铜殿气势雄伟；也有世界最壮丽的自然观景台，可观云海、日出、佛光、圣灯、金殿、金佛六大奇观。金顶，是世界上最大的佛教朝拜中心，是佛在人中、人在景中、景在佛中的人间天庭。中山区的清音平湖则是峨眉山自然景观的代表。低山区的第一山亭和美食廊集中展示了峨眉山博大精深的人文文化和时尚休闲潮流。由红珠休闲区、中国第一山文化长廊、瑜珈河异国风情长廊、温泉养生康疗区、现代人文景观区和天颐温泉乡都六大休闲功能区，构成了目前中国西部规模最大、功能配套最完善、设施最先进的温泉度假国际会议中心，彰显景区旅游的高品质。

1982年，峨眉山以四川峨眉山风景名胜区的名义，被国务院批准列入第一批国家级风景名胜区名单。1996年，峨眉山与乐山大佛共同被列入《世界自然与文化遗产名录》，是自然和文化双重遗产之地。2007年，峨眉山景区被批准为AAAAA级旅游景区。峨眉山景区现已成为集休养、养生、文化、娱乐、观光、美食于一体的全新多功能复合型的魅力新景区。

5.4.1 提高审美能力

旅游审美强调主体的体验，这种体验与主体对景观的了解和认知有关。作为客体的旅游景观是生动的、丰富的，它们一视同仁地展示在所有的旅游者面前；作为主体的旅游者能否欣赏和享受它们，不仅在于对旅游景观的文化知识积累，更强调主体是否具有景观审美能力。我们可以通过培养审美感知力、审美理解力和审美想象力三方面来提高自己的审美能力。

1. 审美感知力

感知就是感觉和知觉的统称，泛指审美主体由感官刺激而引起的对审美客体的各种感觉及与之俱来的知觉的综合判断力。感知力包括观察力和情绪感应力。观察力主要聚焦于观赏物的外部形态，通过视觉这一主要途径进行观察。同时，人们也运用听、味、触、嗅等其他感官来辅助获取和理解事物的外部信息。情绪是一种态度，它控制着审美感知的方向和程度。尽管主体感知力的敏锐与否受到先天生理条件的影响，但在后天生活实践中可以发展或蜕化。训练得法，可以将"沉睡"的潜能调动起来；反之，即使天分很好，如长期不训练，也会使感知力退化。画家的眼睛可以分辨几百种颜色，音乐家的耳朵对音高、音强、音色的辨别远胜于一般人。除了他们的天赋之外，后天的培养、训练对于发掘潜能、提高感知是十分重要的。审美感知力的训练主要从观察和体验两方面进行。很多艺术家要求自己是一个永不休止的观察家，贝多芬喜欢到野外散步，海滨的溪流和小鸟的歌唱都成为他创作灵感的源泉。在审美时，除了观察，还应伴随情绪的感应力去体验这些富有生命力的外部动态形式和情感色彩，才会引起特定的审美感受。

2. 审美理解力

理解作为一种心理活动，是美感中不可缺少的要素。实践派美学的代表人物李泽厚认为"感觉到了的东西，我们不能立即理解它，只有理解了东西才能深刻地感觉它"。但由于人们在审美观赏时的理解程度不同，往往会形成深浅不同的层次或水平，概括起来有三个层次。

第一层次即区分现实状态与虚幻状态。譬如，要知道观海市蜃楼实不可居的实情，观戏剧时分清剧情与现实感情，要清楚地意识到审美或艺术世界之"虚"与现实世界之"实"的分别。

第二层次即掌握一定的审美对象（特别是艺术对象）之内涵。如不知道中国万里长城的历史背景、基本功能和象征意义，就很难达到"时间的立体性""历史的舞台作用"和"游山如读书"的旅游审美境界。不了解一定的佛教文化和历史文化，就不可能理解敦煌壁画的历史意义和历史价值，甚至会感到怪诞异常、不可思议。

第三层次即对融合在形式中的意味的直观性把握，这是一种深层的和内在的理解，这种理解是审美心理活动中最重要的因素。融思索于想象和情感之中，常常在潜移默化中发生效用，使美感不断地得到深化。如去泰山旅游，其外在形态所引起的感性认识和感官感受，只是审美的初级阶段。要想体验更深的审美愉悦或美感，就得进一步理解和分析泰山形式结构中的意味，如雄奇、宏伟、神秀的风范和历史文化的积淀内容等。体会到杜甫《望岳》中"会当凌绝顶，一览众山小"两句诗，不仅描绘出泰山的巍峨雄奇，还表露了作者个人的伟大抱负。

3. 审美想象力

审美想象也称之为审美联想。当旅游者对眼前的景物进行欣赏时，会不由自主地回忆起另一些与此有关的事物，这种心理活动就是审美联想。审美想象力具有体现自由、指向理想、实现创造的特点。马克思称想象力为"人类的高级属性"，主要是因为人在从事创造性的实践活动（如艺术创作、科学发明、审美欣赏等）中均离不开丰富而自由的想象。在旅游审美活动中，审美想象包括知觉想象和创造性想象。

(1) 知觉想象

在审美活动中，旅游者是面对着风光绮丽的自然景观或优秀感人的艺术作品而展开知觉想象的。大自然中奔腾的大江大河，显示出一种勇往直前、永不停息的气势；湍急的山泉、潺潺的小溪，叮叮咚咚，音乐般的韵律美妙无比；再看山间那缭绕的云雾，似飘逸的白纱，缠绕着大山，时隐时现，会使人浮想联翩，想象力增强。凡到过云南昆明游过石林的人们，大都亲身体验过这种想象活动，即从眼前那座被称为"阿诗玛"的天然石柱上，回想起电影《阿诗玛》所描写的那一动人传说，随着人们从现实心境进入审美心境，阿诗玛那楚楚动人、如怨如诉的美丽形象便从那块坚硬而无生命的石头中显现了出来。无论是游桂林的"象鼻山",还是黄山的"仙人指路";无论是看桐庐瑶琳洞中的"银河飞瀑",还是芦笛岩的"虎豹熊狮"等这些山石的空间构景和形状,与我们似曾见过的某些形象有着似又不似之处,这种模糊的原始材料经过想象的加工之后,便成了发乎自然而又不同于自然的东西。

(2) 创造性想象

创造性想象类似我们常说的形象思维,是一种能够洞察、揭示和表现事物内在本质的艺术想象力。在旅游审美活动中,创造性想象的主要效用在于从诗情画意的视界出发,依据个人的审美趣味与审美理想,在静观默照周围景观之时以因借、取舍或重新组合等方式,于自己的审美心胸或脑际里另行创造出一种新的图景来。比如,来到颐和园观光的游客,站在昆明湖的东岸,由低往高观看水景、拱桥、画廊和万寿山佛香阁,再由近及远眺望玉泉山宝塔与西山的峰影,有时会在想象中将这些景致有机地连接或组合在一起,从而构成一幅有近、中、远景的山水图画,使自己的审美情趣得到进一步的满足。

审美想象力的培养需要把握两个方面的要求:一是储存丰富的意象。丰富的审美想象力依靠丰富的意象储存来支撑。积极参与景观审美,就会增加大脑中与情感相对应的审美动态结构形式的信息储存。这些形式是审美联想和创造性想象的依据。审美经验越多,储存的这类信息越多,审美想象的原料越丰富,创造性想象就更易进行。二是要积蓄炽烈的情感。一个不易调动审美情感的人,对他人、对自然、对社会是漠不关心的,在景观审美中心理距离过远,进入不了审美状态,就谈不上进行审美想象。想象本身就是情感的活动,情感形式是想象的元件,是想象的动力,想象力的活跃直接受炽烈的情感推动。

5.4.2 掌握审美方法

选择正确的审美方法来观赏不同的审美对象,可以达到事半功倍的审美效果。大自然千姿百态、变幻无穷,在观赏的时候,要运用动态与静态观赏相结合的方法,正确把握观赏时间、角度和距离,只有这样才能得到较佳的审美效果。

1. 动态观赏法

动态观赏法是一种或步行,或乘车,或乘船的动态游览方式。动态地观赏风景,与在电影院看电影不同,观赏者身临其境,立体地感受风景,得到的美感非常强烈。如步移景异是一种慢速度的游览,人与景没有阻隔,不可分离,在随心所欲和全身心都同时介入的悠然自得的观赏中,会体验到较强的亲切感和立体感。湖中荡舟式的游览在审美效果上与此近似,但视野比较开阔,感受更为悠闲。一幅幅远近不同、形态各异、色彩缤纷的景致迎面扑来,在空间腾跃飞动、此起彼伏,形成川流不息的节奏美,使人眼花缭乱、目不暇接。唐代诗人李白在《早发白帝城》中所记述的"两岸猿声啼不住,轻舟已过万重山"那直下江陵的情景，以及现代诗人贺敬之在《西去列车的窗口》中所描绘的"一重重山岭闪过，似浪涛奔流……"那流动的景象，都是对运动感及流动美的精彩写照。

总之，动态观赏过程如同一种由移动、速度、景变、感受等四大因素组成的"魔圈"，其中移动涉及速度，速度导致景变，景变影响感受，感受反过来又调节速度……彼此关联、循环往复、交互作用，使旅游者尽情玩味、畅神怡性。

2. 静态观赏法

静态观赏法是指旅游者在一定的位置上，面对风景的一种欣赏活动。颐和园中的谐趣园、苏州的网师园等，其特点是小巧精美、以小见大、以少胜多，都适合静态观赏，仔细玩味。与动态观赏相比，它是一种选择性极强的观赏方法。在人们游览某些景点时，要设法入静，在静观中感悟景物的诗情、画意、哲理或禅味。中国的名山大川和古典园林，在布局和设计上充分考虑到这一审美情趣，主要景点都置有亭、台、楼、阁、榭、廊等，如上海豫园的静观厅、昆明滇池的大观楼、北京颐和园的佛香阁等。它们一方面构成景致，另一方面供游人歇息，还可供游人静观周围的景象，是观赏功能和实用功能有机统一的产物。

3. 移情观赏法

移情观赏法是指游人在观赏旅游景观的过程中，在审美知觉和理解的基础上，展开审美想象的翅膀，动用以往积累的直接或间接审美经验，将自己的思想意趣投射到外在的景观中去，使景化为情，使情化为景，达到"神与物游，情与景谐""情景交融"的自由审美境界。在中国传统美学思想中，"情景交融"或"物我同一"等美学原理与移情作用颇为暗合。关于这方面的例证，在古往今来的山水诗词里十分常见。比如，在"相看两不厌，只有敬亭山"（李白）两句中，"相看"与"不厌"就一语道破了人与物同、物与神契的移情作用。再如，"感时花溅泪，恨别鸟惊心"（杜甫）两句中，那"花"何以能"溅泪"？那"鸟"何以能"惊心"？只不过是观赏者把自己的悲伤愁苦之感外移到花鸟身上罢了。

5.4.3 把握观赏距离、时机和位置

1. 观赏距离

这里的距离包括心理距离和空间距离两种。距离本身能够美化一切。距离不仅掩盖了物体外表的不洁之处，而且抹掉了那些使物体原形毕露的微小细节。这样，视觉的过程本身，在把对象提高为纯洁形态方面起到了一部分作用。

心理距离，是指观赏者暂时摆脱实际生活的约束，把事物放在适当的"距离"之外去观赏。如我们在外出游历之时，是最容易发现事物之美的。东方人陡然站在西方的环境中，或西方人陡然站在东方的环境中，都觉得面前的事物光怪陆离，别有一种美妙的风味。池塘中园林的倒影往往比实在的园林好看，也是因为"距离"的道理。

空间距离，是指人与物之间的远近长短间隔。距离不等，所看到的景致相异。而具有一定差异的景致，往往使人获得不同的审美体验。如昆明滇池的西山，素有"睡美人"之称。而这一"美人的睡态"形象，只有在可构成全景的基础上，才能通过空间想象，勾出轮廓线，视其形态美。如果距离太近，你也许只能看到满山的树木、茂密的草丛、层叠的岩石，而丝毫见不到"睡美人"的踪迹。

2. 观赏时机

大自然是美的源泉，其丰富多彩的美，只有在一定时机才能为观赏者所领略。因植被、云雾、光照、雨雪等自然因素的季节性变化，同一景观在不同的季节往往呈现出不同的色彩和形象。如游燕京八景中的"西山红叶"，应在天高云淡的秋季，择明净气爽之日览胜；赏"西山晴雪"，应在寂静萧瑟的冬季，择雪后日出之时登临。来到巍巍的泰山之顶，从观日峰上望去，晨曦中有红日喷薄欲出时绚丽神奇的色彩美；黄昏时有夕阳余晖洒落黄河而构成的"黄河金带"式的线条美；夜来站在玉皇顶上，有幽寂而挺拔的东岳与其脚下的万家灯火相衬而出的形象美。另外，那些稍纵即逝的特殊景观，如蓬莱仙岛的"海市蜃楼"和峨眉金顶的"佛光"等自然幻景，时间性尤为突出，大有机不可失，时不再来的特点，慕名而访的旅游者能否如愿以偿，那就要看其运气如何了。

3. 观赏位置与角度

观赏位置涉及视点、角度、方位乃至距离等，观赏角度可分为正面与侧面观赏，仰视与俯视观赏，几个因素联结起来，会对旅游者的审美经验产生直接的影响。不少旅游景观只有从一定位置或角度望去，才能发现其特有的魅力。如在北京的玉泉山眺望万寿山，万寿山只不过是一个单调的小山头，感觉不到什么美；而在颐和园昆明湖东堤仰观万寿山的佛香阁，会感到其建筑形象是那样清晰、高大、恢宏。再如，李白的《望庐山瀑布》写道："日照香炉生紫烟，遥看瀑布挂前川。飞流直下三千尺，疑是银河落九天。"很显然，若要想欣赏到该诗所描写的意境，审美主体就须在理解的基础之上诉诸艺术的联想与审美的想象，从中化出一个间接的景观意象。若亲临其境，按字索"骥"，势必要寻找出适当的位置和距离，特别是一种能观赏瀑布全貌的仰视角度。否则，就无法感其奔流跌宕、飞泻雄奇之美。

 本章小结

本章主要论述了旅游资源审美的概念、内涵及审美的实践意义、旅游审美的发展历程、自然与人文旅游资源的主要审美特点，分析指出旅游审美主体审美潜能培育的基本原理和方法。通过本章学习，使学生能够运用所学知识分析旅游资源的美学特色、构景规律、文化背景等，从而提高学生的旅游审美情趣和水平、启发学生思维、陶冶情操、增强美感体验，帮助学生美化其客观世界和主观世界。

复习思考题

一、填空题

1. 按照我国传统美学的分析，形态美主要包括 _____、_____、_____、_____、_____、_____、_____之美七种。

2. 从审美发展的历程来看，这一过程大致经历了 _____、_____、审美意识觉醒时期、_____、旅游活动的昌盛时期、_____ 和多元化与个性化并存等多个旅游审美阶段。

3. 在旅游活动过程中，我们可以通过培养 _____、_____ 和 _____ 三方面来提高自己的审美能力。

二、不定项选择题

1. 明代大旅行家徐霞客称为"生平奇览""步步生奇"的是（　　）。
   A. 武夷山　　B. 雁荡山　　C. 黄山　　D. 泰山

2. 下列体现出比德的审美心理的是（　　）。
   A. "出淤泥而不染，濯清涟而不妖"
   B. "烟笼寒水月笼沙，夜泊秦淮近酒家"
   C. "江流天地外，山色有无中"
   D. "芳树无人花自落，春山一路鸟空啼"

3. 下列属于自然旅游资源审美特征的是（　　）。
   A. 形态美与色彩美　　B. 动态美与朦胧美
   C. 比德美与特色文化美　　D. 工艺美与独特意境美

4. 旅游资源审美的方法主要有（　　）。
   A. 动态法　　B. 静态法　　C. 分析法　　D. 移情法

三、简答题

1. 试述旅游美学与旅游资源美学的关系。
2. 如何把握中国人文景观中的意境美？如何看待其内在的辩证关系？

四、案例分析题

民间艺术的旅游美学价值

民间艺术一直以来因其自然淳朴的风格、稚拙率真的形式、生动丰富的内容和古老深厚的寓意而受到广大普通民众的喜爱。如今，在旅游业的刺激和带动下，民间艺术品身价倍增。民间艺术（以下简称"民艺"）的旅游美学价值主要表现在以下几个方面。

1. 悦耳悦目

在美学心理学中强调："悦耳悦目"是一种形象的直观感受，是不假思索地从审美对象的感性形态中直接观照到它特有的本质内涵，并迅速生成某种审美意象。这种快速而直接完成的形象思维活动，在广大普通旅游者消费旅游产品时，尤其是作为观赏者面对大量铺排的民艺作品时，变得十分突出和活跃。虽然这些直观形象，比如，农家炕头的剪纸、刺绣或乡间地头的舞龙、斗鸡等，仅仅是来自于某些浅层的、表面的、静态的展示或原始的、本能的、动态的演示，却能够凭借强烈的艺术审美性在第一时间给观众以不同凡响的印象，同时也构成了对于旁观者的强大的视觉、听觉等综合的感觉冲击力。因此，这也是为什么农业主题旅游产品开发者对外观形象鲜明、感官刺激强烈的民艺品类情有独钟的原因。

农家炕头的剪纸

2. 悦心悦意

"悦耳悦目"的民艺作品是在进入旅游领域后，产品开发者并未对其进行太多的人为改造，而仅是原原本本地"拿来"，这类民艺作品只占到旅游产品的一小部分，其艺术色彩浓于商业色彩。但是涉及"悦心悦意"的旅游产品，就需要在原来民艺品的基础上，借助人的智慧加以开发、变形和创新，挖掘出民艺品更深层的审美价值，为民艺套上现代文明的外衣，使旅游消费者加速实现感官享受向触发情感或产生想象的高级审美心理的跃进。在农业主题旅游的项目中，就需要产品开发者立足民艺本源、勇敢创新、善于引导，以较低的成本实现某些民艺品类在旅游市场上的美学价值的高级形式。比如，在"农家乐"旅游项目中，旅游者暂时地充当起劳作者的角色，或操作旧式纺车织就一段粗布，或编织竹器、渔网，或烧制陶瓷器皿，或打铁或锯木，或浇水采摘……这些闪烁着农耕文明火花的劳动本身对旅游者就充满了吸引力，当他们以劳动者的身份体验艺术创作的乐趣时，这些设计的基本不露商业痕迹的旅游产品确实满足了他们返璞归真、探求本我、实现自我的审美要求，而这样的精神愉悦是只用感官感觉所无法实现的。

【5-12拓展视频】

3. 悦神悦志

在民艺生成的旅游产品的消费过程中，满足"耳目"的快感是比较容易的，满足"心意"的愉悦也不甚困难，但是实行"神志"的升华则绝非易事，这是需要旅游产品的开发者和旅游消费者双方共同努力，甚至要撕碎商业化的外衣，超越功利性的占有和享受，进入非功利性的旷达和赏玩的精神境界。比如，埋没在钢筋水泥里的城市人仅仅通过参与某些诸如冲浪、潜水、垂钓等海上娱乐活动是根本不可能领悟大海在海边渔民心中的意义。只有真正参与一次渔民的祭祀活动，看看他们是如何世世代代、虔诚地对"海龙王"顶礼膜拜，祈求平安丰产，才能在这些气势恢宏甚至有些悲壮的礼拜仪式中渗透原始海洋文明的真谛，对大海产生敬佩、敬仰和敬重的情感，进而对此岸世界和彼岸世界进行深刻的思考和审视。这样的效果才是民艺审美价值的最高境界和最理想的体现形式。

 请思考

试分析民间艺术作品的题材和内容反映了大众怎样的审美需求和心理需要。

Chapter 6 旅游资源调查

学习目标 >
- 了解旅游资源调查的意义与原则
- 掌握旅游资源调查的内容与形式
- 懂得旅游资源调查的方法与程序
- 学会编制旅游资源调查报告

知识结构 >

旅游资源调查
- 旅游资源调查的意义与原则
  - 旅游资源调查的意义
  - 旅游资源调查的原则
- 旅游资源调查的内容与形式
  - 旅游资源调查的内容
  - 旅游资源调查的形式
- 旅游资源调查的方法与程序
  - 旅游资源调查的方法
  - 旅游资源调查的程序
  - 旅游资源调查报告的编制

"国际慢城"缘何落户柞水营盘?

2020年12月17日,在国际慢城协调会举办的线上会议上,国际慢城联盟总部授予陕西柞水县营盘镇"国际慢城"称号。国际慢城,是1999年自意大利逐渐兴起的一种新的城镇模式。慢城理念倡议,主要是为现代城市中长期处于快节奏、紧张工作状态的人们提供一种全面放松身心、休闲度假的旅居方式,是最美乡村、绿色经济和历史文化的深度融合,让人们懂得保持地方传统就是保持家园之根。慢城的本质是全球化背景下的一种新型村镇发展模式;其主旨是提倡放慢生活节奏,提升居民幸福指数,构建和谐小镇;其精髓不是"慢",而是建设高品质生活宜居之城、文化特色之城、生态环境优美之城和富民之城。世界慢城联盟规定:获评国际慢城称号的城镇、村庄或社区人口不得超过五万,追求绿色低碳生活方式,拒绝污染、拒绝噪声,鼓励都市绿化,支持继承传统手工技艺,拒绝快餐和大型超市等。

【6-1拓展视频】

柞水县营盘镇地处秦岭南麓,素有"终南首邑""秦楚咽喉"之称。营盘镇旅游资源得天独厚,拥有AAAA级景区牛背梁国家森林公园、AAA级景区秦楚古道、AAA级景区孝义小镇、中国最美休闲乡村、终南山寨等景区景点10余处。其中牛背梁国家森林公园总面积2123公顷,这里人文气息浓郁、生态环境绝佳、自然资源丰富、景观优美壮丽,植被覆盖率93%左右,是名副其实的"世界生物圈保护区"和"天然氧吧""避暑胜地"。同时这里也是秦风与楚韵的交汇之地,身处秦岭却有着别于北方的语言、饮食、民居等民俗文化。

加盟"国际慢城"只是起点,打造之路还很漫长。下一步,柞水县营盘镇将以地域文化赋能慢城品牌价值,借势"慢城、漫游、慢生活"驱动"快发展",坚持"生态优先,绿色发展"的原则,在生产生活、文化传承、体验方式上秉承尊重自然的表达方式,以山水、休闲、生态、人文"四要素"为重点,全力打造高品质、高效率、高水准的人与自然和谐共生的可持续旅游发展模式。

柞水县营盘镇是西北第一个、中国第13个"国际慢城"。2023年10月28日,我国又一小镇——海南省临高县西北部的东英镇获授"国际慢城"称号,这是我国第14个,也是第一个滨海型"国际慢城"。截至2023年10月,全球共有295个"国际慢城"分布在33个国家和地区。

案例思考

柞水县营盘镇为何能获"国际慢城"称号?请查阅资料,了解我国目前拥有"国际慢城"称号的城镇分别拥有哪些特色旅游资源。

Chapter 6 旅游资源调查

6.1 旅游资源调查的意义与原则

6.1.1 旅游资源调查的意义

旅游资源调查是指按照旅游资源分类标准，运用科学的方法和手段，有计划地收集、记录、整理、分析和总结旅游资源及其相关因素的信息与资料，以确定旅游资源的存量状况，并为旅游经营管理者提供客观决策依据的活动。旅游资源调查是旅游资源评价、开发及规划的基础工作，是保持旅游资源本真性的必要手段。对旅游资源进行调查，其重要意义主要表现在以下几方面。

1. 有利于掌握旅游地旅游资源赋存现状

旅游资源调查最直接的目的在于真实掌握旅游地的旅游资源赋存信息，全面认识旅游资源调查区域内旅游资源的类型、数量、特征、规模和开发潜力，了解每一资源单体的位置、性质、形态、结构、组成成分、生成过程、演化历史、保存现状、保护措施、开发情况、与周边旅游集散地和主要旅游区（点）之间的关系等。通过调查，可以起到摸清家底、了解现状的作用，为旅游资源的评价和开发工作奠定基础，并提供可靠的第一手资料。调查之后，要求建立旅游资源信息管理系统，并将资源信息录入空间数据库，便于查询。这个过程不论对于旅游行业管理部门、旅游开发企业、旅游投资商，还是广大旅游者，都可以方便快捷地掌握区域旅游资源的赋存状况。但必须说明的是，这些信息要求科学、客观、准确，须使用科学语言，而非文学语言，其主要目的不是吸引旅游者，因此有别于旅游宣传材料和旅游广告。

2. 有利于明确旅游资源开发及利用的重点

通过旅游资源调查，一是有利于全面掌握旅游资源的开发状况，特别是对那些尚未被开发或处于潜在开发状态的旅游资源，以及那些"养在深闺人未识"的分布偏远却特色鲜明的旅游资源和还未将资源优势转化为产品优势和产业优势的旅游资源，有一个清晰的认识；二是有利于明确开发利用的重点，按照调查的旅游资源的种类、基础条件以及旅游市场的需求，按先后次序开发，实现旅游产品优化组合；三是有利于避免盲目开发、重复开发、破坏性建设所造成的资金浪费和资源过度损耗的现象发生，从而促进旅游资源的可持续利用；四是有利于合理引导社会资金和民营资本参与旅游开发，扩大招商引资，促进旅游业的可持续发展。因此，旅游资源调查可以为科学地进行旅游资源开发规划与项目建设、旅游行业管理与旅游法规建设、旅游资源信息管理与开发利用等领域奠定基础。

3. 有利于旅游资源的科学保护

旅游资源调查所得的基本资源信息对于科学研究旅游资源承载力，合理制定旅游资源开发强度，有针对性地制定旅游资源保护措施，具有积极意义。不同性质、不同类型的旅游资源，其生成过程、演化历史、破坏因素、抵抗破坏力的强度等方面都各不相同。如果不进行分门别类的调查，只采取简单划一的保护措施，就会使比较脆弱的旅游资源遭到一定程度的损坏；而对于那些抵抗破坏力较强的旅游资源，过度保护，又显得多余，影响旅游资源的有效利用。对于已经开发利用的旅游资源，通过调查其保存现状和保护措施，可以发现保护力度是否合适，从而加以调整。因此，旅游资源调查的成果对于旅游资源的科学保护、现代化管理和环境监控都有积极的意义。

6.1.2 旅游资源调查的原则

旅游资源调查工作的重要性对其本身提出了较高的要求，整个调查的过程必须遵循一定的原则，以保障过程的完整性以及调查结果的有效性。

1. 真实性原则

旅游资源调查只有基于真实数据及资料才能获得最符合实际的调查结果，从而为旅游资源开发提供有效支撑。当然，旅游资源的真实性一方面要求调查者进行实地的调研，依靠现有技术进行访谈记录、问卷调查、数据统计以及照相录像等现场搜集；另一方面，还要求调查者在进行二手资料（如文献、书报、数据图表等）搜集时能够注重资料的真实性、即时性以及来源的可靠性，同时从客观、科学的角度进行调查信息的整理分析。只有这样，旅游资源的真实状况才能够生动呈现于纸上，所得的一手资料和二手资料才具有实用价值。

2. 系统性原则

旅游资源调查是一个系统的过程，其经过的每一步都应具备系统的考量。首先，在信息、资料搜集方面，多渠道资料来源的运用才能使资料在广度和深度上更为丰富，现代互联网的运用、全球化知识的共享以及学术力量的增长都能够为旅游资源调查信息来源提供技术支持；其次，在进行调查时，不仅应考虑自然资源、山河湖海、建筑村落等物质方面的调查，还应考虑宗教历史、民族文化等非物质方面的调查，从精神、物质两方面深入区域旅游资源调查，为旅游资源开发符合市场需求奠定基础；最后，作为景区规划的信息来源，旅游调查需要获得多方面的系统支持，需要调查人员在结构上尽量吸收旅游、地理、经济、环境等专业人员，充分利用不同学科的研究方法，以获得系统而全面的资料。

3. 创造性原则

旅游资源的调查就是要全面掌握具有可供旅游开发利用的所有旅游资源，既不要放过任何一种客观存在的资源，又要善于发现能够满足旅游者不断变化的个性化需求的旅游资源、具有新的利用价值的旅游资源和将来可供开发利用的旅游资源。这就涉及旅游资源调查队伍的调查角度及调查方法的创造性，而调查队伍的知识面、知识结构和知识体系的互相补充与融合，能够为旅游资源调查过程提供创造可能，也能够为旅游资源开发提供更多创造性思路。

4．选择性原则

旅游资源调查应根据客观的市场现实、潜在需求，分析、筛选旅游资源，以适应旅游业发展对旅游产品的要求。调查内容应突出重点，选择市场需求大、有价值的旅游资源单体，对极具特色或有可能发挥特殊旅游功能的旅游资源要给予充分重视，对现阶段不具有开发价值或开发条件的旅游资源也应进行一定的调查。

6.2 旅游资源调查的内容与形式

6.2.1 旅游资源调查的内容

作为可供开发利用的旅游资源区，必须具备高品位的资源构成和良好的外部环境条件。高品位资源构成要求资源量大，具有较大规模和一定数量的景点，具有较高的可观赏性，自然景观和人文景观组合巧妙、合理、独特，给游人以赏心悦目之感。旅游资源的外部环境条件对资源的开发也十分重要，一个具有开发前景的旅游资源区应具备与依托城镇距离适中、交通方便的条件，并具备良好的经济和社会环境条件。鉴于以上考虑，旅游资源的调查内容可分为旅游资源环境调查、旅游资源本身的调查、旅游要素现状及开发条件的调查三个方面。

1．旅游资源环境调查

(1) 自然环境调查

① 调查区概况。其包括调查区名称、地域范围、面积、所在行政区及其中心位置与依托的城市。

② 地质地貌条件调查。一方面，岩石、地层和地质构造是形成自然景观的物质基础，因此有关旅游资源区的岩石和地层特征、地质构造发育特征和活动强度的调查，对于掌握自然景观类型及分布规律，了解自然景观的成因，预测景观的分布（如溶洞等地下景观）是十分必要的。另一方面，地貌也是自然景观开发规划的基础，其调查内容首先是可供观

赏的峰岭、沟谷、洞穴的分布和特征，从而对调查区总体的地形地貌特征有一个全面概括的了解。考虑到调查工作的方便和资料的准确性，应收集适当比例尺的地形图，并以此为底图编制扼要概括景观的山势地貌图，把可供观赏的峰岭、沟谷、洞穴、奇石等准确地标示在图上。

③ 水体环境调查。水体要素即旅游资源调查区的水文特征。调查区的地下水和地表水不仅可以构成可供观赏的水体景观，而且对未来开发中生活用水的水源供应也十分重要，同时还要注意由水带来的灾害等对旅游资源的不利因素。旅游资源区水文调查应包括：地表水和地下水的类型和分布；季节性的水量变化；可供观赏的奇特水景（如泉、溪、湖、瀑）的类型、特征和分布；供开采的水资源（饮用水、矿泉水等）；已发生和可能发生的水灾害（如洪水、泥石流等）。在水景资源调查中应配套调查景观周围的地形、交通和场地等，以便开发时合理设计与之相关的观景点。

【6-2拓展知识】

④ 气象气候条件调查。气象要素包括调查区的年降雨量及其分布，气温、光照、湿度及其变化，为资源评价开发提供准确的数据。气候要素包括调查区及外围的大气成分、水质及其污染情况，人与自然环境的关系，自然资源和环境保护的情况，是否存在掠夺性开采和开发自然资源及破坏生态平衡的现象，在此基础上提出保护环境的初步建议。气象、气候和环境条件对自然景观的形成和破坏都可能有影响，作为气候和气象本身就可形成具有观赏价值的景观（如云海、佛光和蜃景等），但恶劣的气候可能对景观造成破坏。因此，既要注意到它们有利于景观的一面，也要考虑到不利因素的一面。

⑤ 动植物环境调查。该项调查内容包括调查区总体的动植物特征和分布及具有观赏价值的动植物类型和分布。一个景区的植被对于增加景观的美感、保护景观资源和防治水土流失是十分重要的。除此之外，一些特殊的植物景观（如古银杏、榕树、迎客松、竹林、原始森林、热带雨林等）和独具特色的珍稀动物（如大熊猫、金丝猴、梅花鹿、大鲵、彩蝶等）都对游客有很大的吸引力。调查这些资源既要考虑未来开发中如何保护这些珍稀动物、植物，维持生态平衡，又要兼顾供游人观赏和吸引游客，因此调查其分布和活动规律显得十分必要。

⑥ 环境质量调查。调查影响旅游资源开发利用的环境保护情况，包括工矿企业因生产、生活、服务等人为因素造成的大气、水体、土壤、噪声污染状况和治理程度，以及自然灾害、传染病、放射性物质、易燃易爆物质等状况。

(2) 人文环境调查

人文环境调查包括调查区的历史沿革、经济环境、社会文化环境和人文景观等。

① 历史沿革。主要关注调查区的发展历史，具体包括调查区建制的形成、行政区划的调整情况、历史上发生的重要事件、著名人物及其活动经历以及这些人物对当地历史文化的影响。

> 知识链接
>
> ### 游历甘肃　品味文化
>
> 羲轩桑梓、飞天故乡、丝路花雨、大梦敦煌……一走进甘肃，仿佛走进了华夏文明的美丽画卷。作为中华民族的重要发祥地和文化资源宝库，甘肃汇聚了始祖文化、彩陶文化、农耕文化、石窟文化、汉简文化、长城文化、丝路文化、黄河文化、民族文化、宗教文化、红色文化及现代文化等多元文化的璀璨光芒。由于地理位置的特殊，甘肃自古就是中原文化与西域文化、汉文化与兄弟民族文化的交汇之地。长期的文化交融，不仅丰富了甘肃的文化内涵，更孕育了这片土地上多元文化相互融通、相互促进、相互借鉴、共同繁荣发展……
>
> 【6-3拓展视频】

② 经济环境。主要关注调查区的经济特征和经济发展水平，具体包括经济简况、国民经济发展状况、工农业生产总值、国民收入、人口与居民、居民收入水平、消费结构与消费水平、物价指数与物价水平、就业率与劳动力价格范畴等。

③ 社会文化环境。主要了解调查区学校、邮电通信、医疗环卫、安全保卫、民族分布、职业构成、受教育程度、文化水平、宗教信仰、风俗习惯、社会审美观念、价值观念、文化禁忌以及应用新技术、新工艺、新设备的情况等；当地的旅游氛围和接受新事物的能力；调查区和依托城镇及中心城市的距离，依托城镇的接待条件、社会治安、民族团结、风土人情、文化素养、物产情况等。

④ 人文景观。调查区的人文景观包括各类古建筑和遗址、古人类活动和文化遗址、古交通遗迹（如古栈道）、石刻、壁画以及民族村寨等。人文景观调查不仅要调查现存的，也要调查过去存在而今毁掉的一些景观遗迹、遗存，甚至某些民间传说之地，以便开发时综合考虑、恢复和利用。

【6-4拓展知识】

(3) 区位条件调查

区位条件调查对于明确调查区域的主要客源市场至关重要，它决定了规划地区能否被纳入多目的地旅游线路之中，以及是否有机会发展与周边地区互补的旅游产品。此外，还需分析调查区在区域交通网络中的地位及其与外部交通的联系，具体包括公路、铁路、水运、航空等交通方式的走向、运力及今后的发展潜力。

2. 旅游资源本身的调查

旅游资源本身的调查主要是指按照旅游资源分类的相关规范和办法，深入细致地对旅游资源本身进行调查，为资源评价和开发提供基本素材。它包括对旅游资源的类型、特征、成因、级别、规模、组合结构等基本情况进行调查，并提供调查区的旅游资源分布图、照片、录像及其他有关资料，以及与主要旅游资源有关的重大历史事件、名人活动、文艺作品等资料。

> **补充阅读**

舟山旅游资源概览

中国第一大群岛——舟山,位于浙江省东北部,是著名的长江、钱塘江和甬江的出海口,是我国第一大群岛和重要的国际性港口与海岛旅游城市。2085个岛屿像一颗颗璀璨的珍珠,洒落在浩瀚无垠的大海中,蓝天、碧海、绿岛、金沙、白浪是舟山生态旅游环境的主色调。以海、渔、城、岛、港、航、商为特色,集海岛风光、海洋文化和佛教文化于一体的海洋旅游资源在长江三角洲地区城市群中独具风采。舟山市共有A级旅游景区35家,其中AAAAA级1家(普陀山)、AAAA级6家(南洞艺谷、桃花岛、沈家门渔港小镇、东海五渔村、花鸟岛、新评定南沙景区),AAA级20家。普陀山、嵊泗列岛为国家级风景名胜区,岱山、桃花岛为省级风景名胜区,定海是中国唯一海岛历史文化名城,沈家门渔港与海天佛国普陀山、海上雁荡朱家尖、海上仙山桃花岛形成了东海旅游的金三角。

舟山朱家尖岛

舟山旅游资源质量优、价值高、景观集群程度高。全市以"海天佛国、海洋文化、海鲜美食、海滨休闲"为特色,集佛教朝拜、山海观光、海鲜美食、滨海运动、环境疗养、休闲度假、商务会议等多项旅游功能于一体,已成为国际著名的佛教旅游胜地和群岛型海洋休闲目的地。

3. 旅游要素现状及开发条件的调查

(1) 旅游要素现状调查

行、住、食、游、购、娱是构成旅游活动的六大要素,与之相对应的交通、酒店、餐饮、游览、购物、娱乐等软硬件要素,既是旅游业的主要组成部分,又是形成旅游吸引物的重要因素，对其进行调查是十分必要的。

(2) 旅游资源开发条件调查

旅游资源开发条件调查是指对旅游资源所在地的地理位置和交通条件、景象地域组合条件、旅游环境容量、旅游客源市场、投资能力、施工难易程度六个方面的调查。

6.2.2 旅游资源调查的形式

1. 旅游资源调查的具体形式

根据调查工作的详略程度，旅游资源调查分为概查、普查和详查三种形式。

(1) 旅游资源概查

旅游资源概查是指对调查区域旅游资源的概况进行的调查，又称战略性调查。调查的主要目的在于全面了解全国或大区的旅游资源类型及其分布情况和目前开发程度，为统一规划、宏观管理和综合开发提供依据。该方法是借助于区域提供的现有资料对旅游区的整体轮廓的大致初探，概查在资料收集方面是浅显的，是调查者对旅游资源的概略性调查和探测性调查。由于受时间、资金、人力、物力等因素的限制，通常是在第二手资料分析整理的基础上，进行一般状况的调查。概查一般利用比例尺小于1∶500000的地理底图，通常是对已开发或未开发的已知旅游资源区的资源状况进行现场核查。

(2) 旅游资源普查

旅游资源普查是指对一个旅游资源开发区或远景规划区的各种旅游资源进行综合性调查。普查以实地考察为主，首先要收集比例尺较大或中等的1∶200000～1∶50000的地形图、地质图及航空照片，对调查区的地形、地质概况有一个全面了解。通过航片解译，寻找可供开发的潜在景观。在此基础上以路线调查为主，对调查区自然景观的物质组成、地貌特征、水体、气候、气象、动植物景观特征及人文景观逐一进行现场勘查。同时利用素描、摄影、摄像等手段记录这些可供开发的景观特征。所有的景观点均应统一编号、翔实记录，并标示在地形底图上。普查的结果以旅游资源图和调查报告及辅助资料（如摄影集、录像带）的方式提供。调查的目的在于为资源开发区和远景规划区提供翔实、系统、全面的旅游资源分布和景观特征的资料，从而为旅游资源的开发评价和决策做准备。

(3) 旅游资源详查

旅游资源详查是指对重点资源的实地勘察。一般是在普查和评价的基础上，经过筛选确定一定数量的高质量、高品位的景观作为开发对象，进行更详细的实地勘查的过程。普查的任务只限于对资源的概况作一般性描述；而详勘的结果，必须就该地区的开发，提供出一份翔实的可行性报告。详查图一般以1∶50000～1∶5000的大比例尺地形图作底图。详查图除标明景观位置外，还应标明建议的最佳观景点、旅游路线和服务设施点。由于旅游业的开发涉及自然及社会的许多方面，组织详查时应配备多种学科的力量。详查的每个调查对象都应该有具体数据控制。详查的结果应编制成不同景观的详查图或实际材料图，并编写详查报告。

2. 概查、普查与详查的关系

资源调查的概查、普查与详查过程并非独立分开的过程（表6-1）。在概查过程中发现创新点，从而开展区域普查；在普查过程中挑选重点，进行有效详查；三者环环相扣，互相影响，三者相互作用的结果则体现在资源调查结果中，因此三者的结合运用是旅游资源调查的关键。

表6-1 旅游资源概查、普查、详查的关系

项目	旅游资源概查	旅游资源普查	旅游资源详查
性质	专题性	区域性	区域性
目的	为地区旅游开发的一种或少数几种具有特定目的的服务	为地区旅游资源的评价和开发工作奠定基础	为地区旅游开发的综合目的服务
技术支撑	国家标准或自定调查技术规程	国家标准	国家标准
适用范围	适用于一种或少数几种单项任务，如旅游规划、旅游资源保护、专项旅游产品开发等	适用于全面调查研究，如旅游资源整合、旅游资源开发等	适用于区域旅游研究，如旅游信息管理等
组织形式	一般不需要专门成立调查组	专门成立调查组，成员的专业组合完备	专门成立调查组，成员的专业组合完备
工作方式	按照调查规定的相关程序运作，按实际需要确定调查对象并实施调查，可以简化工作程序	对所有旅游资源进行全面调查，运用多种技术进行调查，程序自由但繁复	按照重点进行调查，执行调查规定的全部程序
提交文件	部分有关的文件、图件	相关全部文件、图件	标准中所要求的详图、具体材料及全部文件
成果处理	成果直接为专项任务服务	成果部分为所有旅游资源项目任务提供服务	建立区域旅游资源信息库，直接处理，转化为公众成果，为广大群众提供服务

6.3 旅游资源调查的方法与程序

6.3.1 旅游资源调查的方法

1. 资料收集法

旅游资源调查的过程十分烦琐复杂，想要在整个过程中化繁为简，必须对区域内旅游资源的大致情况有所了解及预测，这就需要对现有区域旅游资源进行资料收集的初步调查。通过对现有调查报告，各种报道，区域经济发展规划，统计年鉴，统计报表，地方志，期刊上的相关研究论文，文学作品的文字、照片、影像等资料进行收集、统计、分析、归类，对旅游资源的分布状况进行有依据的预测，从而拟定实地调查提纲，规划下一步具体调查的工作部署、人员配备、考察方法等计划书，为实地调查做好准备工作。

2. 实地考察法

实地考察法是指调查人员在现场通过观察、测量、记录、填绘、摄像等形式直接接触旅游资源，从而获得旅游资源信息资料的调查方法。它是旅游资源调查最常用的一种方法，可以获得宝贵的第一手资料及专业人员较为客观的感性认识，资料的真实性高，结果翔实可靠。调查中要求调查者勤于观察、善于发现、及时填写、现场摄录，并做好总结工作。

3. 询问调查法

询问调查法是旅游资源调查的一种辅助方法，运用这种方法，可以从旅游资源所在地部门、居民及游客中及时了解旅游资源客观事实和难以发现的事物和现象。可通过面谈调查、电话调查、邮寄调查、问卷调查等形式进行询问访谈，获取需要的资料信息。如果是访问座谈，要求预先精心设计询问或讨论的问题且选择的调查对象应具有代表性。如果是问卷调查，要求问卷设计合理、分发收回的程序符合问卷调查的规定，以保证其结果的有效、合理。

4. 统计分析调查法

统计分析法是基于二手资料搜集以及实地考察两大调查基础上进行的，对旅游资源的统计包括总体数据的统计分析和对分区分类资源的统计分析两部分。在总体资源数据的分析上，风景地貌景观、水域风景要素、气象气候风景、风景动植物、历史古迹、民俗风情、建筑园林、城市风貌、文化与宗教、康乐购物等种种要素，需要分别统计其数量、面积、长宽、深浅、角度、含量、盐度、温度、直径、周长、种数、层数等数据，这些基本的统计分析，也是设计旅游环境和生态系统的基本依据。对分类分区资源数据进行统计分析时，需要把调查区的旅游资源，按其形态特征、内在属性、美感、吸引性等加以分类，并进行调查研究，与同类型或不同类型的旅游资源区域加以比较、评价，得出该区旅游资源种类、一般特征与独特特征、质量与区内的差异，以便于制定开发规划和建立旅游资源信息库，更有助于区内各地旅游资源的开发利用。

5. 现代科技分析法

为了保证旅游资源调查研究的科学性、提高调查成果的应用性，必须采用科学的研究技术方法。旅游资源调查的综合性、边缘性、发展性、创新性等特点，对调查技术方法提出了较高的要求。学者们不断探索，目前已经将一些计算机技术和"3S"高新技术应用于旅游资源调查研究中，使得调查工作的效率大为提高，调查的科学性、应用性价值陡增。

(1)"3S"高新技术

"3S"高新技术指的是遥感（Remote Sensing, RS）、地理信息系统（Geographic Information System 或 Geo-information System, GIS）、全球卫星定位系统（Global Positioning System, GPS）。这三种技术在旅游资源的一些研究领域中已经得到了应用，具有可视化、科学性、高效率等特点，有非常好的应用前景。

① 遥感技术。遥感主要是指从远距离高空以及外层空间的各种平台上利用可见光、红外、微波等电磁波探测仪器，通过摄影或扫描、信息感应、传输和处理，从而研究地面物体的形状、大小、位置及其环境的相互关系与变化的现代技术科学。遥感技术具有观测范围大、获取信息量大、速度快、实时性好、动态强等优点，使旅游资源研究中的空间基础地理信息的采集更为准确，更具现实性和时效性。早在20世纪60年代，加拿大、美国、德国、法国、意大利、埃及、瑞士等国家就开始在旅游资源的调查和评价中采用遥感技术，如今随着国内外遥感数据空间分辨率的提高而具有更加广阔的应用前景。综合来看，目前遥感技术在旅游资源研究中的应用可以概括为以下几个方面。

【6-5拓展知识】

a. 利用遥感图像的波谱特性，在遥感图像上发现和识别旅游资源。

b. 通过遥感图像，在大区域上进行旅游资源的地域组合结构及其相关性分析。

c. 在遥感图像上叠加环境、市场需求等因子，利用计算机处理技术，进行旅游资源综合评价。

d. 利用遥感技术多时相周期性观测的特点，掌握旅游资源动态变化的过程，并运用最新变化资料，对旅游资源实行动态管理和再开发（调整性开发）。

e. 利用遥感技术可以制作旅游资源研究的基础底图；与GIS技术融合后开发旅游地理信息系统，为旅游资源开发与规划、旅游资源管理决策提供科学依据；作为虚拟现实技术的重要技术基础，促进动态的旅游资源研究。

② GIS技术。GIS通称地理信息系统或地学信息系统，它是以采集、存储、管理、分析、描述和应用整个或部分地球表面（包括大气层在内）与空间、地理分布有关的数据的

计算机系统，由硬件、软件、数据和用户的有机结合而构成。GIS具有强大的空间信息管理、属性数据查询、三维影像显示、空间分析等功能，为旅游资源的相关研究提供了理想的技术平台。综合看来，目前GIS技术在旅游资源研究中的应用可以概括为以下几个方面。

【6-6拓展知识】

a. 存储和查询数据：将借助遥感技术、GPS技术以及调查员实地考察等采集的大量旅游资源的基础数据分门别类存储到GIS数据库系统中，便于后续研究的查询、调用和量算。

b. 空间叠置分析和相关分析：运用GIS将一个区域单元上的某种地理现象或某一属性值与邻近区域单元上同一现象或属性值进行叠置分析和相关分析，建立区域旅游资源资料间的量化关系，以统计方法发现其空间关系和空间相互影响规律。

c. 旅游资源评价：调用某一区域旅游资源的空间属性数据，通过建立和输入旅游资源评价数学模型，进行旅游资源的量化综合评价，使得评价更加高效科学，同时在同类旅游资源中建立可比性。

d. 旅游资源开发规划的编制、模拟与评判：GIS以其强大的制图辅助功能，为旅游规划提供大量的图件影像资料，使规划方案的制作可以科学与美观并重。在旅游规划评审过程中，GIS的多维展示功能使得规划方案可以将设计者的理念全面立体直观地呈现，更有利于评审专家做出合理的判断。同时，GIS技术作为虚拟现实技术中极为重要的基础技术，对于旅游资源开发规划方案的模拟演示与预测有着重要的作用。

e. 旅游资源实时动态监控与预警：在GIS数据库的基础上，建立旅游资源管理信息系统和监控中心（GIS工作站），通过布设在各个景区中或景区各个景点中的移动监测终端或车载系统发回游客游量、应急事件等实时数据进行分析和调控，保证旅游资源的可持续发展和景区管理的高效。

③ GPS技术。GPS是指以卫星为基础的无线电导航定位系统。GPS技术是美国于20世纪70年代为满足军事需要而开始研制，历时20年，耗资200亿美元，最终全面建成的系统，后来，其应用范围逐渐扩大至民用领域。GPS定位系统主要由GPS卫星星座（空间部分）、地面监控系统、用户接收处理部分组成，具有全球性、全方位、全天候、高精度、快速实时的三维导航、定位、测速和授时功能。GPS技术在旅游资源研究中的应用可以概括为以下几个方面。

a. 利用GPS技术，可以采集旅游资源在不同时间点的地理坐标、高程等数据，为旅游资源的图件制作、评价与开发提供科学依据和精确的数据支持。

b. 成为野外旅游资源考察的导航利器，使野外实测工作提高效率和精度。

c. GPS+GIS+GSM的综合开发，形成景区的多功能旅游服务系统，可以提供景点查询、路线规划和景点讲解等服务，提高了旅游资源综合管理的绩效。同时，这些技术的应用对于保障自助游客的安全也大有帮助。

(2) 虚拟现实技术

虚拟现实技术（Virtual Reality）是人们通过计算机对复杂数据进行可视化操作与交互作用的一种全新方式，是一种由图像技术、传感与测量技术、计算机技术、仿真技术、网络技术及人机对话技术相结合的产物。它以计算机技术为基础，通过创建一个三维视觉、听觉和触觉于一体的虚拟环境为用户提供一种人机对话工具，同虚拟环境中的物体对象交互操作，提供现场感和多感觉通道，并依据不同的应用目的，探寻一种最佳的人机交互界面形式，从而为现实世界的决策提供科学依据。对该技术的研究始于20世纪60年代，早期由美国应用于军事领域，如今广泛地应用于航空航天、电视电影、医学和城市规划等众多领域。虚拟现实技术具有沉浸性、交互性和构想性的特点，是一项划时代的技术。该技术在旅游资源开发规划、旅游资源保护与可持续发展、旅游营销与推广中具有良好的应用前景。

6.3.2 旅游资源调查的程序

旅游资源调查必须按照规范的程序进行，才能保证工作的效率和调查的质量。例如，包括设计合理的调查计划，设置完善的调查小组，选择合适的调查方法，科学整理调查信息，全方面分析调查结果，得出可行的调查结论等一系列动态过程。一般而言，典型的旅游资源调查可以分为三个阶段：旅游资源调查准备阶段、旅游资源调查实施阶段和旅游资源调查整理阶段。

1. 旅游资源调查准备阶段

(1) 成立调查小组

旅游资源调查是一项严格的旅游资源研究过程。鉴于旅游资源的科学内涵丰富，旅游资源单体、旅游资源赋存环境包含了调查区域内最重要的旅游信息，往往是要经过认真的科学鉴定才能真正认识和掌握它。同时，旅游资源作为自然界和人类社会事物和因素的载体，其学科的含义十分深厚，调查中有时需要相关专业人员才能正确地认定。为此，一个调查组，应该是一支熟悉该调查区自然、人文的历史与现状，具备旅游环境、旅游资源、旅游开发有关知识的专业队伍。一般应包括旅游、地学、生物学、建筑园林、历史文化、宗教、民族、环境保护等方面的专业人员。

(2) 初步收集、概选资料

尽可能多地收集调查对象的各项资料，包括与调查对象有关的各类文字描述性资料，例如，地方志书、乡土教材、旅游区与旅游点介绍、规划与专题报告等；与旅游资源调查区有关的各类图形资料，尤其是反映旅游环境与旅游资源的专题地图；与旅游资源单体有关的各种实拍照片、影像资料等。

(3) 列出所需调查清单

一方面,列出的调查清单不仅应该包括多份《旅游资源单体调查表》,还应该包括根据已有的资料,发现目前没有收集到但对调查有影响的资料的调查清单。另一方面,在进行实地调查时,往往需要一些先进的设备如定位仪器、简易测量仪器、影像设备等来为调查实施提供更多的技术支持。

2. 旅游资源调查实施阶段

(1) 确定调查小区及调查线路

根据对现有资料的了解,知晓调查区旅游资源的大体分布,对其进行重点选择,根据初步整理资料挑选出若干有一定调查价值的调查小区。调查小区应具有一定的旅游资源开发前景或者有显著的经济、社会和文化价值。调查线路是指按实际要求设计的,能够贯穿所有调查小区内的主要旅游资源单体所在的地点。调查路线的确定可以根据调查对象范围的大小,选取比例尺适中的地图,从而编制与调查工作计划相配套的野外考察线路图。

(2) 田野调查实施阶段

根据调查目标及调查路线,各小组根据各自任务前往调查小区进行详细勘察,运用仪器检测所需现实数据,并对所观察的调查区域的资源做详细记录,根据已有资料结果进行资源对比,了解原有资料及现实情况间的差距,采用采样、照相、录影等方式客观记载,以免因个人局限而缺漏有效信息。

(3) 填写《旅游资源单体调查表》,具体内容见表6-2。

表6-2 旅游资源单体调查表

单体序号:	单体名称:	基本类型:
代　　号	;其他代号:① ;②	
行政位置		
地理位置	东经 ° ′ ″,北纬 ° ′ ″	

性质与特征(单体性质、形态、结构、组成部分的外在表现和内在因素,以及单体生成过程、演化历史、人事影响等主要环境因素)

旅游区域及进出条件[单体所在地区的具体部分、进出交通、与周边旅游集散地和主要旅游区(点)之间关系]

保护与开发现状(单体保存现状、保护措施、开发情况)

3. 旅游资源调查整理阶段

旅游资源调查整理阶段是在数据和资料收集的工作以及实地调查工作都完成后，将所调查的资料全部汇总，进行仔细地整理和分析，最后完成图文资料的编辑并呈送相关部门审阅、参考、执行的过程。调查整理阶段具体可以分为以下三部分内容。

(1) 整理资料，编写《旅游资源调查区实际资料表》

调查资料的整理主要是把收集的零星资料整理成有条理的、能说明问题的情报，包括对采集的文字资料、照片、影像资料的整理以及图件的编绘等内容。在该过程中，首先，要对资料进行鉴别、核对和修正，使其达到完整、准确、统一、客观的要求。其次，应用科学的方法对资料进行编码与分类，以便于分析利用。最后，采用常规的资料储存方法或计算机储存方法将资料归卷存档，以利于今后查阅和再利用。在资料整理完成之后，调查人员要借助科学的统计分析技术对经过整理后的资料、数据进行分析解释，从而为该项调查结果提出合理的行动建议。在整个调查整理过程结束后，应利用分类资料完成《旅游资源调查区实际资料表》。

(2) 绘制《旅游资源地图》

整理反映旅游资源调查工作过程和工作成绩的手绘草图，选取形象直观的图例，经过编辑转绘到选定的地理地图上，形成旅游资源分布现状图，即《旅游资源地图》。该图的绘制需要两个过程：第一个过程，首先进行工作底图的准备，工作底图一般包括等高线地形图和调查区政区地图，等高线地形图的比例尺应该根据调查区的面积大小而定，较大面积的调查区为1∶200000～1∶50000，较小面积的调查区为1∶25000～1∶5000，特殊情况下才使用更大比例尺；第二个过程是在工作地图的实际位置上用不同的图例标注出各级旅游资源单体，部分集合型单体也可仅将范围绘制出来。

(3) 编写旅游资源调查报告

旅游资源调查报告是一项展现综合性成果的图文材料。相关人员可以通过旅游资源调查报告认识调查区内旅游资源的总体特征，并从中获取各种专门的资料和数据。由于针对旅游规划进行的旅游资源调查报告是编制旅游规划的重要依据，因此旅游资源调查报告也可作为调查区规划的重要附件收录其中。

6.3.3 旅游资源调查报告的编制

旅游资源调查报告是要求提交的必不可少的规范化文件。报告汇集了旅游资源调研的全部数据和资料，是旅游资源调研工作的综合性成果。报告编制是旅游资源调查与评价工作的最后一项内容。应秉持材料典型、内容翔实、中心明确、重点突出、结构合理、实际客观的原则进行编写，以求为外界认识调查区域内旅游资源的总体情况提供丰富、准确的资料，也为业内人员进行区域旅游规划提供理论依据和附件材料。调查报告的内容根据调查区资源类型和调查方法的不同而有所区别，但一般由标题、目录、前言、概况、正文与附件几个主要部分组成。通常情况下，旅游资源调查报告应包括以下一些内容。

(1) 标题：主要包括调查项目的名称、调查单位、调查日期等内容。

(2) 目录：通常是调查报告的主要章节及附录的索引。

(3) 前言：主要包括调查工作任务来源、目的、要求和调查区位置、行政区划与归属、范围、面积、调查人员组成、工作期限、工作量和主要资料及其成果等。

(4) 概况：包括调查区域概况以及此次调查概况。

(5) 正文：这是调查报告的主体，其核心内容包括以下五个方面。

① 调查地区的旅游环境：包括调查区的位置、行政区划、自然地理特征（地形、水系、气候和气象、动植物等）、交通状况和社会经济概况等。

② 旅游资源开发的历史和现状：应以动态发展的眼光简述调查区旅游开发的基本情况。

③ 旅游资源基本状况：包括旅游资源的类型、名称、分布位置、规模、成因、特色、功能、结构、形态和特征等。可附带旅游资源分布图、旅游资源分区图、旅游资源功能结构图、交通位置图、自然旅游资源一览表、人文旅游资源一览表、主要珍稀动植物名录、名胜古迹保护名录及保护级别、重要景观照片及与之密切相关的重大历史事件、名人活动、文化艺术作品等资料。

④ 旅游资源评价：运用科学的方法对调查区内旅游资源做综合性评价。一般情况下，对旅游资源进行定性和定量评价，评定旅游资源的级别和吸引功能。要附上旅游资源类型评价图、旅游资源分区评价图和旅游资源开发效益预测图。同时在与同类旅游资源进行对比和与其他区域内的主要旅游资源进行对比的基础上结合旅游资源的自身状况评定旅游资源的等级。

⑤ 旅游资源保护与开发的建议：主要阐明调查区旅游资源开发利用的现有条件、存在的问题及开发利用的指导思想、战略策略、开发重点、相应措施、开发步骤等。有必要时还应做出旅游资源利用区规划，明确各分区的资源优势，开发利用的主导方向，重点开发的特色旅游产品和精品旅游线路等。同时，应附上旅游资源开发规划设计图。

⑥ 主要参考文献与资料：应附《旅游资源图》及《优良级旅游资源图》。

在报告的撰写过程中，以上内容是必须包含的，不能遗漏，调查者可根据具体情况对包含的内容做一定的调整和增补。

(6) 附件：旅游资源调查报告附件是对主题报告的补充或详尽说明，主要包括背景资料、图件、声像材料及其他需要进一步详细说明的材料等。具体包括调查区基本概况的一些材料；反映调查区旅游资源状况的系列图件；旅游资源统计数据的汇总表；调查区内经编辑整理后的旅游资源录像带、影像碟片、照片集、幻灯片以及调查日记、资料卡片、随笔等。

本章小结

本章论述了旅游资源调查的意义与原则、内容与形式,以及方法与程序等内容。重点介绍了旅游资源的环境调查、资源本身的调查以及旅游资源开发条件的调查三个方面。通过本章的学习,使学生全面系统地掌握旅游资源调查的主要内容和调查形式,熟悉旅游资源调查的常见方法和基本程序,从而能够独立对某一地区旅游资源进行调查,并编制完成调查报告。

复习思考题

一、填空题

1. 一般而言,旅游资源调查可以分为三个阶段:_____、_____和_____。
2. 旅游资源调查内容中的自然环境调查主要包括:调查区概况、_____、气象气候调查、_____和_____。
3. 根据调查工作的详略程度,旅游资源调查分为_____、_____和_____三种形式。

二、不定项选择题

1. 下列不属于旅游资源调查准备阶段内容的是(   )。
   A. 成立调查小组　　　　　　　　　B. 确定调查小区及调查线路
   C. 初步收集、概选资料　　　　　　D. 列出所需调查清单
2. 下列不属于旅游资源调查报告的编制内容的是(   )。
   A. 标题和目录　　B. 前言和概况　　C. 摘要和后记　　D. 正文和附件
3. 下列属于旅游资源调查原则的是(   )。
   A. 真实性原则　　B. 系统性原则　　C. 创造性原则　　D. 选择性原则
4. 下列属于旅游资源调查方法的主要有(   )。
   A. 资料收集法　　B. 实地考察法　　C. 询问调查法　　D. 统计分析调查法

三、简答题

1. 旅游资源调查有什么现实意义?
2. 将学生分成几组对某一地区旅游资源进行调查,并编制完成调查报告。

四、案例分析题
如何推进旅游业供给侧结构性改革？

当前，我国居民消费步入快速转型升级的重要阶段，旅游业正迎来黄金发展期，但同时旅游业也处于矛盾凸显期。由于市场的不断扩大，大量的低端旅游产品供给已经无法满足人们的高质量的出游需求，导致旅游产品供给跟不上消费升级的需求，政府管理和服务水平跟不上旅游业高质量发展形势的需要。当前制约旅游业发展的主要因素是供给侧结构的不合理、不平衡，不能适应需求侧多元化、升级型的市场消费。因此，为了适应和引领经济发展新常态，加快转变旅游发展方式，必须着力推进旅游供给侧结构性改革。那么旅游供给侧结构性改革到底应该怎么进行？

总体来看，旅游业的供给侧结构性改革至少需要解决如下三个问题：一是通过产业升级解决旅游产业结构、产品结构与旅游需求结构不匹配的问题；二是通过提质增效解决旅游业主要依靠要素投入增加实现增长的问题；三是通过补齐短板解决公共产品供给不足的问题。这里所说的旅游公共产品至少包括公共设施、公共服务和公共政策等，具体包括游客服务中心、集散中心、咨询中心、旅游厕所、交通基础设施及相关服务设施等；面向旅游者的信息服务、咨询服务、投诉服务、安全保障和智慧服务等；服务于行业和社会的旅游宏观数据、产业及分行业、分地区统计数据，公民休假制度安排；旅游导览人才、民宿管家和旅游专业化管理等专业化人才培育等。

同时，实行旅游供给侧结构性改革，企业是中坚力量。具体到旅游行业，产品转型升级和技术创新是旅游行业进行供给侧结构性改革的重要内容。通过将互联网技术应用于更多的旅游消费体验场景，如支付方式、虚拟现实等技术的应用，旅游和其他产业（如医疗、教育、文化、娱乐）的跨界融合，提供能够满足广大游客需求的旅游产品，使得游客的旅游体验得到极大的延展和深化。对于政府来说，要把旅游业供给侧结构性改革置于地方国民经济的全局之中，因地制宜、统筹谋划，搞活存量与做优增量并举，提升已有产品与开发新业态并重，防止盲目上马形成新的产能过剩。坚持产业融合、复合利用，尽量依托现有的文化、教育、体育、医疗、农林、工矿、水利、交通、村镇和街区等各类社会旅游资源，开发与民众生活融为一体的大众休闲产品与文游产品，在推进供给侧结构性改革中深化资源共享、产业融合。例如，要结合区域文化资源开发文化旅游及其关联产品；探索具有环境价值的生态旅游及其发展路径和模式；构建科技旅游资源体系，研究旅游新产品与新形式；实践体育旅游产业发展效果、影响效应和发展路径；明确康养旅游的赋能模式和赋能机制等。

请思考

阅读以上资料，以小组形式讨论，旅游业供给侧结构性改革中，为何要依托现有的各类社会旅游资源开发与民众生活融为一体的大众休闲产品。

Chapter 7 旅游资源评价

学习目标>
- 了解旅游资源评价的意义
- 理解旅游资源评价的原则和内容
- 掌握旅游资源评价的定性及定量方法
- 了解国内外旅游资源评价的研究进展

知识结构 >

> **导入案例**

阿克苏旅游业发展驶入快车道

翻开中国地图，在塔克拉玛干沙漠西北边缘，一颗璀璨的绿宝石镶嵌在雪山与沙漠之间，这就是阿克苏。峡谷、雪山、草原、胡杨、沙漠、绿洲、冰川、戈壁、湿地，共同赋予了阿克苏品位高、类型全的旅游资源，"丝路古龟兹 神奇阿克苏"正以一种势不可挡的知名度和美誉度，吸引着八方来客。

【7-1拓展视频】

近年来，阿克苏市始终以"新疆是个好地方"旅游品牌为统领，放大"多浪·龟兹"文化影响力，围绕"丝路古龟兹 神奇阿克苏"旅游品牌，着力建设托木尔峰世界自然遗产地旅游区、龟兹世界文化遗产旅游区、南疆旅游集散中心等三大核心聚集区，打造区域性全域旅游高地和新疆重要的旅游目的地，彰显阿克苏景观之美、意境之美、人文之美，让阿克苏成为令人向往的"诗和远方"。

2021年，天山托木尔景区通过对托木尔大峡谷、温宿县"归园田居·塔村"、温宿县博孜墩柯尔克孜民族乡等景点进行整合规划开发，正全力打造和创建国家AAAAA级旅游景区。盛夏时节，天山托木尔峰脚下绿意泛滥，草坪上牛羊悠闲自得地觅着食，万花丛中蝴蝶、蜜蜂来回穿梭，清晰可见的雪山似乎触手可及，峡谷用磅礴的气势展示出一道令人叹为观止的景象，给游客带来了最美的视觉体验和最优质的旅游服务。如今，随着天山托木尔景区"颜值"和"气质"不断提升，天山托木尔大峡谷恐龙主题科普体验园、荒漠野生动植物园、科普研学基地、火星营地、归园田居·塔村星辰客栈、云裳草原、博孜墩牧场等成了广大游客打卡之地，各地游客纷至沓来。

此外，随着区域内差异化发展的深入，阿克苏各地县也逐步实现了跨越式发展。例如，新和县的唐安西都护府文化园，规划建设有古城体验区、关垒、戍堡、丝路文化展区等，通过系列遗址还原，充分展示中华优秀传统文化，荣获阿克苏地区"文化润疆"工程示范基地；拜城县规划建设温泉泡池康体疗养小汤屋，促进康养中心与中医理疗相结合；乌什县深入开展自行车、徒步、场地越野、户外拓展等体育旅游活动，积极推动城市体育公园建设，不断丰富旅游体验。

 案例思考

试从生态、文化及产业等方面分析阿克苏旅游资源的开发价值及潜力。

7.1 旅游资源评价的意义及原则

7.1.1 旅游资源评价的意义

旅游资源评价是指在旅游资源调查的基础上，采取一定的评价原则及方法，对旅游资源的规模、质量、特点、资源环境、开发前景及开发条件进行评判和鉴定的活动。旅游资源评价是旅游资源规划及开发的前提，评价过程的科学性和实践性直接影响着区域旅游开发程度和远景发展。旅游资源评价的意义表现在以下几方面。

1. 可以对旅游资源建立科学统一的认识

通过对旅游资源的评价，可以明确旅游资源的质量、功能、丰优程度等，可以全面了解旅游资源所在地的自然环境、人文环境和区位条件状况，建立起人们对旅游资源价值和开发可行性及潜力的统一认识，为遵循客观规律和旅游需求、合理开发规划和利用旅游资源奠定基础。

2. 为旅游资源的开发规划提供理论依据

旅游资源评价是区域旅游产业开发的基础性工作。通过对旅游资源的评价，能够发现资源的优势与劣势、面临的机遇和威胁，有利于制定旅游资源优势发挥的定位策略。也只有通过旅游资源评价才可以确定资源是否具有开发的价值，才能进行下一步的旅游资源配置、旅游资源有效利用及景区特色旅游项目建设等过程。因此，通过对旅游资源及其环境、开发条件的综合性评价，可为新旅游景区的开发规划、项目建设提供科学依据，也可为已开发的旅游景区的发展、提高、改造、扩大规模和推出新产品提供依据。

3. 为旅游资源的有效管理提供依据

旅游业和其他产业一样都涉及科学管理的问题，这不仅与一个旅游区有关，与国家和地方的宏观管理有关，也与所开发的旅游区的等级有关。因此，通过对旅游资源的质量、数量、规模、分布和条件的评价，能够为国家和地区分级规划、管理提供准确的依据和判断标准。同时，也可为景区确定合理的旅游景点门票价格，理性引导旅游消费，合理利用旅游资源发挥旅游资源的整体效应，为旅游资源得到持续发展提供依据和经验。

7.1.2 旅游资源评价的基本原则

旅游资源评价是一个系统、复杂、完整的过程，它包罗万象，涉及多方面的利益，因此很难进行统一衡量。在评价方面,不同的评价者往往有不同审美情趣,评价结构也不尽相同,为了使旅游资源评价公正合理,有利于旅游资源的合理利用和产业建设,在进行评价过程中需要遵循一定的原则以便完善评价过程。

1. 客观实际原则

旅游资源及其存在条件是客观事物,其内涵、价值表现、功能也具有客观性。旅游资源的评价工作,要从客观实际出发,实事求是地对其形成、属性、价值等核心内容做出恰如其分的评价,既不能产生盲目自信的想法,谎称"世界少有""国内第一",也不能过分贬低自身,找不到自己优势与定位。不管是哪种不客观的评价往往都会带来开发失误,不仅达不到预期效益,还可能造成设施闲置、投资浪费等问题。

2. 全面系统原则

旅游资源本身就是一个包含众多要素的综合体,因而旅游资源评价实质是对某地域旅游资源综合体的评价和环境综合体的评价。可以预见的是,旅游资源的价值和功能是多方面的、多层次的、多类型的,就其价值而言,涵盖文化、美学、科考、观赏、历史、社会等多个方面;在功能上,则包括观光、度假、娱乐、健身、商务、探险、科普等多种用途;同时涉及旅游资源开发的自然、社会、经济、环境和区位、投资、客源、施工等开发条件也要进行综合考虑。因此,旅游资源评价应该依据其自身的特点,运用系统论的方法,对其各要素的特点、功能作用等进行全面评价,才能对旅游开发可能产生的效益做出较为准确的预测。

3. 重点突出原则

一个旅游景区的开发主要取决于资源本身的质量、区位条件和区域开发条件三个方面。在对一个区域进行资源评价时,一定要抓住以上三大问题及旅游资源要素价值、资源影响力等主要矛盾,才不会被一些具体的、细小的问题所迷惑,也才不会影响整体评价结果。这个过程要求在全面分析的基础上,对影响每一项目的主要内容进行重点评价。同时,由于旅游资源评价过程涉及的内容众多,为了使评价结论具有可操作性且明确、精练,应该高度概括其价值、特色和功能。

4. 动态发展原则

旅游资源的特征及开发的外部社会经济条件是不断变化和发展的。以静态认识为基础深入考察旅游资源本质属性的同时,还必须以动态发展的眼光考察不同时间序列旅游资源所呈现的动态属性变化趋势,了解旅游资源的长期趋势、变化特性与过程,发现其变化规律,从而对旅游资源及其开发利用前景做出积极、全面和正确的评价。

5. 符合科学原则

符合科学原则主要是针对旅游资源的形成、本质、属性、价值等一些核心问题,评价时应采取科学的态度,不能全部冠以神话传说,更不能相信和宣传带有迷信色彩的内容,对于一些自然和人文现象要给予正确的、科学的解释。在评价时，尽管适当引入神话传说可以提高旅游景点的趣味性，以适应大众化旅游的口味，但该过程应注重以传播科学知识为重点。

6. 定量与定性相结合原则

旅游资源评价常用的方法有定性评价和定量评价两种。定性评价结果主观性较强、可比性较弱，只能反映旅游资源的概要情况；而定量评价能有效减少主观因素的影响，使评价结果相对客观，更具可比性，但操作起来有一定困难。当然，定性评价与定量评价方法各有其优缺点。旅游资源评价中，定性评价与定量评价应该是统一的，相互补充的；定性评价是定量评价的基本前提，没有定性的定量是一种盲目的、毫无价值的定量；定量评价使定性评价更加科学、准确，它可以使定性评价得出广泛而深入的结论。因此，在实际评价时，需要将两种方法结合起来，相互借鉴，优势互补，使对旅游资源的评价结果更科学合理。

7.2 旅游资源评价的内容

旅游资源评价的内容和范围较广，在总结国内外学者的观点和相关旅游资源评价标准的基础上，可以把旅游资源的评价分为三个方面：一是旅游资源自身内涵的评价；二是旅游资源环境条件的评价；三是旅游资源开发条件的评价。

7.2.1 旅游资源自身内涵的评价

1. 旅游资源特色

旅游资源特色即资源的特质或个性，是旅游资源的生命力所在，是吸引游客的关键性因素，是旅游资源开发的灵魂。通过分析找出旅游资源的特色，可以为旅游资源开发的方向定位，为旅游项目的设计提供依据。对于旅游资源特色的分析，可以用三种形式表述：①美学特征的概括和抽象。旅游活动实质是美学鉴赏活动，因而美的特征是特色最突出的表现，分析旅游资源特色就是分析自然和社会事物的存在是否符合美学法则，即多样统一、整齐一律、对称均衡、比例和谐、调和对比、节奏韵律，艺术创造中是否具有崇高美、悲壮美、意境美和传神美。②单一要素突出。旅游区有多种类型的旅游资源，其中有一种资源在区内最重要、最突出、最具有代表性。例如，庐山以飞瀑为特色，临淄以齐文化为代表，上海以现代都市风光为标志。③要素组合为区域特色。也有的区域以两种以上要素组合为其特色，例如，崂山以山海风光和道教文化为其特色。旅游资源的个性化特色是评价旅游资源的重要因素，评价指标主要是旅游资源的特殊度或奇特度。

知识链接

西宁塔尔寺

塔尔寺位于青海省西宁市西南的湟中区,这里是古丝绸之路进入河西走廊南路的必经之地,也是黄教创始人宗喀巴的诞生之地。塔尔寺又名塔儿寺,在藏语里叫"衮本贤巴林",是十万狮子吼佛像的意思。塔尔寺是中国藏传佛教格鲁派六大寺院之一,也是中国西北地区藏传佛教的活动中心,在中国乃至东南亚享有盛名。

塔尔寺的建筑中最著名的是八宝如意塔,大小金瓦殿和大经堂。八宝如意塔位于塔尔寺的广场上,高约6.4米,塔身白灰抹面,底座青砖砌成,八塔一字排开每个塔的南面开有佛龛,里面陈列着用梵文写的"佛旨"。酥油花、壁画和堆绣被誉为"塔尔寺艺术三绝";另外寺内还珍藏了许多佛教典籍和历史、文学、哲学、医药、法学等方面的学术专著。每年举行的佛事活动"四大法会",更是热闹非凡,最吸引人的当数一年一度的晒大佛,又名"展佛"。"展佛"即请出放置一年的巨大佛像在露天展示,从保护的角度,可以防霉变和虫咬,更重要的是寺庙僧人和信教群众对佛祖朝拜供养的一种特殊方式。"晒大佛"结束后,在塔尔寺内的广场上就要举行跳神,喇嘛们戴上各种假面具,跳起各种宗教舞蹈,此时,喇嘛还要念经祈祷、演藏戏,这是寺庙表演宗教艺术的舞台。塔尔寺是青海省首屈一指的名胜古迹,是国家AAAAA级旅游景区。

【7-2拓展视频】

西宁塔尔寺八宝如意塔

2. 旅游资源价值与功能

旅游资源价值主要包括美学、观赏、文化、科学、市场等价值。其中,美学价值评价涉及形象美、色彩美、动态美、声音美、意境美、组合美等;观赏价值评价有知名度、可游度、魅力度等；文化价值评价主要有文保度、完整度、可观度等，涉及历史文物、教育文化、休闲娱乐、民俗风情、人文景观等多个方面；科学价值评价则包括珍稀度、研究度、科普度等方面；市场价值评价主要包括向往度、满意度等。

旅游资源一般具有娱乐、度假、休憩、健身、医疗、探险、商务等功能。旅游功能关系到旅游资源的地位、意义、开发规模等级、市场指向等，进而影响到开发和保护的前景。旅游功能的评价内容及指标包括资源功能类型相异度、旅游功能明显度、功能的协调度等。

3. 旅游资源规模

旅游资源规模包括景点数量、景区面积、景区容量等指标。一方面，旅游资源的种类和数量决定旅游资源的规模；另一方面，不同的旅游资源，其规模及评价指标不同。对于同一种旅游资源，在其他指标相同条件下，旅游资源规模与旅游资源价值通常成正比。

4. 旅游资源丰度及分布

事实证明，只有在一定地域内集中，具有一定丰度或密度，又具有多类型资源协调布局和组合，形成特定形态的旅游路线，才能构成一定的开发规模，具有一定的开发可行性。资源的各个要素是相互结合，还是处于分离状态，分布是相对集中，还是分散，会直接影响旅游资源质量的高低。最佳的风景区都以资源要素组合完美和谐而见长，并且在分布上各景区各有特色。因此，旅游资源组合、分布评价指标包括：景点集中度、景点相异度、资源结构协调配套组合关系等。

总之，在相对的地域和时间内，由多种类型的旅游资源协调布局和组合，才能形成合理的、具有一定规模的旅游资源结构，从而形成资源开发规模效应，获得更高的开发效益。因此，旅游资源的组合及分布是旅游资源自身内涵评价不可或缺的内容。

7.2.2 旅游资源环境条件的评价

旅游资源单体并非独立存在的，其存在于自然及社会大环境中，因此从旅游资源的大环境出发，根据其所受外部客观条件的影响和制约因素，应对旅游资源环境条件进行有效评价。

1. 自然环境条件评价

自然环境条件包括自然条件和环境生态两方面。在自然条件方面，主要涉及气候、生物、地质地貌、水文等环境要素，评价指标有绿化率、舒适指数、环卫指数、环境容量系数等。在环境生态方面，主要涉及生态度、植被度、林相度、珍稀度等，相关的评价内容及指标包括生态系统的垂直地带性、生物多样性、生态结构特殊性、生态环境原始性、环境生态协调性、环境生态的美观性等。

2. 社会环境条件评价

(1) 政策条件评价

政策条件评价主要是指旅游资源所在地的政治局势、政策法令、社会治安、政府等方面对于旅游资源重视程度及开发力度。政策条件的评价是社会条件评价必不可少的内容之一，其主要指标包括：政府投入、法规法令执行度、政府人员培训力度等。

(2) 社区居民态度评价

旅游景区内居民对旅游业的态度、思想开放程度以及沿袭的风俗习惯是该地区社会文化条件的主要评价内容。

(3) 经济条件评价

经济条件是指旅游资源所在地的经济状况，主要是指投资、劳动力、物产和物资供应及基础设施等条件。旅游资源所在区域的经济条件极大影响着该地旅游开发，通常经济越发达的地区在旅游资源开发上的投资实力越强，且本地居民对旅游产品的消费需求也相应较高，这为当地发展旅游业提供了良好的保障。同时，经济发达的区域在人力资源的供给上也具有较大的优势，对旅游资源的开发也具有较大的推动作用。

(4) 技术条件评价

技术条件评价是对资源评价区域内现有施工条件、工程建设难易度、现有开发技术等方面的评价过程。

综上所述，社会环境条件评价内容主要包括政策条件、社区居民态度、经济条件、技术条件等。评价指标主要有可进入性、接待可行性、供需调节度、游览适宜度、社会安全系数、工程建设难易度等。

3. 客源市场环境评价

【7-3拓展视频】

一定数量的客源是维持旅游经济活动的必要条件，游客数量与旅游经济效益是紧密相关的。旅游资源开发的客源条件可以从两个方面进行分析：其一，是在空间方面分析旅游资源所能吸引的客源范围、最大辐射半径、吸引客源层次、数量及特点；其二，是在时间方面分析客源随季节变化可能形成的旅游淡、旺季。

4. 区位条件评价

旅游资源的区位条件主要是指旅游资源所在区域的地理位置、交通条件以及旅游资源与所在区域内的其他旅游资源、周边区域旅游资源的关系等。旅游资源所在地的地理位置及交通条件决定着游客的可进入性。另外，旅游资源与其所在区域其他旅游资源、周边地区旅游资源的关系往往存在互补关系或替代关系。不同的资源区位关系对资源的影响作用不同，区位条件对旅游资源的吸引力有加强或减弱的作用，必须做认真分析和恰当评价。区位条件包括拟开发的旅游区与客源地距离、交通可达性和相邻旅游区的关系，即其评价指标包括地理区位条件、交通区位条件、市场区位条件以及与其他资源地之间的关联区位条件。

7.2.3 旅游资源开发条件的评价

无论是资源开发，还是景点建设，都同区域环境分不开，受多种因素制约。旅游资源能否开发，不仅仅取决于资源本身的内涵，还必须对诸如容量、资金状况、用地条件、开发程度、开发风险进行评价。

1. 容量评价

旅游资源容量又称为旅游承载力，是指在一定时间条件和旅游资源的空间范围内的旅游活动能力及旅游资源的特质和空间规模所能容纳的游客活动量。其评价指标有容人量、容时量、环境容量、感应气氛容量等。一般地说，空间越大，可容纳游客量和可布置旅游设施用地的回旋余地就越大，开发利用的价值也越大，反之则越小。但是，在衡量适度的游客空间容量指标时，一般采用面积容量、路线容量、卡口容量三种不同的衡量指标与方法，以此判定合理的空间容量。

2. 资金状况评价

资金状况是旅游资源开发建设的直接要素。因为旅游资源开发最终要靠资金的落实与投入。所以对旅游资源进行开发利用可行性研究时，要重点考虑资金的到位情况，对资金情况的分析力求具体落实。开发资金的分配很大程度上受到旅游资源各方面评价结果的影响，对于资金状况的评价，也从侧面反映出不同旅游资源的不同重要性。

3. 用地条件评价

旅游资源开发必然导致旅游用地的大规模建设，旅游用地作为旅游资源的组成部分，其运用条件评价是进行旅游资源开发评价的必要过程。因此，旅游各类设施建设用地条件如何，将直接关系到开发利用效果、工程基建投资的大小与好坏。用地条件具体指地形、土质、基岩、植被、水文等，对这些条件的评价，能够为建设用地的有效使用、充分发挥其经济效益、有效地保护环境等提供客观依据。

4. 旅游资源开发程度评价

旅游资源开发程度的评价是基于景区现有开发项目的基础而进行的评价，其相应评价指标包括旅游资源开发成熟度、资源开发顺序等方面的内容。开发成熟度主要体现在其利用率、已建可游览项目、未建可开发项目等方面；资源开发顺序不仅依据于资金配比，一定程度上还应建立在对开发力度、回报率及旅游发展趋势评价的基础上。

【7-4拓展视频】

5. 开发风险评价

旅游资源开发评价不仅涉及旅游资源环境以及自身的条件评价，还包括对其开发的风险的评价，在整个旅游资源发掘和开发的过程不得不考虑各方面制约、风险因素。有效的开发风险评价包括对其开发技术风险、资金风险、可行性风险等方面的详细评价,该部分是支持、梳理旅游资源未来发展的基础性工作。

知识链接

黄冈市红色旅游资源调查的总体评价

黄冈市地处湖北省东部、大别山南麓,是早期中国革命的中心区域,也是新时代"红色"精神的生命家园。对黄冈市红色旅游资源进行总体评价,主要表现为以下五个特点。

1. 红色文化浓郁,资源类型丰富

黄冈市红色旅游资源十分丰富,土地革命战争、抗日战争、解放战争期间均留下了大量珍贵遗迹和精神遗产,在中国革命历史上留下了气壮山河的壮丽篇章。社会经济文化活动遗址遗迹、居住地与社区、归葬地、单体活动场馆等资源类型都有代表性景观,反映了党在土地革命、抗日战争、解放战争等不同阶段的革命历程。老区文化、红军文化等几大主题特色突出,红色旅游资源所蕴含的革命教育意义巨大,具有浓厚的怀旧色彩和体验价值,依托区域内优越的山水景观资源,是开发主题类休闲体验项目、建设中华民族共有精神家园的重要载体。

2. 主题鲜明,特色突出

黄冈市隶属于以"千里跃进,将军故乡"为主题的大别山红色旅游区,该旅游区主题鲜明、特色突出。这里的红安县是红四方面军、红二十五军、红二十八军三支红军主力的发源地之一;走出了董必武、李先念两位国家领导人和韩先楚、陈锡联、郭天民、秦基伟等223位"红色将军"。

3. 资源等级结构合理,且空间呈组团集聚分布

黄冈市红色旅游资源品级结构合理,区域内共有红色旅游资源单体14处,其中五级单体2处,四级和三级单体各6处,其余红色旅游资源还有多处。且红色旅游资源单体在空间上集聚分布在红安县,红安县因此成为旅游资源集聚的龙头,为红色旅游资源的集中开发以及与其他旅游资源整合开发提供了有利条件。

4. 资源组合好,开发潜力大

黄冈市不仅仅是红色片区,教育资源、名人资源、绿色生态、历史和民俗文化等资源也很突出,具有成为综合型旅游目的地的潜力。大别山革命根据地具有垄断性的革命历史文化遗产及其所承载的革命精神、革命历史丰碑"别样的红"。另外,这些红色资源的载体——黄冈市的广袤

大别山天堂寨

土地有着旖旎的山水景观和独特的民俗风情，能够完全迎合现代休闲旅游"自然（Nature）、怀旧（Nostalgia）、回归（Nirvana）"的"3N"时尚。"中部绿岛"大别山是我国南北和东西物种交集荟萃的桥梁和纽带，是我国许多特有珍稀濒危野生动、植物物种的集中分布地区，也是尚未开发的名山处女地，具有文化和生态开发的广阔市场空间。红红结合、红绿结合、红古结合、红俗结合以及多种方式融合的模式，会形成有较大影响力、吸引力和开发潜力的综合旅游地。

5. 区域空间大，互补性强

目前黄冈市的红色文化开发仍不足，绿色生态也几近处于未开发阶段。这些后发资源凭借着郑州、武汉、合肥三大城市群优势，可以在一定程度上与先发资源形成互补，通过有效接续，培育出新的旅游经济增长点。

7.3 旅游资源评价的方法

20世纪50年代以来，旅游资源评价一直就是地理、环境、经济、社会等学科领域研究的一个重点问题，其评价方法的演进大约有两个阶段，一是凭个人经验进行定性评价，二是建立数学模型进行定量评价。

7.3.1 定性评价方法

旅游资源定性评价是基于评价者（旅游者或专家）对于旅游资源质量的个人体验而进行的，通过人们的感性认识对旅游资源做出定性的评价或分级，一般无具体数量指标。定性评价法使用广泛、形式多样、内容丰富，评价的结果主要与评价者的经验和水平有关。我国许多学者对旅游资源的定性评价方法进行了大量研究，其中具有代表性的定性评价方法主要有"三三六"评价法、"六字七标准"评价法、美感质量评价法、德尔菲法、"六个标准"评价法、等级评价法、技术性评价法和一般体验性评价，下文对前四种进行具体说明。

1. "三三六"评价法

"三三六"评价法是指北京师范大学卢云亭的评价体系，即"三大价值""三大效益""六大开发条件"评价体系。

(1)"三大价值"

① 历史文化价值。属于人文旅游资源范畴，主要从旅游资源的类型、年代、规模和保

存状况及其在历史上的地位展开评价。另外，许多风景名胜区的题记、匾额、对联、诗画、碑刻等也是珍贵的历史文化艺术。可见，古迹的历史意义是评价历史文物价值的主要依据。我国公布的国家级、省级、地区级、县级重点文物保护单位，就是根据它们的历史意义、文化艺术价值确定的。一般来说越古老、越稀少，越珍贵；出于名家之手，其历史意义越大。如河北赵州桥，外观虽然很平常，但它是我国现存最古老的石拱桥，也是我国古代四大名桥之一。

【7-5拓展视频】

② 艺术观赏价值。艺术观赏价值主要是指客体景象艺术特征、地位和意义。自然风景的景象属性和作用各不相同，其种类愈多，构成的景象也愈加丰富多彩。主景、副景的组合，格调和季相的变化，对景象艺术影响极大。若景象中具有奇、绝、古、名等某一特征或数种特征并存，则旅游资源的景象艺术水平就高，反之则低。评价时有三种比较方法值得注意：a.地方色彩的浓郁程度，即个性的强弱程度；b.历史感的深浅；c.艺术性的高低。旅游规划工作者要善于运用上述方法，确定其艺术观赏级别和价值。

【7-6拓展视频】

③ 科学考察价值。科学考察价值是指景物的某种功能在自然科学、社会科学的研究和教学上有特点，可以为科教工作者、科学探索者和追求者提供现场研究场所。我国的许多旅游资源在世界范围内均有着重要的科学考察价值，获得了中外科学界的赞誉。

(2)"三大效益"

三大效益是指经济效益、社会效益和环境效益。经济效益主要是指风景资源利用后可能带来的经济收入；社会效益是指对人类智力开发、知识储备、思想教育和文化影响等方面的功能；环境效益是指风景资源的开发是否会对环境、资源造成破坏。

(3)"六大开发条件"

"六大开发条件"是指旅游资源所在地的地理位置及交通、景象地域组合、旅游环境容量、旅游客源市场、投资能力、施工难易程度六个方面的条件。

① 地理位置及交通条件。地理位置是确定景区开发规模、选择路线和利用方向的重要因素之一。旅游点的"可进入性"在很大程度上取决于优越的地理位置和方便的交通条件。

② 景象地域组合条件。一个景区如果景点地域组合分散，景点相距遥远，或位置偏僻交通不便，可进入性差，就大大降低了它的旅游价值，也影响了它的开发进度。

③ 旅游环境容量条件。旅游环境容量，着重指开发地的容人量（人／平方米）和容时量（小时／景点）。容人量是指旅游单位面积所容纳的游人数量，它是景区的用地、设施和投资规模在设计时的依据。容时量是指景区游览时所需要的基本时间，它体现了景区的游程、景物、景象、布局等内容。

④ 旅游客源市场条件。客源数量是维持和提高旅游区经济效益的重要因素，没有最低限度的游客，风景资源再好也难以开发。不同特征的风景区吸引着不同国度、不同地区、不同年龄和职业的游客，而不同的细分市场决定着该风景区的市场条件。

天门山玻璃栈道

【7-7拓展视频】

⑤ 投资能力条件。财力是旅游资源开发的后盾。一个地方的旅游资源价值及功能即使再大，但若开发建设耗费财力过多，在现有经济和技术条件下还无法解决之时，那么这个旅游资源的开发工作就应暂缓进行。因此，在旅游开发规划工作中要多渠道、多形式地广开资金来源，争取政府的财政拨款、各大企业的投资捐款和广大群众的合资等，为旅游资源开发提供良好的投资环境。

⑥ 施工难易程度条件。施工难易程度包括地质、水文等自然条件，建筑材料供应状况、工程量的大小及工程建设条件等。对此，必须在施工前进行充分的经济技术论证，并采取相应的措施。

2. "六字七标准"评价法

"六字七标准"评价法是指上海社会科学院黄辉实评价体系，是从两个方面对旅游资源进行评价的。

(1) 旅游资源本身的六个评价标准

六个标准包括"美、古、名、特、奇、用"。美，是指旅游资源给人的美感；古，是指旅游资源历史的悠久性；名，是指具有名声的事物和与名人有关的事物；特，是指特有的、别处没有或少见的资源；奇，是指给人以新奇感受的资源；用，是指给人以使用价值的旅游资源。

(2) 旅游资源所处环境的七个评价标准

七个评价标准即旅游资源的季节性、环境质量、与其他旅游资源的关系、可进入性、基础结构、社会经济环境、市场条件。这七个方面属于自然环境、经济环境、市场环境的范畴。它们对旅游资源的开发利用价值影响颇大，评价时必须进行客观的定性描述。

3. 美感质量评价法

美感质量评价是一种专业性的旅游资源美学价值的评价，一般是基于旅游者或旅游专家体验性评价而进行的深入分析，其评价结果具有可比性的定性尺度或数量值，其中，对于自然风景质量的视觉美的评估技术已经比较成熟。目前已发展成为四个公认的学派，即专家学派、心理物理学派、认知学派和经验学派。

(1) 专家学派

专家学派是以受过专业训练的观察者或者专家为主体，认为凡是符合形式美原则的风景就具有较高的风景质量，对风景的分析基于其线条、形体、色彩和质地。专家学派的代表人物是刘易斯、利顿等人，他们强调多样性、奇特性、协调性等形式美在风景质量分级中的作用，对风景质量的评价，突出地表现为一系列的分类分级过程，其依据主要是形式美原则与生态学原则相结合。该学派思想直接为土地规划、风景管理及有关法令的制定和实施提供了依据。在英、美诸国的风景评价研究及实践中，已被许多官方机构所采用。例如，美国土地管理局的风景资源管理系统对于自然风景质量的评价，首先选定7个风景质量因子进行分级评分，然后将7个因子的得分值相加作为风景质量总分值，最后将风景质量归入三个等级：A级为特优风景——评价总分19分以上；B级为一般风景——评价总分12~18分；C级为恶劣风景——评价总分0~11分。具体见表7-1。

表7-1 美国土地管理局"自然风景质量分级评价"表

评价因子	评价分级标准和评分值		
地形	断崖、顶峰或巨大露头的高而垂直的地形起伏；强烈的地表变动或高度冲蚀的构造（包括主要的劣地或沙丘）；具支配性、非常显眼而又有趣的细部特征（如冰河等）（5分）	险峻的峡谷、台地、孤丘、火山丘和冰丘；有趣的冲蚀形态或地形变化；虽不具支配性，但仍具有趣味性的细部特征（3分）	低而起伏之丘陵、山麓小丘或平坦之谷底，有趣的细部景观特征稀少或缺乏（1分）
植物	植物种类、构造和形态上有趣且富于变化（5分）	有某些植物种类的变化，但仅有一两种主要形态（3分）	缺少或没有植物的变化或对照（1分）
水体	干净、清澈或白瀑状的水流，其中任何一项都是景观上的支配因子（5分）	流动或平静的水面，但并非景观上的支配因子（3分）	缺少，或虽存在但不显目（1分）
色彩	丰富的色彩组合；多变化或生动的色彩；岩石、植物、水体或雪原的愉悦对比（5分）	土壤、岩石和植物之色彩与对比具有一定程度的强度的变化，但非景观的支配因子（3分）	微小的颜色变化；具对比性；一般而言都是平淡的色调（1分）
邻近景观的影响	邻近的景观大大地提升视觉美感（5分）	邻近的景观在一定程度上提升了视觉美感（3分）	邻近的景观对整体视觉美感只有少许影响或没有影响（1分）
稀有性	仅存在种类、非常有名或区域内非常稀少；具观赏野生动物和植物花卉的一致机会（6分）	虽然和区域内某些东西有相似之处，但仍是特殊的（2分）	在其当地环境内具有趣味性，但在本区域内非常普遍（1分）

续表

评价因子	评价分级标准和评分值		
人为改变	未引起美感上的不愉悦或不和谐；或修饰有利于视觉上的变化性（4分）	景观被不和谐干扰，质量有某些减退，但并非很广泛而使景观质量完全抹杀或修饰，只对本区增加少许视觉的变化或根本没有（2分）	修饰过于广泛，致使景观质量大部分丧失或实质上降低（0分）

(2) 心理物理学派

自然风景质量评估中，心理物理学派的思想和方法在20世纪70年代中期开始得到越来越多的应用，从发展趋势上看，其应用前景并不亚于专家学派的方法。心理物理学派的代表人物有施罗德、丹尼尔和布雅夫等人。该学派把风景与风景审美理解为一种刺激反应的关系，把心理物理学中的信号检测方法引入风景质量评价中来，具体做法是通过测量公众对风景的审美态度，获得一个反映风景质量的量表，然后将该量表与风景的各组成成分之间建立起确定的数学关系。

心理物理学派的基本思想是：第一，人类具有普遍一致的风景审美观，可以将这种普遍的、平均的审美观作为风景质量的衡量标准；第二，人们对于自然风景质量的评估（审美评判），是可以通过风景的自然要素来定量表达的；第三，风景审美是风景（客体）和人（主体）之间的一种作用过程，风景质量评估实质是指建立反映这一作用关系的定量模型。

心理物理学派的风景质量评估事实上分为四个方面的工作：第一，测量公众的平均审美态度，以照片或幻灯片为工具，获得公众对于所展示的风景的美感评价；第二，确定构成所展示之风景的基本成分（自然风景要素）；第三，建立风景质量与风景的基本成分（自然风景要素）之间的相关模型；第四，将所建立的数量模型用于同种类型风景的风景质量评估之中。

心理物理学方法应用于风景质量评估中的最为成熟的风景类型是森林风景。施罗德和丹尼尔曾以阔叶草、林木胸径、朽木与倒木的多少、下层灌木与地被的多少等七个因素来评估西黄松林的风景质量。布雅夫在对城市绿地的风景质量评价研究中还发现，城市绿地中，树木大而少往往比树木小而多具有更高的风景质量。心理物理学方法已在小范围的森林风景质量评估中获得较多的运用。

(3) 认知学派或心理学派

专家学派和心理物理学派有一个共同的特点，即二者都是通过测量风景的各构成成分来评价风景的整体质量的，只是在对测量的风景要素的选取上、测量的方法上以及研究的空间尺度上不同。认知学派侧重研究如何解释人对风景的审美过程，它把（自然）风景作为人的生存空间、认识空间来研究，强调风景对人的认识作用在情感上的影响，试图用人的进化过程及功能需要来解释人对风景的审美过程。20世纪70年代中期英国地理学家阿普尔顿的"瞭望－庇护"理论对心理学派思想的发展有较大影响，在分析了大量风景画的基础上，阿普尔顿指出，人在风景审美过程中，总是以"猎人"和"猎物"的双重身份出现的。作为一个"猎人"，他需要看到别人；作为一个"猎物"，他又不希望别人看到自己。也就是说，人们总是用人的生存需要来解释、评价风景的。

也在20世纪70年代中期，环境心理学家卡普兰夫妇开始以进化论为前提，从人的生存需要出发，提出了风景信息的观点，并逐步完善了他们的风景审美理论模型。他们认为，人在风景审美过程中，既注重风景中那些易于辨识和理解的特性（易解特性），又对风景中蕴藏的具神秘感的信息感兴趣（神秘特性）。因此，具备这两个特性的风景的质量就高。此后，金布利等曾就森林风景的"神秘性"进行研究，发现决定森林风景神秘性的有五个因素：障景、视距、空间局限程度、可及性和林中光线。布朗等人对卡普兰理论模型做了进一步的加工，从而形成如表7-2所表述的实用模型。

表7-2 风景审美解释模型（布朗）

项目	易解特性	神秘特性
自然景物	坡度、相对地势	空间多样性、地势对比
自然风景中之人工建造物	自然性、和谐性	高度对比、内部丰实性

另一位地理学家乌尔里希则进一步将进化论美学思维同心理学的情感学说相结合，来研究人的风景审美过程。他认为，在人的风景审美过程中，最初的情感反应至为重要，这直接表现为赏景者对眼前风景的兴致（"喜欢—不喜欢"的程度），在此基础上会有进一步或深入欣赏或回避的行为。这一过程对于赏景者对风景的认识、评价以及相关行为有重要的影响。

风景审美的认知学派理论已较为成熟。但由于其研究侧重点在于对人类风景审美过程的理论解释，因而难以在大规模的、要求有量化结果的自然风景质量评价中去应用。

(4) 经验学派或现象学派

在专家学派看来，风景是作为独立于人的客体而存在的，人在风景欣赏中和自然风景的关系只是一种简单的单向作用关系，人只是风景的欣赏者。心理物理学派则把人的普遍审美观作为风景价值的衡量标准。而认知学派则是从人的生存需要出发来解释人的风景审美过程。相比之下，经验学派则把人在风景审美评判中的主观作用提到了绝对高度，它把人对风景审美评判看作人的个性和其文化历史背景、志向与情趣的表现。经验学派代表人物是洛温塔尔。经验学派的研究方法，一般是考证文学艺术家们关于风景审美的文学、艺术作品，考察名人的日记等，以之来分析人与风景的相互作用及某种审美评判所产生的背景；另外，也通过心理测量、调查、访问等形式，记叙现代人对具体风景的感受和评价。但是，经验学派的心理调查方法同心理物理学派常用的方法是不同的，在心理物理学派的方法中，被试者只需要就具体风景的质量打分，或将不同风景（照片或幻灯）予以比较给出评价结论；而经验学派的心理调查，被试者不是被要求简单地给风景评出优劣，而是要详细地描述自己的个人经历及关于某风景的感受等，其目的也不是获取一个具有普遍意义的风景质量度量表，而是分析某种风景价值所产生的环境和背景。正因为如此，严格来说，经验学派的方法和研究结论不能为风景评价学者直接应用，实用价值小。

4. 德尔菲法

德尔菲法（Delphi Method）又称专家征询法，由美国兰德公司数学家赫尔默和达尔奇于1964年首先提出并投入应用。德尔菲法是一种以问卷的形式对专家进行意见征询，然后汇总专家意见并以之作为问题解答的一种方法。通常，最后结论的确定是建立在多轮意见征询（使专家意见逐渐收敛）的基础之上的。

德尔菲法的基本程序如下：首先，确定征询主题，征询主题一般是对社会发展或某一领域有重大影响且直接分析困难、意见分歧较大的课题；其次，选择所要征询的专家，专家要求有广泛的代表性，一般应包括研究层、管理层和决策层的专家，而且总人数应控制在适当规模，一般以20~50人为宜，某些大型预测也可达100人左右；最后，设计意见征询表并回收、整理意见，继续进行征询，直至得出解答问题的结论。经典德尔菲法一般分3~4轮征询，被征询人是本领域的专家，而且各专家是在独立思考不受其他人影响的情况下给出自己的意见，因此最后结论的可靠程度较高。

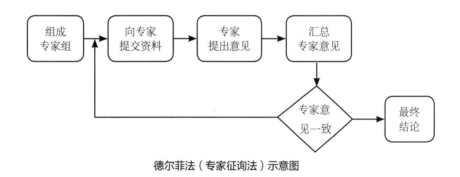

德尔菲法（专家征询法）示意图

7.3.2 定量评价方法

旅游资源定量评价方法是在考虑构成旅游价值的许多因素的基础上，运用一些数学方法，通过建模分析对旅游资源及其环境、客源市场和开发条件等进行量化评价，评价结果为数量化的指数值。定量评价较之定性评价，结果更直观、更准确。自20世纪70年代起，当美国运筹学家、匹兹堡大学教授托马斯·塞蒂（Thomas Satty）等人首次将数学方法引入旅游资源评价领域以来，旅游资源评价便进入量化评价发展阶段，并呈现出多学科融合的发展趋势。

1. 层次分析法

层次分析法（Analytic Hierarchy Process，AHP）又称解析递阶过程，是美国的托马斯·塞蒂于1973年提出的一种系统分析方法，主要用于求解层次结构或网络结构复杂评估系统的评估问题，迄今已在我国的科技、管理、军事等领域得到了广泛应用。

层次分析法是将决策有关的元素进行层次分解，并在此基础之上进行定性和定量分析的决策方法。层次分析法的基本思路是根据系统的具体性质和要求，将要识别的复杂问题分为若干层次，建立层次模型，再由专家和决策者对所列指标通过两两比较重要程度而逐层进行判断评分，确定评价因子的权重，进而利用计算判断矩阵的特征向量确定下层指标对上层指标的贡献程度，从而得到基层指标对总体目标或综合评价指标重要性的排列结果。层次分析法在目前的旅游资源评价、旅游环境承载力、生态预警等方面都有运用，往往与德尔菲法结合使用。

2. 技术性评价

旅游资源的技术性评价，是指对旅游资源各要素对于旅游者从事特定旅游活动的适宜程度的评估，大量技术性指标的运用是这类评价的基本特征。技术性评价在各类旅游资源和旅游地评价中应用最多，对旅游资源进行充分的技术性评价，是旅游风景区在规划和开发过程中必不可少的重要环节。这类评价工作一般限定于自然旅游资源评价。旅游资源的技术性评价，可以是就这些关键的旅游资源因素针对确定的旅游活动进行适宜性评估，也可以是就某种旅游活动所要求的各种旅游资源要素的组合状况进行技术性评价，根据资源要素的组合状况来确定这一旅游资源适于从事某种旅游活动的等级。

(1) 技术性单因子评价

技术性单因子评价是指旅游资源各要素适宜于游客从事特定旅游活动程度的评估。一般对于开展专项旅游，如海水浴、登山、滑雪等尤为适用。对于每一项旅游活动，都会有一个或几个旅游资源因素对活动的质量起决定性的作用。例如，从事海水浴，海滩和海水的状况是决定因素；而一般休养性质的旅游活动（如避暑），气候成为其决定因子；对于运动型旅游地的适宜性评价中，各种旅游活动对于地形的要求，成为评估适宜性的重要衡量标准；对于滑雪来说，滑雪地的地形和雪的厚度至关重要，滑雪要求的山坡倾斜程度（坡度）必须在35°以下，但滑雪区缓坡（10°以下）若占地面积太大，就会影响滑雪者的体验水准，吸引不到大量滑雪者。另外，地形对于风景观赏当然也有影响，一方面地形的崎岖与陡峭会给旅游者空间移动带来困难（这通常能借助于人工设施——缆车来解决），另一方面，地形的这种特性本身又能提高风景的美感质量。

(2) 资源要素组合的技术性评价

在旅游开发的实际工作中，通常是要求对特定区域的旅游资源进行总体评估。就旅游资源的技术性评价而言，则是要求评价资源要素组合的适宜性状况和等级。对于不同资源要素组合状况的适宜性等级，不同国家有不同的划分方法，甚至不同的评价者对具体的等级划分都有不一致的意见，即便如此，各种划分方法之间都有近似的地方，可供我国在制定类似标准时借鉴。

以美国、日本等国家对于海水浴场的技术评价标准为例来进行分析。日本东京设计咨询公司在制定的旅游开发规划中，曾提出如表7-3所示的海水浴场评价标准。美国土地管理局在其制定的土地供游憩活动适宜性评估系统中，对于海水浴场的技术评估选用七个决定因素实行分级评价，这七个因素为：水质、危险性、水温、水的颜色与浑浊度、风况、1.5米深水域距海岸线的距离及海滩状况。每个因素分三级评分，最后将各因素得分之和作为评估海水浴场适宜性的等级划分依据，具体评分的方法见表7-4。

表7-3 海水浴场评价标准（日本）

序号	资源项目	符合要求的条件	附 注
1	海滨宽度	30~60米	实际总利用宽度50~100米
2	海底倾斜	1/10~1/60度	倾斜度愈低愈好
3	海滩倾斜	1/10~1/50度	倾斜度愈低愈好
4	流速	游泳对流速要求在0.2~0.3米/秒，极限流速0.5米/秒	无离岸流之类局部性海流
5	波高	0.6米以下	符合游泳要求之高为0.3米以下
6	水温	23℃以上	不超过30℃，但愈近30℃愈好
7	气温	23℃以上	
8	风速	5米/秒以下	
9	水质	透明度0.3米以上，COD2ppm以下，大肠杆菌数1000MPN/100毫升以下，油膜肉眼难以辨明	
10	地质粒径	没有泥和岩石	愈细愈好
11	有害生物	不能辨认程度	
12	藻类	在游泳区域中不接触身体	
13	危险物	无	
14	浮游物	无	

表7-4 海水浴场适宜性评估（美国）

决定因素	评估标准及计分					
水质	清澈	5分	浑浊	4分	污染	1分
危险性	无	5分	有一点	4分	有一些	1分
水温	大于22.2℃	5分	19.4~22.2℃	4分	小于19.4℃	1分

续表

决定因素	评估标准及计分					
水的颜色与浑浊度	清明	3分	稍浑浊	2分	浑浊	1分
风况	全季适宜	3分	大于1/2季适宜	2分	小于1/2季适宜	1分
1.5米深水域距海岸线的距离	大于30.5米	3分	15.25~30.5米	2分	9.15~15.25米	1分
海滩状况*	良好	5分	一般	4分	差	1分

*注：分等：A=26~19分，B=21~25分，C=13~20分。

*包括：坡度、平滑、稳定性、障碍性。良好级：坡度低于10%的海岸平滑，稳定性高，障碍物少且易于移除。一般级与差级，以此类推。

3. 模糊综合评价法

模糊综合评价法以模糊数学为理论基础，通过数量化的描述和运算，对系统中多个相互影响的因素进行综合评价。模糊综合法的基本原理是将评价对象视为由多种因素组成的模糊集合（评价指标集），通过建立评价指标集到评语集的模糊映射，分别求出各指标对各级评语的隶属度，构成评判矩阵（或称模糊矩阵），然后根据各指标在系统中的权重分配，通过模糊矩阵合成，得到评价的定量解值。模糊综合评价法根据模糊隶属度理论将定性评价转化为定量评价，较好地处理了多因素、系统模糊性及评价的主观判断问题，实现了定性与定量的有机结合。但是，根据最大隶属度或主导因素原则对综合评价矩阵确定定级，容易丢失各评价单元之间的相关信息，从而可能会造成与实际不符的评价结果。

4. 主成分分析法

主成分分析法是一种多变量数学分析方法，能将众多的具有错综复杂关系的指标归结为少数几个综合指标（主成分），每个主成分都是原来多个指标的线性组合。通过适当地调整线性函数的系数，既可使各主成分相对独立，舍去重叠的信息，又能将各原始指标所包含的不十分明显的差异集中地表现出来，使研究对象在主成分上的差异反应明显，便于做出较直观的分析判断。

在旅游资源评价中，对旅游资源等级的评定一般采用专家打分法。但是单一的专家打分法所得的结果仅仅是对各评价指标得分的简单加和，而忽略了各指标间的相关性，不能准确反映旅游资源实体的真实情况。主成分分析法既能吸收传统专家打分法的优点，又能消除各指标的重复信息，这在旅游资源实体等级评价中是一大进步。

7.3.3 "国家标准"评价体系

在旅游资源基础评价方面，目前较具权威性的评价系统是国家标准《旅游资源分类、调查与评价》（GB/T 18972—2017）中对旅游资源的评价。其对旅游资源分类体系中旅游资源单体的评价，采用打分评价的方法。

1．评价体系

该标准依据"旅游资源共有因子综合评价系统"赋分，系统设"评价项目"和"评价因子"两个档次，评价项目为"资源要素价值""资源影响力""附加值"。其中："资源要素价值"项目中含"观赏、游憩、使用价值""历史、文化、科学、艺术价值""珍稀、奇特程度""规模、丰度与概率""完整性"五项评价因子。"资源影响力"项目中含"知名度和影响力""适游期或使用范围"两项评价因子。"附加值"项目中含"环境保护与环境安全"一项评价因子。

2．计分方法

评价项目和评价因子用量值表示，资源要素价值和资源影响力总分值为100分，其中："资源要素价值"为85分，分配如下："观赏、游憩、使用价值"30分，"历史、文化、科学、艺术价值"25分，"珍稀、奇特程度"15分，"规模、丰度与概率"10分，"完整性"5分；"资源影响力"为15分，其中："知名度和影响力"10分，"适游期或使用范围"5分；"附加值"中"环境保护与环境安全"，分正分和负分。每一评价因子分为四个档次，其因子分值相应分为四档。旅游资源评价赋分标准见表7-5所示。

表7-5　旅游资源评价赋分标准

评价项目	评价因子	评价依据	赋值
资源要素价值（85分）	观赏、游憩、使用价值（30分）	全部或其中一项具有极高的观赏价值、游憩价值、使用价值	30~22
		全部或其中一项具有很高的观赏价值、游憩价值、使用价值	21~13
		全部或其中一项具有较高的观赏价值、游憩价值、使用价值	12~6
		全部或其中一项具有一般的观赏价值、游憩价值、使用价值	5~1
	历史、文化、科学、艺术价值（25分）	同时或其中一项具有世界意义的历史价值、文化价值、科学价值、艺术价值	25~20
		同时或其中一项具有全国意义的历史价值、文化价值、科学价值、艺术价值	19~13
		同时或其中一项具有省级意义的历史价值、文化价值、科学价值、艺术价值	12~6
		同时或其中一项具有地区意义的历史价值、文化价值、科学价值、艺术价值	5~1
	珍稀、奇特程度（15分）	有大量珍稀物种，或景观异常奇特，或此类现象在其他地区罕见	15~13
		有较多珍稀物种，或景观奇特，或此类现象在其他地区很少见	12~9
		有少量珍稀物种，或景观突出，或此类现象在其他地区少见	8~4
		有个别珍稀物种，或景观比较突出，或此类现象在其他地区较多见	3~1

续表

评价项目	评价因子	评价依据	赋值
资源影响力（15分）	规模、丰度与概率（10分）	独立型单体规模、体量巨大；组合型旅游资源单体结构完美、疏密度优良；自然景象和人文活动周期性发生或频率极高	10~8
		独立型单体规模、体量较大；组合型旅游资源单体结构很和谐、疏密度良好；自然景象和人文活动周期性发生或频率很高	7~5
		独立型单体规模、体量中等；组合型旅游资源单体结构和谐、疏密度较好；自然景象和人文活动周期性发生或频率较高	4~3
		独立型单体规模、体量较小；组合型旅游资源单体结构较和谐、疏密度一般；自然景象和人文活动周期性发生或频率较小	2~1
	完整性（5分）	形态与结构保持完整	5~4
		形态与结构有少量变化，但不明显	3
		形态与结构有明显变化	2
		形态与结构有重大变化	1
	知名度和影响力（10分）	在世界范围内知名，或构成世界承认的名牌	10~8
		在全国范围内知名，或构成全国性的名牌	7~5
		在本省范围内知名，或构成省内的名牌	4~3
		在本地区范围内知名，或构成本地区名牌	2~1
	适游期或使用范围（5分）	适宜游览的日期每年超过300天，或适宜于所有游客使用和参与	5~4
		适宜游览的日期每年超过250天，或适宜于80%左右游客使用和参与	3
		适宜游览的日期每年超过150天，或适宜于60%左右游客使用和参与	2
		适宜游览的日期每年超过100天，或适宜于40%左右游客使用和参与	1
附加值	环境保护与环境安全	已受到严重污染，或存在严重安全隐患	-5
		已受到中度污染，或存在明显安全隐患	-4
		已受到轻度污染，或存在一定安全隐患	-3
		已有工程保护措施，环境安全得到保证	3

3．计分与等级划分

根据对旅游资源单体的评价，得出该单体旅游资源共有综合因子评分：

五级旅游资源，得分值域≥90分。

四级旅游资源，得分值域75～89分。

三级旅游资源，得分值域60～74分。

二级旅游资源，得分值域45～59分。

一级旅游资源，得分值域30～44分。

此外还有未获等级旅游资源，得分≤29分。

其中：五级旅游资源称为"特品级旅游资源"；四级、三级旅游资源通称为"优良级旅游资源"；二级、一级旅游资源通称为"普通级旅游资源"。

该"国家标准"评价体系中，运用分数和等级评定两种方式，对旅游资源单体评价总分，并分为五级，充分体现了定量与定性相结合的评价方式，从百分制到五个级别，再到"特品级""优良级""普通级"，对旅游资源给予了准确的评价，是目前相对权威和可行的旅游资源评价体系与评价方法。

总之，旅游资源是旅游产品的原料和形成基础。对旅游资源进行评价，是旅游开发规划的前提与重要内容。旅游资源的评价主要分为两类，即旅游资源自身价值评价和旅游资源开发价值评价，两者有密切的联系，同时又有明显的差异。旅游资源自身评价，主要根据对旅游资源调查所得到的资料，通过整理、统计得出特征数据，据此判断旅游资源品质与品位；而旅游资源的开发评价则是以旅游资源自身评价为基础，同时考虑对旅游资源开发不可或缺的开发条件和客源市场等因子。

因此，这里需要特别指出的是旅游资源的评价。在选择运用上述方法的过程中，还需要注意处理好资源、产品和市场的关系。因为如果没有产品和市场的意识，旅游资源评价就有可能变得盲目。资源的开发往往取决于价值，而产品的开发则取决于市场。许多资源本身有价值但不一定适合开发成旅游产品，因为市场不成熟或者市场竞争已十分激烈。此时需要对市场和其他类似的资源进行一个比较性评价，通过这一评价，可以对一个地区的资源按照其独特性程度分为绝对优势资源、优势资源和次优资源。然后对这几类具有不同市场价值的资源进行有步骤、有重点的开发，才有可能使资源在市场的竞争中获得效益最大化。

 本章小结

本章论述了旅游资源评价相关理论基础知识，介绍了旅游资源评价的意义、原则及内容，重点介绍了旅游资源的自身内涵、环境条件、开发条件等评价内容，还就旅游资源的评价方法作了系统的介绍。通过本章的学习，使学生掌握旅游资源评价的主要内容，以及定性、定量的评价方法，在实践应用中能够运用科学的评价方法对某一旅游地旅游资源进行评价。

复习思考题

一、填空题

1. 国内外学者把旅游资源的评价分为三个方面：一是旅游资源 _____ 的评价；二是旅游资源 _____ 的评价；三是旅游资源 _____ 的评价。
2. 德尔菲法是一种以 _____ 的形式对专家进行意见征询，然后汇总 _____ 并以之作为问题解答的一种方法。
3. 旅游资源社会条件评价主要包括：_____、_____、经济条件评价和 _____。

二、不定项选择题

1. 下列不属于旅游资源自身内涵评价的内容的是（　　）。
   A. 旅游资源特色　　　　　　　　　B. 旅游资源价值与功能
   C. 客源市场环境评价　　　　　　　D. 旅游资源丰度及分布
2. 下列不属于旅游资源定量评价法的是（　　）。
   A. 德尔菲法　　B. 技术性评价　　C. 模糊综合评价法　　D. 主成分分析法
3. "三三六"评价法是指北京师范大学卢云亭的评价体系，即"三大价值""三大效益""六大开发条件"评价体系。其中"三大价值"是指（　　）。
   A. 历史文化价值　　B. 艺术观赏价值　　C. 科学考察价值　　D. 经济价值
4. 旅游资源开发条件的评价内容主要有（　　）。
   A. 容量评价与开发风险评价　　　　B. 资金状况评价
   C. 用地条件评价　　　　　　　　　D. 旅游资源开发程度评价

三、简答题

1. 简述旅游资源评价的必要性及应遵循的主要原则。
2. 试用《旅游资源分类、调查与评价》（GB/T 18972—2017）中的旅游资源共有因子综合评价方法对某一旅游地旅游资源进行评价。

四、案例分析题

河西走廊文化旅游发展态势及展望

【7-8拓展视频】

　　在甘肃的西北部，有一条伟大的走廊，它不仅是集沙漠、戈壁、丹霞、雪山、冰川、森林、草原等众多极致风光为一体的风景走廊；还是汇集石窟、长城、边关、古寺、古城等众多文化遗产于一身的丝绸之路黄金遗产走廊；更是华夏文明精品博物馆和多样民族风情的文化交汇之地。东西方文明在这里碰撞融合，张骞出使西域途经这里，卫青、霍去病在这里击败匈奴，玄奘西行取经途经这里，马可·波罗前往元朝上都也途经这里，左宗棠抬棺出征收复新疆时同样途经这里……这里，就是闻名世界的——河西走廊。

河西走廊是我国文化资源最富集的区域，是我国世界文化遗产最集中、丝路文化代表性最强、文化资源品位至高、自然奇观极为震撼的黄金区域，是我国西部重要的旅游目的地。作为世界艺术宝库、人类文明枢纽、地球绝美奇观、丝路精华王冠，河西走廊素有边塞长城名关、河西古郡新城、东方佛教圣地之称，自古至今都是中华民族的史书、中华精神的家园和民族融合的摇篮，充分彰显着星际穿越、洲际穿越、历史穿越、风情穿越、精神穿越五种时空穿越的独特魅力。

河西走廊共有世界文化遗产3项5处、全国重点文物保护单位67处、国家非物质文化遗产18项、国家历史文化名城3处、国家历史文化名镇名村4处、省级文物保护单位204处、省级非物质文化遗产170项；世界地质公园1处、国家级风景名胜区1处、国家级自然保护区10处、国家地质公园4处、国家沙漠公园10处、国家森林公园4处、国家级水利风景区16处、省级自然保护区11处、A级景区135个（其中AAAAA级景区3个、AAAA级景区48个、AAA级景区68个、AA级景区15个、A级景区1个）。

河西走廊山川雄奇壮美、文化积淀深厚、民族风情浓郁，是甘肃旅游的龙头品牌，具备集中开发和超前发展旅游的优势与潜力。近年来，河西走廊旅游业呈现出持续快速增长的良好态势，现已成为甘肃旅游经济战略性支柱产业，位居甘肃十大生态产业之首。2019年，河西走廊有星级酒店380家、旅行社747家，全年旅游接待人数达20502.37万人次，旅游综合收入达1706.8亿元，大敦煌文化旅游经济圈建设更成为打造甘肃省旅游增长极的核心内容。

值得注意的是，尽管河西走廊旅游业近年来得到快速发展，但发展不平衡不充分的问题仍十分显著。许多顶级的文化旅游资源还未真正转化为世界级旅游产品，优势资源和特色资源转化明显不足，区域发展差异相对突出。首先，敦煌龙头城市影响力相对较低，游客停留时间短、带动力明显不足，迫切需要进一步集聚优势做大做强旅游产业。其次，河西走廊地域跨度大，交通时间成本和旅游住宿成本相对较高，沿途景区交通瓶颈依然存在，基础设施及旅游要素服务配套待完善。最后，由于河西走廊的旅游季节性较强、游览淡旺季明显，且大量区域处于文化遗产和生态环境保护区，仅采用传统旅游发展模式难以适应可持续发展的目标，迫切需要深度推进河西走廊旅游从过境地迈向目的地、从少数景区火热到全域化景区火热、从观光游到深度体验游、从短期旺到四季热的转变，从而在国际化、品质化、全域化、深度化等方面迈上新台阶。

请思考

结合以上材料并查阅相关资料，试分析评价甘肃河西走廊旅游资源的特点及交旅融合发展的前景。

旅游资源规划与开发

Chapter 8

学习目标 >

- 掌握旅游资源规划的含义及意义
- 把握旅游资源开发的原则及内容
- 理解旅游资源规划与开发的基本理论
- 熟悉旅游资源开发的导向模式
- 认识旅游资源开发热点的主要内容

知识结构 >

旅游资源规划与开发
- 旅游资源规划与开发概述
  - 旅游资源规划概述
  - 旅游资源开发概述
- 旅游资源规划与开发的理论基础
  - 旅游地生命周期理论
  - 区位理论
  - 增长极理论
  - 竞争力理论
  - 可持续发展理论
- 旅游资源开发的导向模式
  - 资源导向模式
  - 市场导向模式
  - 形象导向模式
  - 产品导向模式
- 旅游资源开发的热点关注
  - 旅游资源整合开发
  - 旅游资源数字化开发
  - 旅游资源品牌化开发
  - 旅游资源低碳化开发

> ## 导入案例
>
> ### 坚持规划引领,助力乡村旅游发展
>
>
>
> 【8-1拓展视频】
>
> "绿树村边合,青山郭外斜。开轩面场圃,把酒话桑麻。"盛唐诗人孟浩然的《过故人庄》所描绘的秀美乡村风光、自然风土人情、平静田园生活,一直是我们理想中的乡村印象,也是很多人魂牵梦绕的理想家园。
>
> 自20世纪90年代以来,在系统性思考观的引入、后工业经济的来临、农业改造的要求、城乡和谐发展的需要等背景要素的推动之下,我国政府对农业与旅游业的融合发展日渐重视并不断进行着战略性的规划和思考。1998年、1999年国家旅游局将我国旅游主题分别确定为"华夏城乡游"和"生态环境游",宣传口号为"现代城乡,多彩生活"和"返璞归真,怡然自得"。2002年11月党的十六大提出的"统筹城乡社会经济发展"的战略思想,阐释了乡村旅游、休闲农业与统筹城乡之间相互促进的关系。2006年、2007年国家旅游局将旅游主题分别确定为"乡村游"和"中国和谐城乡游",相应提出了"新农村、新旅游、新体验、新风尚"和"魅力乡村、活力城市、和谐中国"的口号。2008年10月,党的十七届三中全会再次强调统筹城乡是建设社会主义新农村的重大战略决策。
>
>
>
> 游憩型绿道
>
> 2012年11月,党的十八大首次把生态文明纳入党和国家现代化建设"五位一体"总体布局,并明确指出,建设美丽中国的重点和难点在于乡村。2013年,我国将乡村旅游发展列为重要的民生工程之一;2016年,国家提出了"实施乡村旅游扶贫工程"的战略举措。2017年,中共中央、国务院发布《关于深入推进农业供给侧结构性改革加快培育农业农村发展新动能的若干意见》,要求"利用'旅游+''生态+'等模式,推进农业、林业与旅游、教育、文化、康养等产业的深度融合"。2018年,《中共中央、国务院关于实施乡村振兴战略的意见》及《乡村振兴战略规划(2018—2022年)》正式发布,明确了要"培育一批美丽休闲乡村、乡村旅游重点村,建设一批休闲农业示范县"的规划思路。2021年6月,文化和旅游部印发《"十四五"文化和旅游发展规划》,强调要"推出乡村旅游重点村镇和精品线路,并培育一批全国乡村旅游集聚区"。《全国乡村产业发展规划(2020—2025年)》总体要求中提出,要"以一二三产业融合发展为路径",把"拓展乡村特色产业、优化乡村休闲旅游业"作为重点任务。2022年10月,党的二十大报告指出,要全面推进乡村振兴,坚持农业农村优先发展,加快建设农业强国,扎实推动乡村产业、人才、文化、生态、组织振兴,巩固拓展脱贫攻坚成果。总体来看,旅游业与乡村产业跨界融合发

展，将成为提振农村经济的重要方向，农文旅产业的强大活力，将为全面推进乡村振兴提供强劲动能。

> **案例思考**
>
> 乡村旅游发展要做到科学规划、合理引导，坚持保护性开发原则，不能盲目发展和恶性竞争。你认为乡村旅游规划应着重考虑哪些方面的内容？

8.1 旅游资源规划与开发概述

旅游资源的规划与开发之间存在着逻辑的先后顺序，首先需要做好旅游资源规划工作，然后按照规划设想对旅游资源进行合理、有效的开发利用，最终实现旅游资源的可持续发展。而旅游资源只有经过开发，成为旅游产品，并吸引游客，才能发挥旅游资源的多种功能和作用，从而实现其经济、社会和生态的综合效益。旅游资源规划具有战略性的指导意义，它明确规划了旅游资源开发的规模、布局、模式、方法与目标，为旅游资源开发提供科学依据。因此，对旅游资源规划与开发进行专门探讨具有重要的理论和现实意义。

8.1.1 旅游资源规划概述

1. 旅游资源规划的含义

对"旅游资源规划"含义的认识要遵循"规划—旅游规划—旅游资源规划"这一逻辑顺序来理解。因而，首先要明确规划的含义。"规划"一词使用范围广、频率高，具有"谋划""筹划""全面长远的发展计划"等多种含义。不同行业有不同的解释，中外管理界和旅游界不少人对规划的含义都做过不同的阐述。

美国著名管理学家赫伯特·西蒙认为：规划涉及对未来多种情景的设想，找到为达到不同情景所需的不同策略，并评判最终结果对未来预见因素的敏感程度。英国学者罗斯认为：规划是综合考量多重因素的活动，包括社会、经济、政治、心理学、技术等多种因素，并需要考虑过去、现在和未来的发展趋势。澳大利亚学者墨菲认为：规划旨在预测与调节系统内的变化，以促进有序地进行开发，从而最大化地实现社会、经济与环境效益。由此可见，规划是一个连续的操作过程，以达到某一目标或几个目标之间的平衡。

基于对规划概念的分析，旅游规划可以理解为对未来旅游发展的构想和安排，以追求最佳的经济效益、社会效益和环境效益的过程。结合旅游资源学的特点，我们认为，旅游资源规划是指在对旅游资源进行调查、评价的基础上，针对旅游资源的属性、特色和旅游地发展规律，按照社会、经济、文化发展的一般趋势和要求，根据国家或地区社会经济发展总体规划目标和旅游业结构体系的要求，对拟定进行旅游开发区域做出全面安排与总体部署，借以规划旅游资源开发的总体布局、项目技术方案和具体实施方案。

2. 旅游资源规划的意义

(1) 明确旅游资源开发利用方向

旅游资源规划的重要意义首先体现在论证了旅游资源的可利用性，并据此明确旅游资源开发利用的方向和科学手段及方案。事实上，在旅游开发现实当中，普遍存在未经认真考察和科学规划便匆忙实施开发的现象，这往往容易产生对旅游资源的不合理开发甚至破坏。因此，开发之前先行规划，对旅游资源本体及其开发条件进行科学分析，对旅游资源开发的时机、次序、程度、定位等问题科学把握，合理设定旅游容量，提出可持续的开发策略，能够较好地避免将低俗景物归到旅游资源开发范畴内，避免超量开发吸引力低的旅游资源，更避免了过度开发生态脆弱性旅游资源。

(2) 提高旅游资源吸引力

旅游资源被开发前往往带有潜在性和原始性，虽然资源本身也对一些旅游者构成吸引力，如探险旅游者喜欢那些未被开发的、人迹罕至的地方。但在大多数情况下，旅游资源通过一定的规划和开发予以发掘，加以修饰，才能凸显出其独特之处并提高旅游资源吸引力，获得更佳的旅游综合效益。另外，旅游资源的吸引力在很大程度上受旅游者心理偏好的影响。随着社会的不断进步，旅游者的需求品位越来越高，旅游资源要保持持久的吸引力就必须把握资源与市场的有机结合，因而旅游资源规划就显得尤为重要。

白海豚的故乡：广西钦州

(3) 为旅游可持续发展提供科学指导

旅游资源规划在旅游可持续发展方面起着重要的指导和规范作用。在集中智慧、全面调研和论证的基础上制定一个科学合理的规划过程，就是一个优选开发蓝图的过程。它能够全面分析规划区旅游资源开发的历史与现状、优势与劣势、条件与可能，从时间、空间上对旅游地开发各个阶段的运作作出总体计划和部署，确保旅游业的发展既能充分合理地利用现有旅游资源，又能有效保护这些资源为后代所持续利用，并为旅游地具体建设、管理和经营提出实施措施。旅游资源开发规划的制定过程，实际上就是一个寻求理想与可达之间平衡点的过程，是区域旅游资源开发战略的最重要组成部分。

3. 旅游资源规划的原则

(1) 以人为本原则

旅游活动是用来满足人们的精神和文化需求的，能够有效地促使人们获取身心愉悦和提高生活质量。因此，旅游资源开发规划常常将"以人为本"作为根本原则，通过对旅游资源进行科学系统的规划、引导与开发，使游人在亲近自然山水，接触社会人文，享受美食、休闲购物的旅游过程中，充分体会到旅游所提供的审美价值、文化价值、健康价值、知识价值、精神价值等一系列人们所期望的高品质情感体验和经验收获。

(2) 整体优化原则

旅游资源开发规划的对象通常不是一个单一的旅游景点，而是一个复杂多元的地域系统。这个系统是由相互作用的各种类型的旅游资源及其相关的经济、社会、人文因素构成的。因此，旅游资源开发规划不可能将其中的旅游资源单独割裂开进行规划开发，而应该是以旅游资源为核心，以整体优化原则为指导，对系统整体的组合、平衡和协调进行规划，进而建设成一个功能完善、稳定、可持续的旅游地域系统。

(3) 市场导向原则

市场导向原则是市场经济体制下的一项基本原则，旅游资源开发应该注重旅游市场信息的调研，把握旅游市场需求的趋向，从而确定旅游资源开发的主题、规模、速度和层次。这样，既能够有效地实现旅游资源开发的经济效益，又能够更好地满足旅游者需求而实现旅游资源开发的社会效益与生态效益。

(4) 环境保护原则

大多数旅游资源具有不可再生性，尤其是一些环境敏感、生态脆弱的区域极易受到影响。大量旅游资源过度开发、无序开发的案例已经为我们敲响了警钟，不适当的开发行为往往导致环境负效应。因此，环境保护原则是旅游资源开发过程中需要时刻牢记的一条重要原则，规划中应该妥善处理旅游资源开发与保护的关系，坚持保护与开发并重，科学划分旅游资源开发的区域、类型、等级与次序，采取切实有效的措施使旅游资源保护工作落到实处。

(5) 特色制胜原则

旅游资源开发规划中，切忌抄袭、跟风和生搬硬套，缺乏新意。一定要挖掘旅游资源特色，巧妙设计应用旅游资源，从而形成重点突出、内涵丰富、形象鲜明、独具特色的旅游产品，促使旅游资源对旅游者形成更多更持久的吸引力。

补充阅读

中国·陵川"七彩太行"国际冰雪旅游度假区总体规划简介

1. 规划范围

本规划位于山西省晋城市陵川县六泉乡，东至六泉村，西至刘家公村，南至S331省道，北至下河村，下辖艾仓村、松山村、碾山底村、小番底村、石家坡村、佛山村、西湾村7个行政村，总体规划面积18.88平方公里。

2. 总体定位

项目地倚靠太行山东南最高峰，拥有优越的气候资源，是一处四季宜居的康养之乡，既能饱览"云上太行"的自然风光，又孕育出"太行药乡""抗战名曲""陵川号兵""中国传统古村落"等丰厚的人文资源，其资源品质优、复合程度高。项目地顺应"全域旅游、文旅融合、需求升级、消费变革"的新时代背景，依托气候生态、健康产业、红色文化、乡土人文四大潜在资源和优越的市场潜力，设计白色冰雪体验、红色文化研学、蓝色温泉汤池、黑色星空夜景、绿色山林田园、粉紫春季星色、金黄秋季风光的七彩旅游体验和景观。并通过国际化发展理念的导入，接引高水准的产品设计，将项目地打造成为太行山区域第一个集冰雪运动、乡村民俗、森林康养、红色旅游、健康农业等于一体的国家级旅游度假区。

【8-2拓展视频】

3. 发展目标

结合冰雪、乡村、红色资源，打造综合型旅游度假区。同时以冰雪运动为主导，发展冰雪运动、马术运动、休闲观光、娱乐度假等四季性经营的体育旅游；以中药种植产业为基础，注入文化创意，促进产业融合，发展精致化、精品化、创意化的乡村旅游；培育和发展集亲子游乐、党建教育、文化休闲、康体养生于一体的红色旅游，形成6个示范，即国家体育旅游示范基地、全国休闲农业与乡村旅游示范点、全国绿色农业产业示范基地、全国爱国主义教育示范基地、全国知名品牌创建示范区、中国特色小镇示范点。

4. 空间布局

围绕区域目标定位，初步规划为"一廊一带，双心四区"。一廊：太行一号旅游公路迎宾景观廊。一带：七彩太行全景打卡风光带。双心：度假区综合集散中心和小镇区商业服务中心。四区："冰雪小镇"山地运动度假区、"太行雪乡"乡村民俗体验区、"雾凇森林"艺术康养休闲区、"康养田园"健康农业产业区。

5. 项目投资及效益预测

　　本项目由北京大地风景文旅集团规划开发实施，总投资20亿元。根据面积法对景区游客容量进行测算，测算结果为项目地运营阶段将实现年游客接待量60万人次。根据陵川主要景区以及本项目建成情况，预计2026年和2030年游客量会有大幅增长；到2030年，项目地游客量增长将进入稳定期，能够实现年游客接待量160万人次。

4. 旅游资源规划的内容

　　旅游资源规划是指在旅游资源调查的基础上，针对旅游资源的属性、特色和旅游地的发展规律，根据社会、经济和文化发展趋势，对旅游地进行的总体布局、项目技术方案设计等规划。旅游资源规划应在尽量发挥旅游地特色资源优势的基础上，着重围绕旅游活动六要素，综合全面地规划旅游配套设施、旅游服务设施及旅游产品及路线设计。从纵向看，旅游资源规划属于区域发展规划中旅游业发展规划的一部分；从横向看，旅游资源规划与城镇体系、交通、电力、防灾等专项规划都有着千丝万缕的联系，因此旅游资源规划与其他各产业有着综合协调发展的特点。通常情况下，旅游资源规划主要包括以下内容。

(1) 界定规划范围

　　规划范围包括被规划区的占地面积和边界的界定。规划范围的大小多由委托方提出，必要时受托方可以与委托方协商，提出合理的规划范围。

(2) 明确规划依据和原则

　　规划依据包括中央及地方制定的各种有关的法律、政策、决定（特别是与该地区主要旅游开发规划有关的政策），规划者应充分考虑中央和地方政府的有关要求，最后确定规划原则，一般有环保原则、特色原则、协调原则、效益原则等。

(3) 分析规划区的自然、社会及经济环境状况

　　自然环境状况包括当地的自然条件、环境质量、自然灾害、气候、植被等；社会状况包括历史沿革、人口状况、民族成份、社会经济、民风民俗等；经济状况包括国民经济发展状况、国内生产总值、工农业生产总值、居民收入水平、消费结构与消费水平、物价指数与物价水平、就业率与劳动力价格范畴等。

(4) 旅游资源的调查与评价

　　参照《旅游资源分类、调查与评价》（GB/T 18972—2017），建立旅游资源数据库，分析评估旅游资源的种类、数量和分布等，进而确定当地旅游资源的优势以及开发方向、开发时序。若旅游资源的开发具有一定的基础，通常从旅游资源开发的角度进行评价；若不具有一定的基础，通常从旅游资源的角度进行评价。

(5) 客源市场分析

根据旅游资源的特点、旅游项目创意和对旅游业竞争态势的分析，明确规划区的主要客源市场，包括客源市场范围、客源地、客源规模及结构和消费水平。提出规划区旅游客源市场未来的总量、结构和水平，制定相应的扩大客源地和开拓各种旅游市场的营销策略。客源地、客源市场的分析将直接涉及旅游接待设施和旅游服务项目规划，同时也对旅游项目创意产生影响。因此，客源市场分析环节在旅游资源开发规划中显得尤为重要。

(6) 旅游项目创意设计

首先根据本地旅游资源状况、客源市场预测、旅游业竞争态势、规划原则和规划目标，明确旅游资源开发规划方向，突出地区旅游特色，避免重复建设。然后对能够充分发挥资源优势的旅游项目进行重点规划创意，使得旅游项目集观赏性、参与性、娱乐性于一体，提高其文化品位。旅游项目的创意是旅游资源开发规划的灵魂，它最能体现规划者的水平，好的创意直接影响旅游项目的生存与发展，对产品有决定性的影响。

(7) 旅游产品开发规划

旅游产品开发要适应市场需求，与当地经济发展水平相适应，抓住时机进行推销。开发要有超前意识，做到人无我有、人有我优或人有我特。

(8) 旅游环境保护规划

环境保护是当今世界发展的主题，无论是投资项目，还是生产产品，只有和环境保护联系起来才有持久的生命力。旅游开发规划时注意环境保护，不仅可以保护当地的旅游资源，提高其价值、品位及吸引力，而且可以实现旅游业的可持续发展。

(9) 交通规划

交通规划包括对外交通系统规划和区内交通系统规划。对外交通系统规划一般依靠原有的交通条件，虽然这不是规划的重点，但应保证游客在景区能够"进得来，散得开，出得去"。区内交通系统规划包括游览线路布局和交通方式。景区的游览线路应尽量避免平直、走垂直路线，要充分利用小山、河流等景物，使得道路适当弯曲，让游客获得移步换景的感觉。交通方式要力争多样化，并互相配合，步行道、登山道、索道、缆车、游船、自行车等方式均可以采用，让游客有尽可能多的选择余地。

(10) 基础设施规划

旅游地的基础设施，如生活和商品供应、供电、邮电通信、医疗卫生等，其配套要同旅游地性质相一致。另外，建筑在式样上也应独具特色，布局合理，防止旅游区建设出现城市化的倾向。

(11) 管理与保障规划

根据现有旅游资源的规划内容和产品开发规划的内容，制定好相应组织管理模式或框架，为旅游资源规划提供组织支撑。同时，针对具体管理内容和旅游资源，提出具体在土地、资金和人员等方面的保障内容。

(12) 资金预算

结合具体规划的内容，对规划中涉及的各类项目和产品进行项目资金预算和投入预算，从而能够更好地在实施过程中控制相应资金投入。

(13) 规划图件制作

规划图件制作一般包括旅游资源分布图、交通位置图、开发现状图、总体规划图、用地规划图、保护规划图、绿化规划图、游览线路图、工程管线图、旅游服务设施图、分期规划图和部分详规图等。

8.1.2 旅游资源开发概述

1. 旅游资源开发的含义

旅游资源只有经过开发，成为旅游产品并吸引游客，才能更好地发挥旅游资源的多种功能和作用，从而实现其经济、社会和生态效益。旅游资源开发的含义有广义和狭义之分。狭义的旅游资源开发是指单纯的旅游资源利用；广义的旅游资源开发是指以发展旅游业为目的，以市场需求为导向，以发挥、改善和提高旅游资源对游客吸引力为着力点，在旅游资源调查与评价的基础上，有组织、有计划地对旅游资源加以利用的经济技术系统工程。

这一含义可以从以下三个方面来理解。

首先，旅游资源开发的主要目的就是发展旅游业。发展旅游业能够产生良好的经济、社会和生态效益，因此，世界上绝大多数国家和地区都对发展旅游业表现出了浓厚的兴趣。我国政府对发展旅游业也极为重视：1998年我国正式提出要把旅游业培养成为国民经济新的增长点；2009年12月1日开始实施的《国务院关于加快发展旅游业的意见》中，明确提出"把旅游业培育成为国民经济的战略性支柱产业和人民群众更加满意的现代服务业"，这标志着旅游业已全面融入国家战略体系；2013年10月1日开始实施，2018年10月26日第二次修正的《中华人民共和国旅游法》中，其中第三章第十七条明确提出"将旅游业发展纳入国民经济和社会发展规划中"。由此可见，为了更好地服务和发展旅游产业，国家越来越重视在社会发展整体中系统地规划和开发旅游资源。

其次，旅游资源开发要充分考虑市场需求。旅游市场上，旅游者所购买的和旅游经营商所销售的，是旅游产品而非旅游资源。旅游产品是一种特殊的产品，它是以自然旅游资源、文化旅游资源、社会旅游资源为原材料，以"行、食、住、游、购、娱"诸要素及各个环节的服务为载体，针对客源市场的需求，按照一定路线，设计、加工、制作、组合而成的产品。当今世界旅游业发达的绝大多数国家，无不拥有丰富多彩的旅游资源。故"以资源为基础"规划开发旅游业的产品，是符合一般规律的，但它不能涵盖所有旅游产品。例如，深圳是以人造景观旅游产品的开发而闻名于世的实例，说明了两个问题：一是因为原有旅游资源并不突出，不得不开发建设人造旅游景区景点发展旅游业；二是资源重要市场更重要，以客源市场的需求分析为基础，充分发挥市场优势，创造性地开发旅游产品，以获取旅游效益的最大化。因此，旅游资源开发规划也是一个高度市场化的规划。这一特征要求旅游资源的开发要改变过去单纯资源依赖型的规划设计理念，深入研究市场的需求特征和发展趋势，策划和开发满足市场需要的旅游产品和旅游项目。

最后，旅游资源开发还是一项综合性的经济技术系统工程。旅游资源开发不仅要进行旅游资源的综合评价，还要进行项目建设的可行性论证；不仅要对资源本身进行开发，还要对旅游基础设施、旅游服务设施、旅游客源市场、旅游环境等进行协调开发。旅游资源的开发既要讲经济效益，又不能忽视社会效益和生态效益。

基于以上对旅游资源开发含义的认识，我们认为，旅游资源开发就是在旅游资源调查评价的基础上，以市场为导向、以服务为宗旨、以保护为原则，运用一定的经济技术手段，开发和创建旅游吸引物，使其产生经济效益、社会效益和生态环境效益的活动。

2. 旅游资源开发的必要性

从是否已经开发利用的角度来看，旅游资源可以分为现实的旅游资源和潜在的旅游资源两种类型。显然，对于那些处于潜在状态的旅游资源，若要使其转化成为现实的旅游资源，旅游目的地必须根据其自身及接待条件的现状，进行必要的初始性的开发和建设，才能使其成为吸引旅游者的旅游产品，否则其旅游吸引力将难以得到有效发挥。

然而，旅游资源开发工作所针对的不仅仅是潜在的旅游资源。对于现实的旅游资源，特别是已经或正在为旅游业所利用的旅游资源，同样也需要根据旅游者的旅游偏好的转变和资源利用程度的变化，适时地进行再生性开发。这种再生性开发的目的是巩固、改善和提高该旅游资源或旅游产品的吸引力。

现实的旅游资源之所以需要适时进行再生性开发，其原因在于，作为目的地旅游产品的组成部分，任何经过初始开发后形成的旅游景点或景区都有其生命周期。通俗地讲，同任何一项制造业产品的市场寿命相类似，一个以旅游吸引物为核心的旅游环境——如某一旅游景区景点，随着时间的推移，其游客接待量都会经历一个先由少而逐渐增多、继而又逐渐由多变少的演进过程。对于不同的旅游景区景点来说，这一过程所经历的时间或长或短可能不尽相同，但从理论上讲，其市场寿命的这一演变过程迟早会发生。对于这一以游客接待量的变化为表现特征的发展或演进过程，人们称为旅游地生命周期。这一生命周期大致可以划分为探索期、起步期、发展期、稳固期、停滞期、衰退期（或复兴期）等几个阶段。由此可知，旅游资源的旅游价值及吸引力不是恒久不变的。为了适应发展变化了的旅游需求，旅游资源必须进行系统的规划建设，点缀补充，创造鲜明的旅游形象；完善基础设施和旅游接待设施，提高旅游地的可进入性；挖掘老旅游区旅游资源的潜力、创造新的包括劳务在内的旅游产品等，不断进行再生性开发。这样才能进一步提升旅游资源的吸引力，从而增加旅游经济效益和社会效益。

3. 旅游资源开发的原则

旅游资源开发的实质就是以市场需求为导向，以资源为"原材料"，通过一定形式的挖掘、加工和完善，以达到展示其价值，增强其吸引力和竞争力，满足旅游者的各种需求的目的。但实际上，旅游资源的开发并非局限在对资源本身的开发上，而是在选定旅游资源的基础上，不仅要对旅游资源个体本身进行开发，而且要对与之有关的环境条件、旅游设施、服务、客源市场等方面进行系统协调的开发，以使旅游资源所在地形成一个有吸引力的旅游环境，实现经济、社会和生态环境效益的均衡发展。为了能够实现这一目标，在旅游资源的开发过程中，应当注意遵循以下原则。

(1) 市场导向原则

所谓市场导向原则，就是根据旅游市场的需求内容和变化规律，确定旅游资源开发的主题、规模和层次，这是市场经济体制下的一条基本原则。这一原则要求旅游资源开发必须牢固树立市场观念，进行市场调查和市场研究。首先，要进行旅游市场定位，确定客源市场的主体和重点，明确旅游开发的针对性；其次，要根据市场定位，调查和分析市场需求和供给，把握目标市场的需求特点、规模、档次、水平及变化规律和趋势，从而形成适销对路的旅游产品；再次，针对市场需求，对各类旅游产品进行筛选、加工或再创造；最后，设计、开发和组合成具有竞争力的旅游产品并推向市场，使旅游资源开发有据有序、重点突出，确保开发出的旅游产品具有持久生命力。

(2) 效益统一原则

旅游业作为一项经济产业，在其开发过程中必须始终围绕提高经济效益这个主题。因此，要对开发项目的可行性、投资的规模、建设周期的长短、对游客的吸引力、回收期限及经济效益等方面，进行投入与产出分析。但是，发展旅游业不仅要追求经济效益这个重要目标，还要讲究社会效益和环境效益。讲究社会效益，就是要考虑当地社会经济发展水平，政治、文化及地方习惯，当地居民的心理承受能力，开展健康文明的旅游活动并促进地方精神文明的发展；讲究环境效益，就是要考虑开发活动不能超过社会环境承载力的限度，否则会造成资源破坏、环境质量下降、社会治安混乱等负面影响，不利于当地旅游业的持续发展。为了在旅游开发过程中更好地利用和保护旅游资源，在旅游资源开发中必须遵循"保护第一，以发展促保护"的总体思路，审视资源与环境的保护，在保护的基础上进行科学的适度开发。

(3) 突出特色原则

特色是旅游资源吸引旅游者的灵魂和动力。突出特色，是为了适应旅游者求新、求奇、求美、求异的心理，是有意识地开发、创造一个有吸引力的形象。旅游资源开发应该把挖掘当地有特色的旅游资源作为工作的出发点，做到"人无我有""人有我优""人优我特"，尤其要注意突出地方特色以满足游客猎奇的心理。通过这个主题来确立旅游地的旅游形象，使其具有独特的风格和形象识别，增强旅游地的吸引力。旅游资源开发切忌模仿、抄袭，没有新意的旅游项目是没有旺盛持久生命力的。

旅游经济实际上就是特色经济，没有特色就没有市场、没有发展。独特性是旅游资源开发工作能否取得成功的关键，无论是自然风光、人类历史遗留，或是人为创造的旅游资源，只有突出个性，形成特色，才能增强吸引力，成为竞争优势，从而吸引旅游者的来访。在具体旅游资源的开发建设过程中，就是要保留自然风光和历史遗存的原始性、彰显异域文化的民族特性、激发旅游设计的创意性，只有这样才能使旅游资源既具有旅游特色，又满足市场需求。

贵州马岭河峡谷

(4) 统筹规划原则

旅游资源的开发需要大量的人力、物力、财力，因此开发要因地制宜，切忌贪大求全、一哄而上，经济欠发达地区更应如此。旅游资源开发应优先选择价值大、区位条件好、开发投入少的资源先行开发，以点带面，逐步实现整体合理开发。开发中要做到资源开发、旅游设施（包括基础设施和服务设施）建设同步进行，以保证旅游者吃、住、行、游、购、娱等多方面旅游需求的满足。此外，要注重发挥旅游的联动作用，为进行多元化经营做好铺垫，注重带动其他行业的发展，使开发目的地形成"一业兴、百业旺"的局面。

(5) 可持续发展原则

旅游资源开发活动对生态环境具有积极的影响，如保护重要的自然风景区，保存珍稀物种和野生动物，保护历史、考古与文化遗址，提高环境质量，增强人们的环境意识等。但是过度的开发对生态环境又有很大的危害，如各种污染、噪声、废物的排放，动物自然属性的退化等。因此，在旅游资源开发规划过程中必须坚持可持续发展原则。兼顾局部利益和整体利益、眼前利益和长远利益，不断地开发新资源、设计新项目，保持旅游资源的吸引力经久不衰，实现旅游资源的永续利用。在具体旅游景区开发时，应当确定地区的环境承载力，预测开发后的旅游环境容量，控制开发密度和开发程度。总之，在整个旅游开发过程中，要将保护工作放在首要地位，切实加强保护措施，通过开发有力地促进旅游资源的保护，使开发与生态环境的保护有机地结合起来。

4. 旅游资源开发的内容

(1) 旅游景区景点的开发与建设

旅游资源通常只有经过开发才能变为旅游产品，并被旅游业所利用。因此，规划和设计旅游景区、景点是旅游资源开发最重要的内容。旅游景区、景点所形成的旅游产品，是旅游业最核心的旅游吸引物，其成败决定着旅游目的地吸引力的大小。这方面的工作既可以是对尚未得到利用的潜在旅游资源进行初始开发，也可以是对已有的旅游景区、景点进行深度开发或功能挖掘；不仅包括对以主题公园为代表的新景点的创造，还包括对现有景区景点的完善和更新。

(2) 优化旅游目的地的可进入性

旅游目的地的可进入性是影响旅游资源开发成效的关键性因素之一。所谓可进入性是指旅游资源所在地同外界交通往来的通畅程度，以及目的地内部交通运输的便利程度。这意味着，可进入性不仅是指旅游者可由外界抵达该旅游地点，而且要"进得来、散得开、出得去"。因此，解决和提高可进入性程度不仅要包括必要的交通基础设施的建设，还要包括往来交通运输的运营安排。便利、快捷、安全、舒适是现代旅游者对旅游交通的基本要求，现代旅游交通必须适应旅游者多方面的需要，在进行旅游交通规划开发时要充分考虑这些要求。在某些自然景区、景点的开发中，解决和提高旅游资源所在地的可进入性问题有时是其首要的工作。

(3) 建设和完善旅游基础设施

旅游基础设施包括一般公用设施和旅游专用设施。一般公用设施主要是指满足现代社会生活所需要的基本设施及其配套服务，既包括供水、供电、电信、道路以及停车场、机场、火车站和汽车站、港口码头、夜间照明等基础设施，又包括医院、银行、超市、公园等生活服务设施。旅游专用设施是指那些主要供外来旅游者使用的服务设施，主要包括旅游服务中心、特色旅游交通工具和设施、旅游食宿设施、旅游商店、休闲娱乐场所等。特别要注意的是，因为旅游专用设施主要供旅游者使用，所以必须根据旅游者的需要、生活标准和价值观念来设计建造，并据此提供相应的配套服务。

(4) 强化旅游服务人才保障

旅游区的竞争，归根到底是人才的竞争，是旅游区从业人员整体素质的竞争。旅游资源开发规划过程中，要重视和强调人力资源的开发。稳定、高质量的旅游从业人员，能够有效提高旅游资源的吸引力和竞争力，推动区域旅游业的发展。旅游人力资源的开发，从人力资源构成上看可以将其划分为旅游管理经营人才的开发、旅游技术人才的开发和旅游服务人才的开发；从社会属性上看又可以划分为个体人力资源开发和群体人力资源开发。

其核心内容包括制订旅游人力资源计划、进行旅游人力资源的培育、合理组织旅游人力资源、引进旅游人才和留住旅游人才等几个环节。

8.2 旅游资源规划与开发的理论基础

旅游资源规划与开发是一个多学科知识交互运用的创新过程，涉及面非常广泛，必须要有科学性、可行性及前瞻性的开发理论和方法作指导。主要基础理论有旅游地生命周期理论、区位理论、增长极理论、竞争力理论、可持续发展理论等。通过对这些理论的应用，可以将各种现实和潜在的旅游资源有序、科学且合理地进行组合利用，并实现有效保护，使其能被持久且永续地利用。

8.2.1　旅游地生命周期理论

被学者们公认并广泛应用的旅游地生命周期理论是1980年由加拿大学者巴特勒（Butler）提出的。他在《旅游地生命周期概述》一文中，借用产品生命周期模式来描述旅游地的演进过程。就基本理论而言，一个旅游地的生命周期大致可以划分为探索期、起步期、发展期、稳固期、停滞期、衰退期（或复兴期）等几个阶段，各阶段发展特点如表8-1所示。对其理解可以这样描述：旅游地的生命周期始于一小部分具有冒险精神、不喜欢商业化旅游地的旅游者的"早期探索（探查）"（Exploration）。在"起步（或参与）"（Involvement）期，由于当地人们积极参与向消费者提供休闲设施以及随后的广告宣传，使旅游者数量进一步增加。在"发展"（Development）期，旅游者数量增加更快，而且对旅游经营实施控制的权力也大部分从当地人手中转到外来公司的手中。在"稳固"（Consolidation）期，尽管旅游者总人数仍在增长，但增长的速度已经放慢。至于"停滞"（Stagnation）期，旅游者人数已经达到高峰，旅游地本身也不再让旅游者感到是一个特别心动的去处了。这时旅游地可能将进入"衰退"（Decline）期，无论是吸引范围还是游客量，已不能和新的旅游地相竞争，旅游设施逐渐被其他设施取代，剩余设施的生存能力也将成为问题。此时还有一种可能是进入"复兴"（Rejuvenation）期。而想要进入复兴期，旅游地吸引力必须发生根本的变化，一是创造一系列新的人造景观；二是发挥未开发的自然旅游资源的优势，重新启动市场。同时，针对旅游目的地生命周期的可持续延伸，不少学者进行了广泛研究，提出了旅游目的地复兴的第二曲线的多种模式，能够促使旅游目的地实现波段式永续发展。

表8-1 旅游地生命周期各阶段发展特点

阶段	旅游地特点	发展战略
探索/探查	初级阶段,探险者乐园;接待的游客以零散、自发的为主,数量有限;游客与居民频繁接触;知名度低,设施、服务少,环境未改变	树立形象
起步/参与	知名度提高,游客增多;提供简易设施和基本服务;游客与居民有着广泛而频繁的接触;对基础设施和接待条件的要求日益严格	形象广告促销
发展	吸引了大批旅游者,旅游市场初具规模;资金投入量增大,基础设施条件得以优化,旅游接待成为重要职业	弱形象战略
稳固	游客增长速度减缓,但旅游者人数仍然巨大;旅游者对当地居民生活造成影响,居民对旅游者产生仇视情绪	反促销
停滞/成熟	旅游者人数已大大超过了旅游地的环境容量,产生了一系列的经济、社会、环境问题,旅游业的发展受到多方面的阻力	形象危机处理战略
复兴/衰退	衰退:进入衰退阶段,旅游者受到其他新兴旅游吸引物的影响,旅游频率减少,游客人数逐渐下降;旅游业在当地经济发展中的重要性日益降低	设计新形象
	复兴:若积极进行旅游开发创新,重新启动市场,游客人数逐渐回升,可掀起新的旅游发展浪潮	重新定位、形象传播

旅游地生命周期是一种客观存在的现象。旅游地生命周期理论为我们研究旅游地演化过程、深度开发旅游资源和指导旅游地的市场营销和规划提供了理论框架。旅游地生命周期理论应用于旅游目的地开发研究,能够为目的地的长期繁荣提供宏观指引,有助于旅游地政府部门制定合理的产业政策,也有助于旅游投资者做出正确的决策,对于旅游产业具有重要实践指导价值。

8.2.2 区位理论

区位即位置、场所之意。某事物的区位包括两层含义:"一方面是指该事物的位置,另一方面是指该事物与其他事物的空间联系。"自约翰·海因里希·冯·杜能(Johann Heinrieh von Thünen)1826年创立农业区位理论以来,区位理论经历了古典区位理论、近代区位理论和现代区位理论三大发展阶段。如今它的研究和应用范围遍及农业、工业、商业、贸易、城市和交通等多个领域,其中具有代表性的理论有约翰·海因里希·冯·杜能的农业区位理论、阿尔弗雷德·韦伯(Alfred Weber)的工业区位理论、瓦尔特·克里斯塔勒（Walter Christaller）的中心地理论以及奥古斯特·廖什（August Löseh）的市场区位理论。

区位理论是区域产业发展与布局的普适性理论，其基本原理同样适用于旅游资源的规划与开发。旅游区位理论涉及五个方面的概念，即地理区位、资源区位、经济区位、市场区位和交通区位。旅游的区位选择是一种经济行为，但由于旅游行为在很大程度上不同于其他常规经济活动，其活动空间规律和区位的选择也形成特有的旅游区位现象。对旅游区位的关注，表现在以区域旅游开发为目的的旅游区位条件分析，关注的角度涉及单个旅游地（点）和多个旅游地（点）。从供给角度看，研究主要集中于资源条件、交通可达性和客源市场保障性上；从需求角度看，研究主要集中于对旅游景点、旅游设施选址问题的关注，如主题公园、酒店及旅行社的选址等。

区位理论应用于旅游研究的起步比较晚，始于20世纪50年代。瓦尔特·克里斯塔勒首先对旅游区位理论进行了研究，之后众多学者也对其进行了研究和补充，提出了旅游中心地这一重要区位要素，并对其市场范围的上限与下限、中心地的等级、均衡布局模式等进行分析，使旅游区位理论逐渐成熟起来。总之，区位理论对旅游基础设施和服务设施的选址、旅游资源空间组合与旅游线路设计、旅游资源开发级别与序列、旅游交通与服务设施布局等方面有着重要的意义。

8.2.3 增长极理论

增长极（Growth Pole）理论是由法国经济学家弗朗索瓦·佩鲁（Francois Perroux）于1955年提出的，是一种建立在经济学和系统科学基础上关注区域经济非均衡增长的发展理论。其基本思想是：在经济发展过程中，增长的势头并不是在每一个地方以相同的速度增加，而是由于某些主导部门或有创新能力的企业或行业在一些地区或大城市聚集，形成一种资本与技术高度集中、具有规模经济效益、自身增长迅速并能对邻近地区产生强大辐射作用的中心地，这种集中了主导产业的中心地就是区域增长极。增长极包含了两个明确的内涵：一是作为经济空间上的某种推动型产业；二是作为地理空间上的产业集聚城镇，即增长中心。该理论的主要观点是，区域经济的发展主要依靠条件较好的少数地区和少数产业来带动，应把这些少数地区和产业培育成经济增长极，通过增长极的极化效应和扩散效应，影响和带动周边地区和其他产业的发展。在区域经济发展初期，极化效应是主要的，当增长极发展到一定程度后，极化效应削弱，扩散效应加强。

增长极理论自产生以来，其理论方法和应用不断被充实和完善，在许多地区区域发展与规划中收到了明显的效果，其中取得较大成功的国家有巴西和马来西亚。随着区域不平衡发展理论被多数国家接受，在我国的区域经济发展中，增长极理论也受到了重视和应用。增长极理论给旅游业优先发展提供了依据和支持，旅游业作为旅游地的经济增长点可以通过其聚集和扩散效应，将旅游业的关联带动作用扩展到一个更为广阔的地域空间。区域旅游的发展可以遵循增长极理论的发展模式，以优先得到发展的地区来带动区域内其他地区的旅游发展，实现增长点的扩散作用，最终带来整个区域旅游的共同发展。以上海浦东的开发与建设为例，目前，浦东已成为具有强大辐射能力的"增长极"，在浦东的影响下，整个长江流域也将形成中国经济新"增长带"。

事实上，我国经济地理工作者陆大道研究员等在深入研究宏观区域发展战略基础上，提出的"点—轴"开发理论即是增长极理论的延伸。该理论认为在重视"点"（中心城镇或经济发展条件较好的区域）增长极作用的同时，还强调"点"与"点"之间的"轴"，即交通干线的作用。随着经济的发展，经济中心逐渐增加，为了促进生产要素的交换，点与点之间通过交通线路、动力供应线以及水源供应线等相互连接，进而形成轴线。这种轴线首先是为区域增长极服务的，但轴线一经形成，对人口、产业也具有吸引力，吸引人口、产业向轴线两侧集聚，并产生新的增长点。点轴贯通，就形成点轴系统。因此，点轴开发可以理解为从发达区域大大小小的经济中心（点）沿交通线路向不发达区域纵深地发展推移。

点轴开发理论主张在经济发展过程中采取空间线性推进方式，十分看重地区发展的区位条件，强调交通条件对经济增长的作用，认为点轴开发对地区经济发展的推动作用要大于单纯的增长极开发，也更有利于区域经济的协调发展。点轴开发理论的实践意义，在于首先揭示了区域经济发展的不均衡性，即可能通过点与点之间跳跃式配置资源要素，进而通过轴带的功能，对整个区域经济发挥牵动作用。因此，必须确定中心城市的等级体系，确定中心城市和生长轴的发展时序，逐步使开发重点转移扩散。改革开放以来，我国的生产力布局和区域经济开发基本上是按照点轴开发的战略模式逐步展开的。

8.2.4 竞争力理论

1. 竞争力理论的内涵

1985年，世界经济论坛（World Economic Forum，WEF）首次提出了国际竞争力的概念，它认为国际竞争力是一国企业能够提供比国内外竞争对手更优质量和更低成本的产品与服务的能力。之后国际竞争力的概念由微观层次向中观层次乃至宏观层次发展，逐渐成为一个多层次和综合性的概念。按照参与竞争主体不同可分为国家竞争力、产业竞争力、企业竞争力及产品竞争力。目前，国际竞争力理论中最具代表性的有竞争优势理论、核心竞争力理论、国际竞争力理论等。

美国哈佛大学迈克尔·波特（Michael Porter）教授是研究当代国际竞争力理论的代表人物，他相继出版了《竞争战略：分析产业和竞争者的技术》《竞争优势：创造和维持优良绩效》《国家竞争优势》《竞争论》四部著作。他从管理学的角度，分别提出了用以解释国家竞争力的"国家竞争优势模型"、用以解释产业竞争力的"五种竞争作用力"、用以解释企业竞争力的"价值链"分析方法等理论观点，形成了一个涵盖国家、产业和企业竞争力主体的国际竞争力理论体系。

(1) 国家竞争优势模型

波特在1990年出版的《国家竞争优势》一书中提出了"国家竞争优势模型"（又称"国家钻石模型"），认为一国的国内经济环境对企业开发其竞争优势具有很大影响，其中影响最大、最直接的因素是生产要素、需求状况、相关和支持产业及企业战略组织和竞争。

(2) 产业竞争的五力分析

波特在其名著《竞争战略：分析产业和竞争者的技术》一书中提出了著名的竞争力模型，他认为，一个产业内部的竞争状态取决于五种竞争作用力（Competitive Force），即进入的威胁、替代的威胁、买方讨价还价的威胁、供方讨价还价的威胁及现有竞争对手的竞争。这些作用力汇集而成的合力决定了特定产业的竞争强度和获利能力。该模型有时又被称为"五力分析"，如下图所示。

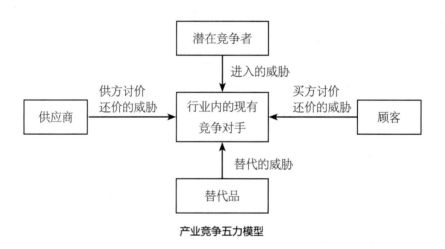

产业竞争五力模型

(3) 企业竞争力理论

企业竞争力理论是国际竞争力理论的重要组成部分，它从企业内部寻找国际竞争力的来源。纵览国外企业竞争力理论的发展，其主要理论包括企业资源基础理论、企业能力理论、核心竞争力理论等。其中，颇具影响的是核心竞争力理论。

核心竞争力理论的主要观点：①企业是一个能力集合体，企业的能力可分为技术开发能力、市场开拓能力、管理创新能力、生产组织能力、社会协调能力等，而核心竞争力在企业各种能力中处于中心和支配地位；②核心能力是企业拥有的最主要资源，企业之间核心能力的差别是企业效率差异继而造成收益差异的主要原因，通过对核心技术、核心产品的开发和控制，企业可以始终保持领先优势和垄断优势；③企业拥有的核心能力是企业长期竞争优势的源泉，它表现为核心竞争力具有战略价值，具有能使企业创造更多价值的能力。企业核心能力是独特的，同行业中几乎不存在两个企业拥有相同核心能力的情形；核心能力是不可引进或模仿的，它暗含于企业文化、员工观念和行为方式之中。

2. 竞争力理论在旅游中的应用

我国学者是从20世纪90年代后期开始的对旅游竞争力方面的研究，研究领域主要涉及旅游业的宏观竞争力、区域旅游竞争力及旅游企业的竞争力等，研究内容主要涉及旅游竞争力影响因素、塑造方法及量化评价等方面。

在旅游竞争力影响因素研究方面，比较有代表性的是通过对影响旅游竞争力关键性因素的分析，构建这些因素与旅游地发展之间的关系模型。此外，旅游企业集群、网络营销、环境质量及顾客让渡价值等对旅游竞争力都有不同程度的影响。

在旅游竞争力塑造方面，可将生命周期理论与旅游目的地市场营销结合起来，在旅游目的地的不同生命周期阶段实施相应的市场营销战略，从而提升旅游竞争力；通过环境管理与相应的市场营销措施、环境或旅游环境的认证等也可提升旅游目的地的环境竞争力。

在旅游竞争力的评价方面，研究主要集中在构建模型、变量选择（价格、旅游人数和旅游收入、旅客偏好与需求及环境管理因素等）、模型应用等方面，对旅游目的地竞争优势进行定量评价。评价方法从定性方法、定性与定量结合的方法，发展到多元定量的方法，从而使在评价旅游目的地实现竞争力的基础上，准确研究和考量其旅游潜力成为现实。

8.2.5 可持续发展理论

可持续发展思想作为全球发展的共同指导思想，对旅游业同样具有重要的指导作用。旅游业一度被认为属于"无烟工业"和"朝阳产业"而受到世界各国政府的高度重视。但是，由于传统旅游业的发展是遵循产业革命的管理思想和方法，对旅游资源采取掠夺式的开发利用，使得旅游活动的范围和程度超过了自然环境的承载力，破坏了旅游地的生态环境，造成旅游资源的旅游价值降低，阻碍了旅游业的持续发展。全球绿色浪潮的兴起和"可持续发展"思想为旅游业发展指明了正确的道路。20世纪末兴起的生态旅游实际上是旅游业可持续发展的内容和形式之一。

旅游业发展与可持续发展之间存在着天然的耦合关系。从可持续发展的角度评估，任何一个行业的发展都需要环境付出一定的代价，但在各个产业之间相比较，旅游业应该是在实施可持续发展战略中最被重视的产业。同样，以环境、生态和生物多样性为主要产品依托的旅游业，也应最重视可持续发展。可持续发展思想在旅游这一特定领域的延伸，便产生了可持续旅游发展这一理论概念。1990年在加拿大举行的旅游业全球会议通过了《旅游业可持续发展行动战略》草案，构筑了可持续旅游的基本理论框架，并阐述了可持续旅游发展的主要目的。即对于旅游资源的开发，应进行科学的论证，只有在技术和资金到位的前提下才能进行。否则，应继续等待开发时机。旅游开发中还要注重旅游区的环境问题，不能一味追求经济效益。同时，旅游规划开发人员应树立社会效益和生态环境效益的观念，切实保证旅游活动与生态环境相协调，实现旅游的有序发展，走可持续发展的道路。

8.3 旅游资源开发的导向模式

我国的旅游资源规划及开发工作始于20世纪80年代初，在40多年的时间里，业界及学者们对其认识也在不断地深化，使旅游资源开发与规划的理论和方法不断发展和成熟。就旅游资源开发的模式而言，可以从不同角度、不同方面加以概括：按照资源属性，可以划分为自然风景类、文物古迹类、社会风情类、宗教文化类等多种旅游资源开发模式；按照开发主体，可以划分为政府主导开发模式和企业主导开发模式；按照空间结构可以划分为增长极开发模式、点轴开发模式、地域生产综合体开发模式和网络开发模式；按照旅游资源开发规划的发展历程在时间上呈现出的不同阶段，可划分为资源依赖阶段、注重市场需求阶段、形象塑造阶段、产品开发阶段等四个阶段。相应地将各阶段占主导地位的开发模式概括为：资源导向模式、市场导向模式、形象导向模式、产品导向模式。下面就以后者划分依据为例，分别阐述旅游资源开发的四个模式。

8.3.1 资源导向模式

资源导向模式产生于旅游业的起步阶段，盛行于20世纪80年代。那时商品经济和市场观念尚未形成，旅游市场刚刚发育，以观光旅游产品为主，发展旅游的出发点往往是根据旅游资源的数量和质量来确定旅游区（点）的建设和有关旅游设施的配套等，追求数量型增长。以郭来喜和陈传康等人为代表的地理学者，开展了大规模旅游资源的调查和评价及旅游产品的开发等研究工作，从而奠定了资源导向型模式的基础。

1. 关注焦点

资源导向模式的旅游开发关注的焦点是旅游资源普查、分类、评价，以及最终的旅游开发。首先是考察本地有什么资源，继而对资源进行评价，再分析市场的需要，然后对资源进行功能开发。开发研究对象以传统的风景名胜区、历史文化名城及文物保护单位等为主，基本上主张进行低度开发和建设，以满足快速增长的旅游市场的需要。

石林风景名胜区

2. 开发思路

该导向模式注重分析旅游开发地的旅游资源赋存情况、资源特色和品质，而对市场、政策、开发配套条件等方面考虑相对较少。其开发思路是从本地旅游资源的基础情况出发，根据旅游资源的丰度、品位、质量制订适宜的开发计划。特别是对旅游资源质量及价值品位均高、吸引力较强的旅游资源进行深度开发。事实上，旅游地由于旅游资源的品位较高而吸引了众多慕名而来的游客，即使没有经过开发也往往具备较好的区位条件和基础设施条件。因此，这些旅游地的开发重点在于通过何种方式使得旅游资源所蕴含的价值被最大程度地挖掘出来。

8.3.2 市场导向模式

市场导向模式产生于旅游业的发展时期，盛行于20世纪90年代。随着旅游业的迅猛发展，人们对旅游业的关注程度逐渐提高，一些旅游资源并不突出的地方凭借客源区位优势，依然获得了旅游业发展的成功，从而打破了传统认为旅游资源是旅游发展的唯一依托的固有思维模式。与此同时，市场经济的发展大大提高了人们的市场意识，学术界开始反思原有的资源导向模式，一些学者开始试图建立市场机制下的旅游资源开发模式。

1. 关注焦点

市场导向模式是在对本地旅游资源进行科学认识的基础上，兼顾旅游市场需求的一种旅游资源开发模式。市场导向模式关注的焦点在于对市场需求的分析和把握。该开发模式是以旅游市场需求分析为前提，同时将旅游市场需求与当地的旅游资源相结合，开发相应的旅游产品，以获取效益最大化。

2. 开发思路

市场导向模式的旅游资源开发，并非有什么资源就开发什么，而是市场需要什么就开发什么。这种开发模式首先对旅游市场作深入细致的调查研究，准确定位客源市场，经过分析研究后掌握目标市场需求的特点，再对旅游资源进行评估、分析和筛选，使得旅游资源与市场需求有效地对接，然后以此为依据对旅游资源进行设计、组合，制作成适销对路的旅游产品并推向市场。市场导向模式能最大限度地发挥区域的整体优势，通过满足游客的需要而获得最大的经济效益和实现区域旅游的可持续发展。

8.3.3 形象导向模式

当大众化旅游的普及度越来越高时，可供游客选择的旅游目的地数量也在增多，旅游市场上呈现出异常激烈的竞争态势。在这种激烈的市场竞争环境中，各旅游目的地均遭遇到旅游增长乏力、经济效益不佳的困境。学者们也发现游客对旅游目的地的选择并不总是取决于资源和市场因素，旅游目的地的知名度、美誉度、认知度及形象等某些因素可能更为重要。在这种情况下，形象塑造成为旅游地占领市场制高点的关键因素。正是由于旅游资源的不可移动性决定了要靠形象的传播，使其为潜在游客所认知，从而产生旅游动机，并最终实现出游计划。

1. 关注焦点

形象导向模式是从对旅游系统开发的角度，来对旅游目的地进行整体形象策划和旅游要素规划。通过对目的地旅游形象的塑造和提升来实现区域内旅游资源有效整合和可持续开发利用。形象导向模式关注的焦点问题包括旅游地的综合开发及旅游地的整体形象塑造与提升两个方面。

2. 开发思路

系统开发理论和综合开发理论作为指导旅游资源开发的重要理念，要求开发工作者从整体的角度对旅游地进行深入的思考。先在对当地文脉及特色资源、现代游客旅游消费特点及发展趋势、景区之间的竞合关系等进行综合分析的基础上，找出自身的优势及特色，提出旅游地在今后较长时间内的发展理念及方向，以形象为核心开发旅游要素。开发出的旅游要素又反过来使旅游总体形象得到进一步强化。再在旅游地开发建设及营销的整个过程中，全面地塑造和推广主题形象，最终实现打造特色旅游地和在客源市场上树立鲜明旅游形象的目标。

中国部分旅游城市的形象宣传语

北京：东方古都，长城故乡	上海：上海，精彩每一天
广州：一日读懂两千年	重庆：世界的重庆，永远的三峡
深圳：每天给你带来新的希望	福州：福山福水福州游
杭州：爱情之都，天堂城市	兰州：丝路重镇，黄河明珠
长沙：多情山水，天下洲城	成都：成功之都，多彩之都，美食之都
北海：滨海人居，生态北海	银川：塞上明珠，中国银川
长沙：多情山水，天下洲城	昆明：昆明天天是春天
厦门：海上花园，温馨厦门	三亚：天涯芳草，海角明珠
哈尔滨：东方小巴黎，冰雪大世界	中山：伟人故里，锦绣中山
曲阜：孔子故里，东方圣城	佛山：和谐佛山，绿色家园
乐山：乐山乐水，乐在其中	无锡：太湖明珠，中国无锡
青岛：红瓦绿树，碧海蓝天	丽江：七彩云南，梦幻丽江
海口：椰风海韵，南海明珠	嘉兴：水都绿城，休闲嘉兴
诸暨：西施故里，美丽诸暨	沈阳：新沈阳，新环境
日照：黄金海岸，激情日照	洛阳：国花牡丹城——洛阳
大连：浪漫之都，中国大连	宁波：东方商埠，时尚水都
义乌：小商品的海洋，购物者的天堂	东营：黄河入海，齐鲁神韵

8.3.4 产品导向模式

产品导向模式是旅游业发展到了资源、市场、产品和营销一体化的成熟发展阶段时出现的一种旅游资源开发模式，实质上是资源导向与市场导向的综合。

1. 关注焦点

产品导向模式是从旅游资源状况出发，在充分把握市场需求方向和旅游资源现状的前提下，开发适销对路的旅游产品体系，引导游客进行消费的一种资源开发模式。该模式强调资源优势和市场优势"双向"发挥，既避免了忽视市场需求，又避免了盲目跟随市场而造成的旅游开发成本过高。对该模式关注的焦点主要有三个：一是本地旅游资源的可利用度；二是开发旅游产品的市场推广问题；三是旅游产品及项目投资的投入—产出或经济效益分析。

2. 开发思路

产品导向模式从分析、研究市场出发，对市场进行细分，确定目标市场。针对市场需求，有资源则对资源进行筛选、加工或再创造，没有资源也可根据市场和本地的经济技术实力进行策划和创意，然后设计、制作、组合成适销对路的旅游产品，并通过各种营销手段推向市场。

上述四种模式是在旅游资源开发的发展过程中产生的理念，是在人们的旅游思想由"小旅游"向"大旅游"的转化过程中逐步演进、不断成熟和发展的结果。我们强调旅游发展的某个环节或因素，只是考虑问题的切入点的差异，而在具体分析处理区域旅游发展问题时，应该因地制宜地采用不同的发展模式。随着经济全球化进程的推进，各地区均把旅游业作为支柱产业，加以重点扶持和优先发展。但是由于各地区在资源禀赋、区位优势、基础设施、经济发展等条件上的地域差异，决定了它们不可能按照相同的模式去统一开发，必须在综合分析区域旅游资源、旅游市场、旅游产品及旅游形象等诸项特征的基础上，因地制宜、科学开发、逐步实施，实现旅游业的健康、持续发展。

8.4 旅游资源开发的热点关注

8.4.1 旅游资源整合开发

旅游资源整合开发是指旅游资源的管理者和经营者根据旅游发展的总体目标和旅游市场供求情况，以增强旅游竞争力为中心，对各种相关资源要素进行整体规划、系统开发和联动运营，使之成为具有统一功能的整体，从而实现旅游资源市场价值最大化和综合效益最大化的过程。旅游资源开发的目的是提高旅游资源的利用率，获取更好的经济效益，推动旅游健康发展。而面对日趋激烈的旅游市场竞争，只有加强旅游资源的整合开发和区域间的旅游合作，形成旅游品牌，才能赢得市场先机，实现共同发展。

1. 旅游资源整合开发的意义

(1) 有助于区域提高整体实力，实现全局共赢

从协同论视角看，旅游资源整合开发能够保证区域旅游开发的整体性、系统性和全面协调性，实现在资源、市场、产品、信息、人才等多方面的优势互补和分工合作，提高旅游资源利用率，改善区域旅游总体形象，提升区域旅游的整体吸引力和竞争力，产生"整体大于部分之和"的集聚互补效益，提高区域的整体实力，实现全局共赢。

(2) 有助于实现资源共享，获得成本优势

旅游资源整合开发可以产生"资源共享、优势叠加"的综合效果。区域旅游的双边或多边合作，可通过控制在开发总成本中占重大比例的价值活动的驱动因素来获得成本优势；相互之间通过共享资源设施，实施一体化的开发以形成"规模经济"，从而减少资源浪费，降低开发成本；通过共享品牌形象，共享销售队伍、销售渠道来降低广告费用和销售成本。这些都为获得区域旅游经济的成本优势、产生规模效益提供了可能。

(3) 有助于客源共享，保证稳定的客流量

从旅游者的空间行为规律可以看出，旅游者在选择旅游目的地时，一方面重点考虑与自己本身所处的环境有较大的自然、文化差异的地区；另一方面，对于相似的旅游地，一般选择距离较近的进行旅游。省际毗邻地区旅游景区景点之间，所拥有的旅游资源一般都具有一定的差异性和互补性，且相互之间距离较近、交通便利，因此其本身既是旅游目的地，又可作为彼此的客源地，这种合作区内部的目的地与客源地之间的互补与结合，使区内联系更加密切，旅游行为更易实现，旅游环境进一步改善，从而促进了区内旅游发展的良性循环。

(4) 有助于促进区域旅游资源优化配置

旅游业发展过程中，经常会发生一些旅游开发项目盲目上马、景区景点近距离重复建设、旅游资源开发与旅游产品营销各自为政、旅游企业无序争夺客源的恶性竞争现象，这一切不仅使得旅游资源的利用率和旅游企业的利润率普遍降低，还极大地损伤了旅游业的整体形象，挫伤了旅游开发的积极性，甚至给旅游资源带来严重破坏。究其原因，旅游业的单点突破、超前发展已经成为过去，旅游发展不再是自身规模的简单扩大、孤军深入，而需要从全局出发，打破界限，通过旅游资源整合实现新的资源配置和产品组合，最终实现区域旅游资源效益最大化，区域旅游资源优势品牌化。

知识链接

"一带一路"国际旅游合作的重大意义

2013年9月及10月，中国国家主席习近平在访问中亚和东南亚国家期间，相继提出了共建"丝绸之路经济带"与"21世纪海上丝绸之路"的重大倡议，这一倡议随即获得了国际社会的高度关注与积极回应。丝绸之路本身即拥有重要的国际影响力，而"一带一路"建设更是以此为契机，通过深化国际旅游合作，充分利用旅游业关联性强、发展壁垒少、合作共识多、民间动力强等优势，有望实现区域旅游资源整合、信息共享及市场共享，进而形成区域经济乃至非经济领域的放大效应。因此，"一带一路"框架下的国际旅游合作不仅顺应了时代潮流，而且具有深远的现实意义。

【8-3拓展视频】

（一）有助于在旅游产业及空间层面形成新突破

通过国际旅游合作，将有助于"一带一路"沿线地区在旅游产业与空间层面形成一定突破。就产业层面而言，沿线旅游地通过资源整合，围绕旅游类型与旅游产品进行不同层次的开发，形成优势互补。其中，中心城市通过重点发展比较优势产品与业态，结合周边目的地资源及技术的实际情况，将部分产业链要素转交与周边目的地发展，周边目的地依据中心城市的旅游类型及旅游产品构建差异化的旅游产业链，最终可形成不同目的地间的产业链互补与错位发展的良好局面。

（二）有助于带动各地区间人员的往来流动

"一带一路"国际旅游合作的稳步推进，将有助于促进各地区民心相通，旅游的非经济效应将更加凸显。国际旅游合作将为民众间相互往来搭建无障碍通道，夯实民间交流基础；将有助于消除疑虑与偏见，增进感情、增强互信；促进不同地区、民族、宗教、风俗、语言的相互理解、认同及地区稳定，提升居民与旅游者的幸福感，为各区域关系的健康稳定、积极发展提供正能量。最终通过人的流动来带动需求、服务与投资，从而助推国与国、地区与地区、城市与城市之间的合作趋于频繁与密切。

（三）有助于促进不同文化圈之间的文化交流互动

"一带一路"的建设将东亚、南亚及欧洲几大旅游客源地有机串联，通过区域旅游合作，将有助于简化出入境手续，降低通关成本，消除出境旅游壁垒与障碍。这在客观上也符合世界旅游发展的趋势，将为各方带来新的发展机遇，也将提高不同文化圈之间文化、旅游交流的便利度与交流频率。例如，对欧洲地区而言，近些年面临经济增长低迷之局，通过"一带一路"区域旅游合作，吸引更多的亚洲客源，有望对其经济复苏带来积极作用；对东亚、南亚地区而言，可以旅游活动为媒介，通过出境旅游促进与目的地国家在政治、文化、金融、科技、能源、农业等多个领域的合作；对西亚与中亚地区而言，其灿烂辉煌的古代文明成果对旅游者具有强烈的吸引力，加之在地缘上靠近世界最大的两大客源地，若能够紧抓旅游合作的机会，吸引其中一部分旅游客源，不仅可获取一定的经济收益，促进文明成果的保存与活化，而且可以通过与欧洲及东亚现代文明的交流、互鉴，促进本国文明程度的进一步提升。

（四）有助于促进区域间多项目标的共同发展

通过国际旅游合作发展，可以在某种程度上促进区域间的政策沟通、设施联通、贸易畅通、货币流通等多项目标的发展。随着"一带一路"国际旅游合作的深入开展，将为沿线地区在三次产业等方面的国际合作创造良好的环境，对地区中长期规划产生一定的促进作用；可以有效拉近各地区距离、增强多国互信，促进国际关系的改善与和平愿景的实现；可以带动沿线地区的公路、铁路、网络通信等基础设施的不断建设，推动立体型互联互通的交通网络的构建；通过探索打破行政界限，有利于资源、技术、资本与市场在不同地区的有效组合，有助于从更高层面整合旅游资源，形成核心竞争力，形成跨国大区域旅游贸易发展格局；国际旅游合作的推进，将进一步增加沿线各地的就业岗位，降低失业率，提高当地居民收入、居民生活质量，提升居民幸福感，促进沿线各地的经济发展，其中，可为"一带一路"沿线地区带来约为5%的直接就业贡献，以及约为14%的旅游综合就业贡献。

2. 旅游资源整合开发的基础

(1) 旅游资源的相似性

区域旅游资源的相似性导致竞争，同时也能成为旅游空间合作的基础。在同一区域出现的相似性旅游资源，如果将其置于一个大的区域范围之内，它们就是构成完整旅游地域系统的要素。我国省际毗邻地区由于地缘相近、文脉相连，同类旅游资源常常集中分布，十分有利于通过整合将相似的旅游资源产品做大、做精、做强，产生整体大于部分之和的协同效应，使资源要素的集聚功能和辐射力得到充分的体现，从而带来单个地域单元资源开发和旅游产业发展所无法获得的集聚效应和规模效益。

(2) 地域要素的互补性

所谓互补性是区域各种旅游资源及其组合在地区间的差异性。邻近地区风景资源结构及其旅游功能的差异性，是旅游地之间形成空间互补、增强效应的物质基础。省际毗邻地区自然地理的多样性、地方文化的多元性，使各个地区的旅游资源及其他旅游地域要素各有特色，将互补的旅游资源产品进行整合，可以使各类资源要素实现共轭互补，产生叠加效应，并形成复合价值，提高旅游产品的质量和吸引力。利用资源种类与数量的优势，丰富旅游活动内容，扩大旅游活动的时间容量，从而也增强了组成旅游合作系统的各地域单元个体或要素的吸引力，客观上为旅游地域系统内部产生功能分异、促进区域旅游地间的紧密联系提供了条件。

(3) 旅游地空间联系的便利性

旅游地间的空间互补性，是产生旅游地空间相互作用，导致游客移动和区域联合的前提条件。要构建旅游空间合作体系，还必须借助于地区间便利、通达的空间联系来实现。区域范围内空间联系的便利性和通达性，首先表现在空间距离的相邻性上。旅游地之间的距离往往会制约旅游地之间联系的紧密程度，两个旅游地之间的距离越大，则相互联系所需的时间和环节就越多，费用也会越大，产生相互作用的阻力就越大。旅游地空间联系的便利性还表现在旅游交通发展水平上。毗邻地区的地缘优势为建立快捷、通畅、高效的区域旅游运输网络系统，以及提升旅游产品的各资源功能承载单元之间的空间联系提供了可能。

3. 旅游资源整合开发的实施路径

(1) 完善旅游协调管理机制

完善旅游协调管理机制可以为旅游资源整合开发提供强有力的保障。完善旅游合作协调机制，一要建立政府主导型机制，打破目前行政区划的禁锢，探索建立政府有关部门共同参与的旅游经济协商制度，倡导建立旅游发展年会制，实行各地政府轮流做东，共同商讨旅游合作大计。表现在行政管理方面，各地政府必须加强旅游政策、制度和法规的相互借鉴与合作，在宏观层面促进合作的顺利开展。例如，目的地的开放条件、开放范围、出入境政策、口岸与边境管理、旅游企业合资合作条件等方面的合作。二要建立协会、中介自律机制，建立旅游协会联合例会制度，促进民间旅游组织交流沟通。三要建立企业、市场合作型机制，积极为旅游企业搭建合作平台，引导企业开展联营、重组等，鼓励企业向集约化、网络化、品牌化方向发展。四要建立旅游人才和技术的交流与合作机制。旅游人才、经验和技术的广泛交流，既有利于管理水平进步和服务质量的提高，又有利于产业素质的稳步提升。

(2) 区域联动开发旅游产品

旅游资源的整合开发，需从一个更高、更广阔的角度来审视区域整体旅游业的发展，适时实施区域联动合作开发战略。一要将以行政区为主转变为以资源区为主，以旅游资源的历史文脉为背景，以交通为纽带，针对旅游市场特征，优化配置旅游资源，实现资源共享优势叠加，打造跨空间、系列化、规模化的内容丰富的旅游产品，从而进一步开拓更为广阔的旅游市场。二要在服务服从旅游主题品牌的基础上，结合各地实际，推出一系列个性鲜明、互补性强的拳头旅游产品。三要切合景区实际，构建内涵式精品旅游线路；同时，要创新设计，形成多元特色旅游文化群，提升旅游核心竞争力。

(3) 搭建旅游整合营销平台

旅游形象和品牌已成为旅游发展最重要的竞争工具。基于整合营销理念的旅游联合促销，有利于将有限的资金集中使用，统一塑造一个更具吸引力的整体形象。一要实现营销资源共享。通过共享品牌形象，共享销售队伍、销售渠道，共享市场，"互为目的地、互为客源地"，实现旅游客源空间拓展，降低交易成本。二要强调营销整合中的统一计划。把广告、营销推广、包装、公共关系等一切与旅游有关的对外传播和活动都归于统一的活动计划中，共同策划旅游主题宣传，联袂举办诸如旅游主题联会等大型节庆活动，联合组团参加国内旅游展销博览会等。三要强调营销沟通的统一口径。旅游宣传要以一致的传播资料面对消费者，综合运用、协调使用各种各样的沟通手段，使营销沟通发挥出最佳沟通效果，如使用统一的旅游促销主题、宣传口号、形象识别标志等。四要建立统一的信息平台。强化旅游信息网络平台建设，通过对旅游信息、旅游资源、旅游接待设施和旅游产品等有效汇集与整合，引入群团式消费，实现旅游的"乘数效应"。五要构建立体传播体系。根据旅游消费者的不同特点，在不同的时间和地点，选择最恰当的传播方式。要根据市场需求变化和特点，运用市场细分的原理，找准目标市场、目标人群，制定有效的市场策略，积极探索多种营销方式，力求以最少的投入取得最佳效果。

(4) 加强旅游资源市场化运作

旅游资源的市场化运作是必然的发展趋势，真正有效的旅游资源整合是通过市场竞争来达到规模企业对旅游资源的集约经营。一要制定相关的扶持政策，加强旅游资源利益主体之间沟通协调，打破行政区划的禁锢，消除地方保护主义壁垒，为旅游企业实现旅游资源的市场化运作提供金融、法律、咨询等服务，营造公开、公平、公正的市场环境和宽松、高效、廉洁的政务环境。二要鼓励旅游企业通过合作开发、合资、参股、委托经营等方式，在产权部门和管理部门的监督指导下取得对景区的经营权，实现旅游资源所有权与经营权的分离。三要努力培植和鼓励旅游企业合作经营，通过兼并、收购、控股等多种方式打造企业战略联盟，实现规模化经营，形成大型旅游企业集团化、中型旅游企业连锁化、小型旅游企业专业化，以降低经营成本，优化市场服务，使旅游企业成为旅游资源整合发展的"黏合剂"。四要加强旅游行业联合管理，规范旅游企业在旅游资源市场化运作中的经营开发行为，防止旅游企业囤积旅游资源、变相开发，或以牺牲生态环境为代价的低档次粗放式开发，切实使旅游资源整合开发走上可持续发展道路。

(5) 构筑旅游交通网络

旅游资源整合开发，必须打破行政区的分割，以服务旅游者为目的，整合提升现有交通资源，推进以核心城市为中心，连接形成各景区、景点之间的快速旅游交通网络，实现旅游一体化目标。一要迅速提升现有的旅游交通网络。要按照"高起点规划、高标准建设、高强度投入、高效能管理"的要求，逐步实现快速交通的全面融合，保证旅游者的旅游活动快捷方便、畅通无阻。二要重点建设旅游交通集散中心。要大力发展旅游专线交通、异地汽车租赁和水上旅游交通运输，营造便捷友好的旅游交通环境。

8.4.2 旅游资源数字化开发

随着全球政治经济形势的变迁和数字技术的飞速发展，数字经济已经成为国民经济发展的新动能。在旅游业实现高质量发展的过程中，得到广泛应用的数字技术正在成为旅游业产品和公共服务赋能的重要支柱。以信息技术、人工智能、虚拟技术、5G技术、大数据等技术创新为引领，对旅游业进行创新性、前沿性和实践性的大胆改革，将是旅游业实现快速增长的关键。

1. 数字化景区与旅游资源数字化

(1) 数字化景区

数字化景区也就是通常说的景区数字化，它是指借助于计算机硬件设备，综合运用信息技术，如网络宽带技术、"3S"技术（地理信息系统GIS、遥感RS和全球定位系统

GPS）、"5G"技术（第五代移动通信技术）、多元数据库技术、电子商务、虚拟现实技术、无线网络技术、全光网络技术、搜索引擎技术、互联网数据中心（IDC）和网格服务等技术，实现对景区的基础设施、旅游资源、旅游环境、游客活动、旅游管理的自动采集和动态监测，并通过整合这些信息为游客提供便捷服务，为景区的规划建设和管理提供决策。数字化景区建设是以景区实现"旅游资源开发与保护数字化、旅游经营管理智能化、旅游产业整合网络化"为目标，通过建立统一的数据中心，从技术上和管理上建立一套有效的共享机制，为实现地理信息、规划建设、资源环境本底、遥感监测等基础数据与业务数据的互联共享，以及不同系统互联互通、数据共享和系统集成奠定基础，实现信息资源集中、高效、便捷地管理和应用。

(2) 旅游资源数字化

旅游资源数字化是指运用现代数字化信息技术，将自然、人文和生态旅游资源的语言文字、影像图片、视频资料等丰富信息转换为数字信息，利用网络资源进行科学管理并广泛视觉文化传播的过程。以数字化为核心的现代信息技术可以为公众提供准确、及时、可靠、丰富的旅游资讯。旅游资源的数字化主要通过建立影像数据库的方式，把旅游地的各类资源加以收集和整理，采取数字虚拟现实技术，对旅游资源进行模拟与复原。这就在很大程度上改变了它的"自然"属性，使旅游资源具备某种可操作、可调度的"人化"特性。并且，通过网络化的传播途径，公众还能及时获得旅游地相关信息。从管理方面来看，它可以及时更新和添加信息，从而有效避免由于信息不畅造成的旅游资源浪费。

从发展历程来看，旅游资源数字化开发大致经历了三个阶段，也就是当前广泛使用的信息化、数字化、智能化（智慧化）。其时段大致是：1990年至2000年，是信息化阶段；2001年至2009年，部分景区开始转入数字化建设；2010年以来，各景区进入智能化（智慧化）建设阶段。这三个阶段是不断递进的，数字化、智能化（智慧化）均代表了信息化的程度，最终的结果是建设完全信息化的智能化（智慧化）景区和智能化（智慧化）旅游。

数字经济拓宽了旅游资源开发的广度和深度，丰富和创新了旅游体验。基于物联网、5G、VR、AR等数字科技手段，整合有形旅游资源与无形旅游资源，连接现实场景与虚拟场景，实现本地空间与异地空间的融合，实现一景多看、旧景新看、古景今看，创造旅游新场景、新体验、新业态、新商机，从而提高了旅游产业自身的韧性。

2. 旅游资源数字化开发的内容

(1) 旅游资源数字化硬件、软件的规划

为了避免网络建设因重复投入而造成的资金和资源浪费，旅游资源开发部门应当请旅游规划及数字化开发方面的专家，对旅游资源管理做出全面科学的设计和规划，对旅游资源数字化的硬件基础、软件资源、管理人员队伍组成等做出切实可行的科学规划，并实实在在地逐步推动规划的实施。

(2) 旅游资源数字化技术的应用

旅游资源数字化开发中要充分考虑旅游资源的动态发展，可选择利用遥感（RS）、地理信息系统（GIS）等技术进行数据采集，利用虚拟现实技术（VR）和增强现实技术（AR）实现虚拟和现实画面的结合，赋予用户深度沉浸式体验。

RS技术是指集中了空间、电子、光学、计算机、生物学和地理学等科学的最新成就，采用高空鸟瞰的形式进行探测，跨越交通地形、地物阻隔的影响，根据遥感多波段信息的差异，识别出不同类型的旅游资源，并对各类资源的数量、质量和分布特征进行分析。GIS技术是一种以采集、存储、管理、分析和描述整个或部分地球表面和地理分布数据的一种特定的空间信息系统，是对旅游要素进行开发与规划的有效工具。它以地理空间数据库为基础，在计算机软件、硬件的支持下，把现实生活中的各种信息与反映地理位置的空间信息结合在一起，显示与模拟客观世界中的空间实体相关的信息，图文并茂地展示在用户面前，以供用户检索与分析。充分发挥RS技术的优势，为GIS提供快速、可靠、多时相和廉价的多种信息源，利用GIS技术精确RS技术所提供的信息属性，提高遥感数据的分类精度，从而优化用户查询结果。VR技术是一种可以创建和体验虚拟世界的计算机仿真系统，是仿真技术与计算机图形学人机接口技术、多媒体技术、传感技术、网络技术等多种技术的集合。VR技术通过创造虚拟世界，使用户可观察、触摸虚拟环境中的事物并与之进行交互。AR技术是一种实时显示计算摄影机影像的位置及角度并加上相应图像、视频、3D模型的技术，包含了多媒体、三维建模、实时视频显示及控制、多传感器融合、实时跟踪及注册、场景融合等新技术与新手段，是将虚拟信息与真实物理环境叠加至同一画面或空间，使用户可看到虚拟环境的同时与现实世界进行交互。

(3) 旅游资源数字化系统的构建

旅游资源数字化的目标是构建数字化系统。该系统既要建立起一个旅游资源的完整而全面的数字化数据库，又要向人们提供通过网络快速检索和浏览旅游资源信息的Web界面。因此，旅游资源数字化需要解决两个问题：一是选择合适的数据库管理系统，存储各个旅游资源的相应属性和数字化的视频信息、文字信息、语音信息和图片信息；二是利用动态网页设计技术，设计一个动态呈现旅游资源信息的网站，主要涉及数据库系统的选择与数据表的设计、流媒体服务器的设计及用户界面的开发等方面的技术。

3. 旅游资源数字化开发的目标——智慧旅游

(1) 智慧旅游的"智慧"表现

智慧旅游，也被称为智能旅游，是指利用云计算、物联网、5G等新技术，借助便携的终端上网设备，主动感知旅游资源、旅游经济、旅游活动、旅游者等方面的信息，及时安排和调整旅游计划。简单地说，智慧旅游就是实现游客与网络实时互动，让游程安排进入触摸时代。智慧旅游主要体现在旅游活动中的智慧服务、智慧管理和智慧营销三个层面。

智慧服务是指通过科学的信息组织和呈现形式让游客方便快捷地获取旅游信息，帮助游客更好地安排旅游计划并形成旅游决策，提升旅游体验和旅游品质。其内容包括游客定位、智能导航、电子门票、电子地图、电子导游、智能导购、手机客户端软件、电子支付、互动社交服务等方面。

智慧管理是指依托信息技术，主动获取游客信息，形成游客数据积累和分析体系，全面掌握游客的需求变化、意见建议以及旅游企业的相关信息，实现科学决策和科学管理。其内容包括信息发布、实时数据统计智能库存管理、智能财务、旅游电子商务、旅游预测预警、综合安防监控等方面。

智慧营销是指通过旅游舆情监控和数据分析，挖掘旅游热点和游客兴趣点，引导旅游企业策划对应的旅游产品，制定对应的营销主题，从而推动旅游行业的产品创新和营销创新。其内容包括旅游资源展示、游客资源分析、互动营销、精准营销、品牌推广，智能优惠券等方面。

(2) 智慧景区建设的实施路径

如果说"数字"是景区"智慧"的基础，那么"智慧"则是景区"数字"的飞跃；"智慧"之于景区，是"信息化"加"智能化"加"能动化"的景区，是人地和谐发展的低碳智能运营景区，其内容不仅丰富，而且全面；内涵不仅深刻，而且影响深远，代表着景区数字化建设发展的新方向。

"智慧景区"建设是一个较为复杂的系统工程，景区应结合自身特点，既要因地制宜，又要兼顾大局，统一标准，规范建设。其建设路径如下：

一是总体部署，分步实施。景区要按照住房和城乡建设部的总体部署，做好智慧景区建设总体方案编制工作，制定不同阶段的建设目标，在城建司的指导下，分阶段逐步实施，确保智慧景区建设取得成效。

二是统一标准，保障共享。智慧景区重点建设项目，要按照住房和城乡建设部统一标准，实施规范建设，确保实现行业管理的信息共享。

三是整合资源，集约发展。对于关系到全行业资源整合的重点建设项目，建设部将统一协调或组织建设，打造行业品牌，形成管理合力，实现规模效应。

四是突出重点，先急后缓。各景区要根据自身实际情况，制订切实可行的智慧景区建设总体方案。按照突出重点、先急后缓的原则，优先建设景区资源保护和经营管理需求迫切、投资小见效快的重点建设项目。

五是实用可靠，适度先进。系统建设要注重实效，在技术选型方面要注意选择技术成熟度好，实用可靠并适度先进的技术。避免盲目引用不成熟的新技术，造成建设资金浪费。

六是创新机制，市场运作。智慧景区建设要注重产业化经营管理机制的创新，借鉴国际先进理念，引入市场运作机制，促进资源保护与旅游服务产业的良性互动和协调发展。

Chapter 8 旅游资源规划与开发

阅读材料

智慧旅游场景应用

智慧旅游场景是指5G、大数据、云计算、物联网、人工智能、虚拟现实、增强现实等现代信息技术，在旅游服务、旅游管理、旅游营销、旅游产品等领域的综合集成应用成果，是智慧旅游体系建设的基本单元和重要构成。智慧旅游典型场景包括：智慧信息发布、智慧预约预订、智慧交通调度、智慧旅游停车、智慧游客分流、智慧导览讲解、沉浸式体验、智慧酒店入住、智慧旅游营销、智慧安全监管等方面。

智慧旅游引发的变革既表现在酒店、旅行社、交通等传统旅游行业的创新变革，更表现在沉浸式演出、虚拟现实景区、光影秀、元宇宙消费场景等旅游新业态的不断涌现。智慧旅游场景应用要遵循需求引导、因地制宜、发挥实效的原则，避免盲目建设、重复建设；要兼顾公共服务和市场运营实际需求，实现社会效益和经济效益相统一；要注重发挥市场主体作用，激发企业首创精神；要统筹发展与安全，把安全发展贯穿应用全过程。

【8-4拓展视频】

8.4.3 旅游资源品牌化开发

品牌是人们对一个企业及其产品价值、售后服务的一种评价和认知，是一种产品综合品质的体现和代表。旅游品牌是建立在旅游资源或旅游地域的独特性上，综合了旅游目的地的自然、人文、社会、政治、经济等诸多因素，从旅游者的角度对目的地印象、期望值及情感交互等方面的综合评价。旅游品牌是旅游消费者识别旅游产品和服务的差异化标志，也是吸引游客进行购买的一个主要因素。旅游资源品牌化开发就是依托资源、发挥优势，跳出同质化圈子，打造个性化、多元化的旅游项目或旅游产品，是提高旅游产业核心竞争力、促进旅游业转型升级的一项重要举措。随着旅游业的发展和旅游市场竞争的日益激烈，旅游品牌化发展逐渐成为各地旅游业赢得市场优势的必由之路。

1. 旅游资源品牌化开发的意义

(1) 有利于吸引并保持旅游市场

旅游品牌同其他品牌一样，说到底是地区旅游业的个性化表现，是旅游消费者的一种心理认知和消费感觉。旅游资源品牌化开发可以使旅游地形象或旅游产品避免同质化、更有地域特色。旅游资源品牌是目的地旅游业的一种无形资产，它是一种超越旅游资源以及所有有形资产以外的价值。旅游资源品牌资产源于它对旅游者的影响力，它能唤起旅游者对旅游资源品牌的忠诚，可以维持和增加旅游者购买旅游资源品牌产品的人数，从而延长该旅游资源品牌的生命周期，保持旅游资源品牌产品的市场份额。

(2) 有利于增加旅游资源的附加值

从主观上讲，当某一旅游资源成为对旅游者具有影响力的品牌时，旅游者就不会在购买价格上过分在意，甚至在价格稍高于其他旅游产品的情况下，旅游者也可以接受，这就是"口碑效应"给旅游资源或产品所带来的价值增值。

(3) 有利于实行网络化、集团化经营

网络化、集团化发展道路是当今国际上大多数企业的发展模式。品牌化的一个益处就是造就一种连锁经营模式，只要有一个相对有名的旅游资源品牌，不论是依托旅游资源生存的旅行社还是旅游资源品牌的横向发展，都会在地域上拓展、领域内拓宽，最终实现网络化和集团化的经营模式。

2. 旅游资源品牌化开发的路径

(1) 旅游品牌形象塑造

旅游资源品牌化开发的过程，就是塑造地区旅游综合形象的过程。旅游品牌形象塑造是一个系统工程，应从旅游品牌使用者决策、家族品牌决策、品牌定位决策、品牌具体设计、高品质服务提升支撑、有效的服务展示等方面入手。地区旅游资源的具体表现可谓多种多样，包括地理、历史、文化、经济等诸多方面。旅游者对旅游地品牌形象感知的信息来源往往多样化、复杂化，是没有经过统一整理归纳的。因此，在目标市场确定的情况下，如何塑造和准确地、集中地向旅游者传播旅游地品牌形象，成为旅游品牌开发建设成功与否的关键。

(2) 旅游品牌理念构筑

构筑旅游品牌理念是旅游品牌建设的核心问题，它的作用是将旅游地形象信息综合完整地表现出来，呈现在旅游者面前，使旅游者对旅游地产生清晰、明确的可感知印象。由此，使旅游者乐于对旅游活动的深度参与，从而对旅游地产生心理情结，增加旅游的停留时间、消费程度和忠诚度。在具体操作中，一级理念可以向旅游者传递一种旅游地能够带来的氛围和感觉，即旅游者能够得到的消费价值。二级理念可以根据旅游地不同方面的特征（历史、地理、文化、风景、景点等）分别归纳主题，或根据目标市场的特点，进行有针对性的、具体的描述，将旅游地系统完整地展现在旅游者面前，从而对一级理念进行全方位支撑。

(3) 旅游品牌产品规划

旅游品牌产品规划必须在风格与内容上与总体理念保持一致。旅游产品通常是在旅游者到达旅游地后才被感知，是旅游者印证头脑中的旅游地形象的载体与途径，对打造旅游品牌有至关重要的作用。旅游品牌产品规划是对旅游资源的全面开发，表现为旅游产品的广度和深度，即不仅对旅游地的景点等直接资源进行开发（人—地感知系统），还对相关接待服务、景区服务、社区形象等（人—人感知系统）进行综合规划。

(4) 旅游品牌视觉设计

视觉设计在旅游品牌建设中具有独特的作用。在人类获得的外部信息中，有80%来自视觉感知。因此，视觉设计是旅游者能够最直观感受到的信息。由于视觉设计的传播途径广泛，传播形式灵活多样，视觉设计受到受众欣赏水平的影响相对较小，只要设计得当，一般的受众就会对图形等信息留下深刻印象。在视觉设计过程中，必须树立战略性品牌设计思想，力求达到"强烈的视觉冲击、独特的识别记忆、精确的概念传达"。视觉设计的内容，可以概括为旅游地名称使用、旅游地标志徽章及延展、旅游地交通设施、旅游纪念品、旅游企业形象等几个方面。视觉设计具体表现为一系列的符号，其作用不仅限于传递各种信息，更应成为旅游地景观的组成部分，起到对旅游地景观进一步美化和强化的作用。视觉设计的作用还在于其直接功用：导引或帮助旅游者全面感知旅游地，消除陌生环境带来的不安心理，对旅游地进行外延传播。

(5) 旅游品牌营销推广

营销推广即通过立体方式将旅游品牌产品宣传销售出去。对经营者而言，要充分考虑目标市场的特点，选择差异化营销策略对旅游地产品进行营销推广。通过对外传播和对内沟通，全方位、多渠道、多角度、多层次地进行品牌宣传，系统开发品牌信息载体，大力宣传品牌信息。旅游资源品牌推广给品牌成长创造了空间，实现了品牌与消费者间的沟通，并让消费者认知到品牌价值的存在，同时它也是累积品牌资产的过程。旅游资源品牌营销的策略主要有产品、价格、渠道、广告、公关传播、互联网传播、游客、促销传播等。

8.4.4 旅游资源低碳化开发

党的二十大报告指出，要"推进生态优先、节约集约、绿色低碳发展"。在全球气候变暖的背景下，以低能耗、低污染为基础的"低碳经济"已成为全球热点。低碳经济是指在可持续发展理念指导下，通过技术创新、制度创新、产业转型、新能源开发等多种手段，尽可能地减少煤炭、石油等高碳能源消耗，减少温室气体排放，达到经济社会发展与生态环境保护双赢的一种经济发展形态。旅游业本身为低碳产业，是节能减排的优势行业，可成为降碳和节能减排的重要领域。旅游资源低碳化开发是可持续旅游、生态旅游发展理念的一种行动举措，是落实科学发展观、建设资源节约型和环境友好型社会的创新与实践，涉及旅游生产、消费和旅游价值观的变革。旅游业的低碳发展既遵循了旅游产业发展的客观规律，又符合生态与经济协同发展要求。

1. 旅游资源低碳化开发的内涵

狭义的旅游资源低碳化开发，即旅游业以理想的低碳状态发展。这里的理想的低碳状态是指旅游业各部门通过合理优化资源配置，在不超过资源环境承载能力的前提下实现旅游经济效益最大化、集约开发资源、高效利用能源、碳排放量达到最小的状态。

广义的旅游资源低碳化开发，包含了一个旅游开发碳排放量的动态变化过程。这一类型的旅游资源低碳化开发主要是通过对原有旅游资源开发过程中的政策制度等方面的改造与升级，使得旅游资源在开发中产生的二氧化碳与之前排放量相比减少。

旅游资源低碳化开发强调一个"化"字，也就是说这是一个动态的发展过程。由于碳排放量是衡量低碳化的直接工具，因此，可以将旅游资源低碳化开发理解为旅游资源开发所需碳排放下降的过程。在我国"双碳"目标的约束下，探讨旅游资源的低碳化开发，既是旅游业可持续发展的需要，也是低碳经济发展实践的需要。

> **知识链接**
>
> **"双碳"目标的重大意义**
>
> "双碳"是碳达峰与碳中和的简称。2020年9月22日，国家主席习近平在第七十五届联合国大会上宣布，中国将力争在2030年前实现二氧化碳排放达到峰值，并努力争取在2060年前实现碳中和目标。狭义上的"双碳"即指二氧化碳的排放量与吸收量达到平衡状态，广义上的"双碳"即为所有温室气体的排放量与吸收量达到平衡状态。
>
> "双碳"目标倡导绿色、环保、低碳的生活方式，加快降低碳排放步伐，有利于引导绿色技术创新，对我国绿色低碳发展具有引领性、系统性，可以带来环境质量提高和产业发展的多重效应，有利于推动经济结构绿色转型，加快形成绿色生产方式，助推高质量发展，提高产业和经济的全球竞争力。实现"双碳"目标是我国作为负责任的大国对人类前途和命运的深刻关注和主动担当。
>
> 我国将以更坚定的信念和更有力的举措，扎实做好各项工作。一是要坚持系统性思维观念。对标国家碳达峰碳中和工作总体部署，既要因地制宜，也要因产制宜。二是构筑城市绿色产业体系。基于城市产业基础和功能定位，推动绿色优势产业集聚发展。三是提高绿色创新驱动能力。积极推动我国低碳技术创新与成果转化，在实现绿色发展的过程中延续我国经济参与全球竞争的比较优势。四是稳步拓展绿色国际合作。
>
>
> 【8-5拓展视频】

2. 旅游资源低碳化开发的模式

(1) 自然资源保护开发型

自然资源是低碳旅游赖以生存和发展的重要物质基础，因此旅游资源低碳化开发强调对自然资源的开发必须在科学有效保护的前提下进行。旅游资源多依托自然资源和人文景观，这些资源不仅是旅游吸引物，同样也是天然碳汇的生产地。林地、草原、江河、湖泊、海洋、高山等多样的自然旅游资源不仅可以吸收空气中的二氧化碳，还可以释放大量氧气，实现碳封存。因此，在未来旅游景区规划与开发中，除了需要提升景区品质来获取收益外，还要关注在规划过程中对旅游资源的保护，将林木碳汇、海洋碳汇、土地碳汇等进行较好维护。同时，还要注重对景区开发运营后碳排放量的监测，通过智慧景区、大数据监测等方式实时监管景区吸收与产生的二氧化碳总量，并根据超额排放量合理进行碳捕获及碳封存技术调整。另外，零碳旅游景区的搭建对于旅游者的环保认知、低碳意识、零碳理念有一定宣传作用，加深国民对碳达峰和碳中和的理解，有利于推广低碳环保旅游行为。

(2) 文化资源继承发扬型

文化资源的继承发扬是旅游资源低碳化开发的重要领域。旅游业本身就是一种文化产业，旅游地对自身文化因素的充分挖掘和开发有助于增强其旅游产品的地域人文魅力，满足游客多种文化需求，从而吸引更多的旅游者，获得更大的经济效益。地区文化资源开发的主要吸引物包括传统村落建筑、曲艺、特色饮食、民俗节庆、历史渊源、民间工艺等。

(3) 现代农业休闲观光型

作为农业向旅游业延伸的一种复合型产业，农业休闲观光旅游是指以农业和农村为载体，以田园景观和自然资源为依托，以保护自然生态环境为基础，对农业景观、田园景观、聚落景观的深层次开发，具有休闲、求知、生态功能的一种"农业+观光旅游文化+休闲乐趣"相结合的、完全的低碳化旅游方式。在开发模式上，目前主要有农业主题公园、特色农业基地、农业科普教育基地、大型农业生产基地、农家游等五种主要形式。

(4) 科技工业参观体验型

科技工业旅游是对旅游资源的深层次开发，也是旅游资源低碳化开发的重要领域，主要以工业企业的生产线、厂区、劳动场景和企业产品等为主要吸引物，具有知识性、依附性以及多效益等特点，自产生便得到了迅速发展。目前，科技工业旅游内容主要包括：参观企业标志性建筑、企业特有的人文景观和厂区美化绿化建设；观摩企业生产制造过程，学习企业先进的管理经验，感受企业文化；了解企业或该行业的发展历史，纵观企业或行业发展全貌等。科技工业旅游产业目前已经形成了稳定的客源市场，主要包括学生冬夏令营、政务培训、商务考察旅游、普通游客、地方社会教育等五类。

(5) 低碳旅游业态创新型

基于低碳经济的宏观背景，低碳理念在旅游业态创新中得到凸显，低碳型旅游新业态的创新是旅游业未来迎合低碳经济宏观背景进行开发的重要领域。而创新的内容主要以绿色低碳为宗旨，围绕旅游业"食、住、行、游、购、娱"六大要素深度挖掘，进而形成各种丰富的新型旅游业态。低碳旅游创新型业态具体表现为对徒步游、科普游、科技游、生态养生游等领域的丰富和完善。

3. 旅游资源低碳化开发的路径

(1) 完善管理制度，规范低碳旅游开发

第一，构建低碳旅游开发的组织机构和战略规划。发挥旅游行政管理机关、旅游相关行业协会、旅游企业等旅游产业运营主体的示范作用，制定相关工作规范和制度，采取科学措施，建立有效的监督机制，将"节能减排"全面落实到工作运行中的每个细节。

第二，制定和实施低碳认证制度。对旅游业相关的交通运输、住宿餐饮、休闲娱乐、旅游商品、旅游景区等制定科学、完善、操作性强的评定标准，进行严格评定分级。这样一方面有利于旅游者选择低碳旅游产品，促进低碳旅游产品的开发和销售，另一方面也有利于提高旅游企业的低碳意识。积极引导旅游景区参照碳中和旅游标准化规范认证体系，践行低碳管理。积极推动低碳认证制度的制定和实施，建立健全低碳标志标准，向旅游企业宣传低碳标志的意义，鼓励旅游企业进行认证。

(2) 制定激励政策，鼓励低碳旅游发展

对于低碳旅游的发展，政府应当积极地制定相应的激励政策，并完善相应的制度，以保证其落实。第一，加强低碳技术和低碳设备在旅游基础设施中的应用，在全行业推行节能减排技术，减少碳排放。第二，优化城乡旅游休闲空间。合理规划建设环城市休闲度假带，推进绿道、骑行道、游憩道、郊野公园等建设，打造城市近郊旅游的低碳、零碳引领作用。第三，增强旅游目的地碳汇能力。景区建设中要重视森林、草原、湿地、海洋、土壤、冻土的固碳作用，采取有力措施避免旅游观光造成景区生态环境的破坏。

(3) 强化政府引导，创建低碳旅游示范区

低碳旅游的推广和实施是一个系统工程，涉及旅游客源市场、旅游目的地吸引物、旅游企业、旅游支撑和保障等多方面的内容，难度较大。政府要积极加强引导，推广和实施低碳旅游示范区建设。创建示范区可分为两种类型进行。

第一类，区域性的低碳旅游试验示范区。其包括三类区域：一是生态环境脆弱地区，这些地区必须发展低碳旅游；二是工农业旅游示范点，这些地区已经有了良好的低碳旅游发展基础，且具有良好的示范带动效应；三是消费者低碳消费意识强烈的地区，比如致力于"两型"（资源节约型和环境友好型）社会建设和低碳城市建设的地区，这些地区经济相对发达，居民低碳消费意识强，具有良好的低碳旅游市场基础。

第二类，行业性的低碳旅游示范点。其包括两类主体：一是旅游景区。景区内交通工具的使用、游客在景区内的消费行为、景区各种宣传品的使用等，都会直接或间接地造成景区的碳排放，是减少旅游碳排放的一个重要渠道。二是旅游饭店。旅游饭店的建筑和服务设施都是耗能排放大的环节，且多年以来旅游饭店进行了绿色饭店标准体系建设，具有一定节能减排基础。

(4) 加强教育宣传，引导低碳旅游消费

推行低碳旅游，前提是实现生态环境观念上的创新，重估自然资源的价值。我们必须

从观念上转变过来,认识到发挥自然资源的作用,既要重视其维生价值、经济价值,又要重视其生态价值、精神价值和社会价值等。因此,要加强宣传教育,普及和推广低碳理念与低碳消费理念,以独特的文化活动为载体向公众传播低碳生活方式、碳汇机制、低碳技术成果等。政府和旅游行业主管部门要承担起发展低碳旅游的主体责任,构建有效的公众参与机制,引导大众积极参与、旅游供应商和社区积极配合,改变在生产与生活中高碳排和高能耗的行为,提倡日常生活中的节能减排行为。

本章小结

本章主要论述了旅游资源规划与开发的内涵、原则、理论基础、导向模式和开发热点等内容。其中,重点介绍了旅游资源开发的五大理论基础和四大导向模式内容。通过本章的学习,旨在希望学生理解旅游资源规划与开发的内涵及其相关理论基础,认识并掌握旅游资源规划与开发的原则和内容,熟悉和了解旅游资源开发的导向模式和热点关注领域,并最终能结合实际案例,开展相关旅游资源规划与开发的理论与实践分析。

复习思考题

一、填空题

1. 旅游资源规划的意义主要表现在:明确旅游资源的 _____ ,提高旅游资源的 _____ ,为旅游资源 _____ 提供科学的指导。
2. 旅游地生命周期大致可以划分为 _____ 、起步期、 _____ 、稳固期、 _____ 、衰退期或 _____ 等几个阶段。
3. 按照旅游资源开发的发展历程在时间上呈现出的不同阶段,如资源依赖阶段、注重市场需求阶段、形象塑造阶段、产品开发阶段等四个阶段,相应地将各阶段占主导地位的开发模式概括为: _____ 模式、 _____ 模式、 _____ 模式和 _____ 模式。

二、不定项选择题

1. 旅游资源规划与开发的主要理论包括(   )。
   A. 旅游地生命周期理论　　　　　　B. 区位理论
   C. 增长极理论　　　　　　　　　　D. 可持续发展理论
2. 旅游资源规划与开发的原则包括(   )。
   A. 以人为本原则　　　　　　　　　B. 市场导向原则
   C. 整体优化原则　　　　　　　　　D. 环境保护原则

3. 旅游资源整合开发的基础是指要遵循（　　）。
   A. 旅游资源的相似性　　　　　　　B. 旅游经济活动的大众性
   C. 地域要素的互补性　　　　　　　D. 旅游地空间联系的便利性
4. 数字化旅游景区建设的主要措施包括（　　）。
   A. 建立网络营销体系　　　　　　　B. 开展旅游电子商务平台
   C. 建设虚拟旅游景区　　　　　　　D. 实现景区的无线数字化

三、简答题

1. 试分析说明旅游资源开发的必要性及主要内容。
2. 你认为旅游资源品牌化开发的意义体现在哪些方面？
3. 结合实际生活，谈谈你对旅游资源低碳化开发的理解。

四、案例分析题

跨界融合趋势催生文旅新业态

在山水之间看一场实景演出，全息沉浸式游览网红博物馆，走在非遗街区体验精巧的手工技艺……近年来，文化和旅游深度融合、相互促进，红色旅游、旅游演艺、文化遗产旅游不断发展，旅游成为传播中华文化的重要载体。

回顾旅游业十年发展，融合是最重要的发展趋势。文化和旅游的融合丰富了旅游内涵，催生了丰富的业态，促使国内旅游文化品质持续提升。据统计，我国历史文化类景区由2012年的2064个增加到2021年的4111个，增长了近一倍。由此也促使旅游新业态不断涌现，比如工业旅游、中医药健康旅游、体育旅游、休闲度假旅游、冰雪旅游、露营旅游等，旅游活动的多样性得到了进一步的丰富。近年来，随着各地"旅游+"战略的实施，旅游业跨界融合步伐加快，丰富了旅游有效供给和优质供给，旅游与教育、工业、农业、体育等产业深度融合，促使旅游产业链不断延伸，形成了新的经济增长动力源。

一方面，全国红色旅游经典景区从100处扩展至300处，广袤中华大地上星罗棋布的红色资源，转化成为一个个寓教于游的红色景区，是青少年学习红色历史、传承红色基因、接受红色精神洗礼的生动课堂。同时，文旅部门还推出了国家级、省级旅游度假区671家，全国乡村旅游重点村镇1299个、省级以上旅游休闲街区300多家，形成各种类型的休闲产品，不断满足人民群众多元化、个性化的休闲度假需求。国家公园、森林步道、冰雪旅游、湿地草场更成为热点旅游项目。2021年我国生态旅游游客量达20.93亿人次，同比增长超过12%。

另一方面，随着数字化、智慧化、便利化景区的深入建设，让祖国的大好河山与游客们能够实现在"云端"相聚。智能互联时代的到来，促使新科技与旅游相遇，不仅催生新模式、创造新的场景体验，还可以提升产业效率。智慧博物馆、数字景区让文物活起来，虚拟展示、智慧导览、流量监测等新型服务体验更得到了不断升级。

请思考

随着新消费需求的不断涌现及旅游供给侧结构性改革的推进，业态创新成为培育旅游经济新增长点的重要途径。那么你认为旅游业态创新的基本类型或主要模式有哪些？

Chapter 9 旅游资源保护与可持续旅游发展

学习目标>

- 了解旅游资源保护的必要性
- 认识旅游资源遭受破坏的原因
- 掌握可持续发展的概念与特征
- 理解可持续旅游发展的原则及内容
- 了解旅游资源可持续利用的方法措施
- 能够运用可持续发展理论指导旅游实践

知识结构>

旅游资源保护与可持续旅游发展
- 旅游资源保护
  - 旅游资源保护的必要性
  - 旅游资源遭受破坏的原因
  - 旅游资源保护的主要措施
- 可持续旅游发展
  - 可持续发展及可持续旅游发展概述
  - 可持续旅游发展的核心：旅游环境容量
  - 可持续旅游发展的关键：旅游环境管理
- 旅游资源可持续利用
  - 旅游资源保护与利用的关系
  - 旅游资源可持续利用的途径

游客闯入黄龙景区钙华保护带拍照引公愤

2020年11月20日,有网友在某短视频平台发布了一段"游客翻越栏杆踩踏黄龙景区钙华景观"的视频。视频配文称"像这种不文明旅游的人,就应该打入旅游黑名单,甚至可以拘留"。视频中,一名身穿白色羽绒服的游客,翻越栏杆进入钙华景观区。随着镜头移动,还可以看到有10名左右的游客踩踏在钙华景观上,更有一人在钙华景观上大步行走。对此,黄龙管理局高度重视,立即组织相关工作人员进行调查核实,22日,黄龙景区对此事进行了通报……

【9-1拓展视频】

近年来,尽管我国明令禁止游客毁坏国家名胜古迹,但是不文明现象仍然时有发生。从八达岭长城到敦煌壁画,从杭州西湖到陕西榆林丹霞地貌……都发生过令人不齿的文物损坏行为。究其原因,一是部分游客文物古迹保护意识淡薄、法律素养不高,一时"手痒"又怀有侥幸心理;二是景区监管难度大,事发时没能及时制止,事后又很难进行调查取证;三是违法成本低,仅采取"警告或者200元以下罚款"者居多,让很多人敢于僭越法律红线。

事实上,我国相关国家法律明令禁止损害文物古迹,根据《中华人民共和国治安管理处罚法》第六十三条的规定,游客故意损坏名胜古迹的,处警告或者200元以下罚款;情节较重的,处5日以上10日以下拘留,并处200元以上500元以下罚款。而根据《中华人民共和国刑法》第三百二十四条第二款的规定,若游客系故意损毁国家保护的名胜古迹,情节严重的,处5年以下有期徒刑或者拘役,并处或者单处罚金。

随着正面宣传教育的推广以及《国家旅游局关于旅游不文明行为记录管理暂行办法》的正式实施,不少景区都积极探索落地政策,给嗜好"到此一游"的"留名者"以沉重打击:损毁、破坏旅游目的地文物古迹的行为,从此纳入"旅游不文明行为记录"黑名单,旅行社、景区可对其"拒游"。此外,部分景区已开始探索使用无人机等科技手段加强监测巡查,对制止不文明行为的游客加以奖励,甚至专门开辟游客"涂鸦区"……总之,尽管方法不尽相同,但可以预见的是,保护文物古迹永远都是"进行时"!

案例思考

针对黄龙景区钙华保护带被踩踏的事件,你认为景区应该采取哪些措施对此类旅游资源进行保护?

9.1 旅游资源保护

旅游资源的保护是相对于旅游资源开发提出来的。它不仅包括对旅游资源本身的保护，使之不受损伤、破坏，特色不被削弱，而且还包括周围环境的保护问题。目前，世界各国在大力开发旅游资源的同时，都十分重视旅游资源的保护问题，并把其视为旅游业能否持续兴旺发达的根本保证。

9.1.1 旅游资源保护的必要性

1. 保护旅游资源就是保护旅游业

旅游资源是旅游开发的必备条件之一，是构成旅游产品的重要组成部分。没有旅游资源，就没有旅游业的生存和发展。然而，旅游资源在经过开发成为旅游产品后，会受到不同程度的影响和破坏，如稀世之宝的敦煌壁画、雕塑频受威胁；北京故宫、天坛、颐和园的汉白玉浮雕、铜制品正受酸雨的侵蚀；举世闻名的云南石林正遭受人为的破坏……这些损耗无疑会降低或失去旅游资源的美学特征及观赏性，使其丧失历史文物价值及文化内涵，最终减弱旅游资源对旅游市场的吸引力。因此，只有保护好旅游资源，旅游资源才能够永久发挥吸引游客的功能，旅游业才能持续发展，所以，保护旅游资源就是保护旅游业。

【9-2 拓展知识】

2. 保护旅游资源就是保护生态环境和人类文化

有一些自然旅游资源主要由再生资源组成，如植被、水景，若破坏不甚严重，有可能通过自然调节和人为努力得以恢复，但旷日持久，耗资巨大；然而，更多的自然旅游资源属不可再生资源，如山岩、溶洞、古木等，一旦被破坏，便无法复原，甚至有可能在地球上消失。人文旅游资源多是人类历史长河中遗留下来的文化遗产，一旦遭到损坏，便不能再生，即使付出极大的代价仿造，其意义也不相同。旅游资源的这一"不可再生性"特点，使旅游资源保护具有深远的现实意义。因此，保护旅游资源就是保护生态环境和人类文化。

3. 旅游资源保护是旅游业可持续发展的根本保证

旅游资源及其所依存的生态环境，对旅游业的可持续发展至关重要。一方面，旅游资源的特色及其永续存在，是旅游业发展的基础，而旅游资源是有限的，一旦旅游活动造成环境损耗和地方特色逐渐消失，实质上就是对旅游资源的损耗。另一方面，旅游资源的可持续利用水平和良好的生态环境状况，又是旅游可持续发展的重要标志。因此，保护旅游资源，是旅游业得以可持续发展的前提和保障。

桂林山水

【9-3拓展视频】

9.1.2 旅游资源遭受破坏的原因

1. 旅游资源的自然衰败

旅游资源，无论是自然形成的还是人工创造的，都是大自然的一部分，大自然的发展变化，也会使旅游资源发生变化甚至衰败。根据影响的程度和速度，可分为突发性破坏和缓慢性破坏两种。

(1) 突发性破坏。自然界中突然发生的变化如地震、火山喷发、海啸等自然灾害，会直接改变一个地区的面貌，毁掉部分或全部的旅游资源，这种现象被称为旅游资源的突发性破坏，如雕塑于公元前4世纪至前2世纪的世界七大奇迹之一的罗德岛上的太阳神像，就是毁于地震。在1996年的大地震中，中国历史文化名城云南丽江大研镇的部分古建筑也遭到破坏。1997年8月12日，夏威夷岛最古老的瓦吼拉神庙，被基拉韦厄火山喷出的岩浆淹没，这座有700年历史的名胜古迹就此毁于一旦。

(2) 缓慢性破坏。其包括自然状况下的寒暑变化、风吹雨淋及生物作用所导致的旅游资源形态和性质的改变。任何名胜古迹都时刻受到自然风化的危害，如埃及的基奥普斯大金字塔，近一千多年来的风化所产生的碎屑体积已达5万立方米，平均每年损耗50立方米，即整个金字塔表层每年损耗约3毫米。有些更古老的金字塔风化得更为厉害，许多大石块几乎完全被损坏，或只剩下近似圆球形的团石，台阶上则堆积很厚的碎屑。又如秦始皇陵，据三国时魏人记载："坟高五丈，周围五里余"，经折算，当时的秦始皇陵高约120米，底边周长约2167米，这座由人工用黄土堆积而成的陵墓，经过两千多年的风化侵蚀，目前高度已降为51米。中国的敦煌、龙门、云冈三大石窟及其他帝王陵墓石雕也同样受到自然风化的破坏。

鸟粪对旅游资源的化学分解作用，也属于自然风化。养鸽在欧洲的许多城市流行，它能增加城市的生机，但同时鸽粪落到屋顶或檐口下的雕塑上，就很难清洗，而鸽粪对雕塑的化学分解作用，远大于工业废气。曾有人主张在天安门广场放养万只鸽子，后来有关部门考虑到故宫的文物保护而未实行，此举乃北京文物保护的一大幸事。

2. 旅游资源的人为破坏

旅游资源的人为破坏是多方面的，大多超过自然风化破坏的程度，有的甚至是毁灭性的。按破坏产生的根源来看，可分为建设性破坏、生产性破坏和旅游活动带来的破坏三种。

(1) 建设性破坏

建设性破坏主要是指工程建设、市镇建设和旅游资源开发建设中的规划不当，导致旅游资源遭到破坏。近年来，随着我国旅游产业的迅速发展，旅游开发与建设出现了空前的热潮。然而由于种种原因，开发建设中出现了不少问题，特别是景区由于过度开发，不但对原有的生态系统和人文自然环境构成了巨大的压力，甚至引起了旅游资源的退化。例如，在我国近年来兴起的生态旅游热中，大部分保护区过度开发生态旅游资源，已造成44%的保护区存在垃圾公害，2%出现水污染，11%有噪声污染，3%有空气污染，22%的自然保护区的保护对象受到损害，11%出现旅游资源退化。

一方面是工程建设对景观环境的破坏。主要是指不当的工程建设破坏了风景区周围的景观和谐及古建筑的风格意境，如中国四大名园之一的苏州拙政园，周围盖了6个工厂，烟囱、水塔、高楼等建筑挡住了人们的视线，破坏了风景区的整体环境，站在园内已无法见到雄伟挺拔的北寺塔。再如杭州西湖四周的现代建筑、桂林市内的高层建筑、沈阳故宫周围的高楼等，都属于类似的情况。另一方面是旅游规划与开发对景观造成的建设性破坏。由于旅游开发实质上是在自然山水或原有风景区的基础上添加人工建筑，使之适应旅游活动开展的需要，所以当这种"添加"与原有景观的美学特征相悖时，就会对自然本身产生破坏作用，此种教训屡见不鲜。如西岳华山，当年为建一条进山路，毁千年绝壁，埋溪流泉水，把6千米长的山道上的树木连同千年古树一起砍光，造成不可估量的损失。东岳泰山南天门景区内修建的"南天门娱乐城"，与岱顶古朴、超脱的氛围极为不符。现在，有的山相对高度不到百米，也修建索道。索道在国家名胜中心区域的建成，不仅破坏了自然风景区的原貌，而且使游人大量集中于容量有限的山顶，导致景观和生态的破坏。

(2) 生产性破坏

生产性破坏是指工农业生产对旅游资源的破坏和对旅游环境的污染。工业生产对旅游资源以及旅游区自然生态环境的破坏，往往是相当严重的。例如，西安是中国古代风貌保存最好的城市之一，古老的城墙、鼓楼、大雁塔、秦始皇兵马俑等景观，每年吸引无数中外游客。然而，这座文化古城正在遭受多种工业排放带来的大气和水体的严重污染，那些缺少保护措施的历史遗迹因此遭受了破坏。落后的农业生产方式，无计划地过度采石、伐木、取水，对风景旅游景观的破坏不仅严重，而且其后果将是不可逆转的。安徽九华山，原先四周林木郁郁葱葱，但是到20世纪70年代由于过度伐木，只留下少许残林，其余均被砍伐开垦为农田，昔日"天河挂绿水，秀出九芙蓉"的九华山，曾一度出现多处光秃秃的山岭。

(3) 旅游活动带来的破坏

这类破坏主要表现在两个方面：第一，长期大量接待来访旅游者，会使当地历史古迹的原始风貌甚至其存在寿命受到威胁。如我国著名的敦煌莫高窟，过去窟中空气干燥，自然风化缓慢，艺术品经千百年仍然栩栩如生。但随着近年大量游客进入石窟，人们呼出的水汽和二氧化碳改变了石窟内的大气环境，许多壁画的逼真细节已失去光泽，红色和肉色逐渐变为黑色。此外，在一些著名的风景名胜区，不断增加的游客，使景区地面因踩踏磨损而失去原有的特色。如颐和园蜿蜒700多米的环湖长廊的地砖，每隔几年就要更换一次。第二，大规模旅游活动的开展也加剧了对自然环境和生态系统的损害及破坏。一方面，旅游者的大量到访会扰乱野生动物的栖息环境；沙丘会因人们的过度活动而遭受侵蚀；旅游者乱丢废弃物不仅会影响环境的美感质量，还会危及动植物的生存。另一方面，在一些旅游城市和旅游景区，游客的进入和旅游活动的开展，会对自然生态环境造成污染。如为满足游客旅行游览需求而配备的机动车船排出的大量废气、废油、废渣，污染了旅游地的大气和水体；游客食宿产生大量的生活污水和生活垃圾，就近排入景区或大量堆放，会导致土壤营养状态的改变，还会由于空气和光线的堵塞使生态系统受到损害。

补充阅读

茶卡盐湖污染之痛

茶卡盐湖位于青海省海西蒙古族藏族自治州乌兰县的茶卡镇，湖面海拔约3059米，总面积约154平方千米。"湖水共长天一色、盐湖与雪峰同辉。"走进茶卡盐湖，天地一色如梦如幻，分不清是天空倒映在湖水中，还是湖水融化在蓝天里。游客在此可以沿着火车小道走进盐湖深处观赏盐湖风光。由于与玻利维亚乌尤尼盐沼有着异曲同工之妙，茶卡盐湖被称作"中国的天空之镜"，同时也被《国家旅游地理》杂志评为"人一生必去的55个地方"之一。在柴达木盆地的几十个盐湖中，茶卡盐湖较小，但由于离内地最近，其开采历史也就最为悠久。

【9-4拓展知识】

近年来，茶卡盐湖景区旅游人数大为增加，数以万计的游人下水嬉戏，造成盐湖结晶被损，淤泥上翻，加上部分游客的乱丢垃圾等不文明现象的产生，对盐湖造成了不可修复的伤害。一些游客大呼"这简直就是一个巨大的'黑泥沼'！"

【9-5拓展视频】

未被污染的盐湖

被污染的盐湖

9.1.3 旅游资源保护的主要措施

在了解了旅游资源遭受损害和破坏的原因之后，开展旅游资源保护工作也就变得更具针对性了。对旅游资源的保护可分为消极保护和积极保护两种。消极保护同积极保护之间的关系也就是"治"与"防"的关系。旅游资源保护工作的基本原则应当是以"防"为主，以"治"为辅，"防""治"结合，应用法律、行政、经济和技术等手段，注意加强对旅游资源的管理和保护。

1. 减缓旅游资源自然风化

旅游资源自然风化的起因是自然界中光、热、水环境的变化。虽然裸露于地表的旅游资源要完全杜绝自然风化是不可能的，灾难性的自然变化也很难避免，但一定范围内采取措施改变环境条件使之风化过程减缓是完全可能的。如将裸露的风吹日晒下的旅游资源加罩或盖房予以保护，四川的乐山大佛曾建有13层的楼阁覆罩其上，既金碧辉煌，又保护了神像，后毁于战火。类似这样的建筑应予以恢复和建设。

【9-6拓展视频】

2. 杜绝人为破坏旅游资源

旅游资源的人为破坏，可以通过法律、政策、宣传和管理途径给予杜绝。透过旅游资源人为破坏原因的表面看本质，其根源主要是广大民众保护旅游资源的意识不强、法制不够健全、旅游资源保护理论研究不成熟、旅游资源开发和旅游管理不善等。只有解决根源上的问题，才能真正杜绝旅游资源的人为破坏。

(1) 加强旅游资源保护意识和知识的宣传教育

旅游资源的保护首先要解决的是广大民众的旅游资源保护意识问题，让民众了解旅游资源是千百年自然造化和人类文化遗产的精髓、人类精神需求的宝贵财富，保护旅游资源是对自己负责，也是对子孙后代负责。让他们清楚地认识到，旅游资源是脆弱的，一旦被破坏，难以复原。

同时也要看到，在旅游资源的人为破坏中，有相当多的情况是由于对旅游资源价值的无知造成的。这就要求我们通过各种途径大力宣传旅游资源的价值和旅游资源保护的知识，提高全民素质，使宝贵的旅游资源免遭无知的摧残。

(2) 大力开展旅游资源保护的研究和人才培养

旅游资源的保护，不仅要有良好的愿望，还要建立在科学的基础之上。旅游资源保护的研究是一项重要的科研项目。由于旅游资源类型多、分布广、引起破坏的原因多种多样，故旅游资源的保护涉及多门学科、多种技术。但是，在我国旅游业还是一项新兴的产业，旅游资源保护的研究体系还不完善，许多现存问题和随着旅游业进一步发展出现的诸如旅游资源保护方法论、旅游资源保护政策、旅游资源保护工程等新问题都等待着系统的保护理论和技术措施来解决。

近几年，随着旅游业的迅猛发展，在旅游业人才培养中，重视的是旅游业开发人才、管理人才，而对保护人才的培养可以说重视不够。"保护"一词只是挂在嘴上的一种宣传，缺少具体人员来关心、实施。这样，即使有了理论、有了政策，也难以落到实处，故在旅游业发展的今天，旅游资源保护专门人才的培养迫在眉睫。

(3) 完善旅游资源法制管理体系

旅游资源的保护问题已经引起世界各国决策者的重视，1972年联合国教科文组织通过了《保护世界文化和自然遗产公约》，强调了保护自然文化珍品对人类的重要性。自中华人民共和国成立以来，我国也由全国人民代表大会和国务院颁发了《中华人民共和国文物保护法》《风景名胜区条例》，将保护旅游资源这一问题提到了法律的高度，对旅游资源的保护起了极为重要的作用。但是，在这些法律出台后，旅游资源仍在受到人为破坏，究其原因：一是保护法的宣传普及不深入、不广泛，许多人根本就不知道自己做的事违反了法律；二是即使知法，也因执法不严，只顾眼前经济利益而牺牲长远利益，或置法于不顾。这就向我们提出了既要有法，还要宣传法、严格执法，真正完善旅游资源法制管理体系。

(4) 完善风景名胜区保护系统

自1982年至2023年，国务院先后审定公布了9批国家级风景名胜区，共计244处，省级风景名胜区807处，全国风景名胜区总数达1051处，全国57项世界遗产中，有35项在风景名胜区。这些风景名胜区应当做好封山育林、植树绿化、护林防火和防治病虫害工作，切实保护好林木植被和动、植物种的生长、栖息条件。风景名胜区及其外围保护地带内的林木，不分权属都应当按照规划进行抚育管理，不得砍伐，确需进行更新、抚育性采伐的，必须经地方主管部门批准。古树名木，严禁砍伐。在风景名胜区内采集标本、野生药材和其他林副产品，必须经管理机构同意，并应限定数量，在指定的范围内进行。

3. 恢复已被破坏的旅游资源

至于已遭破坏的旅游资源，视其被破坏的轻重程度和恢复的难易程度，采取一定程度的培修和重建措施。绝大多数旅游资源，一旦遭到破坏就难以恢复，但有的历史古建筑，其文化价值和旅游价值都相当高，虽然已经衰败，甚至不复存在，但仍可以采用治理、恢复措施重现其风采。

(1) 培修复原，整旧如故

历史建筑因经历了上百年甚至上千年的自然风化和人为破坏，出现了影响原有特色的破损、变色。可以采用培修复原的办法，使用原材料、原构件，或在必要时辅以现代构件进行加固，以保持原貌为原则，力求整旧如故。切忌"翻新"而失去"古"的特色。如西安小雁塔的修复就较为成功，修复后仍保持其苍劲古朴的面貌。

(2) 仿古重修

历史上一些著名的建筑物，虽然因自然或人为原因在地面上已消失，但是仍具有很高的文化旅游价值，所以在旅游业迅速发展的今天，为了满足人民文化生活的需要，需进行重修，重现古建筑的风貌。如武昌的黄鹤楼为天下名楼，无论是在中华民族文化价值方面，还是在国际影响力上，都极为显著。然而，清光绪年间，它不幸毁于火灾，后历经沧桑，在修建武汉长江大桥时原址又被南岸桥头堡所占。如今在原址南侧1千米处重修黄鹤楼，保持原有的塔式阁楼造型和江、山、楼三位一体的意境，不乏为重修成功的一例。

【9-7拓展知识】

(3) 生态建设

许多旅游景区，由于工农业和交通业的发展，造成了植被的破坏，影响了旅游资源的质量。如中国第二深的云南抚仙湖，水质良好，达到饮水标准，但美中不足的是山不清，成为景色的一大缺陷。为改善其景观结构，首要任务是治山、种树、搞生态建设，使山绿起来。旅游区山体的生态建设，不仅要考虑固水固土的生态效益，还要考虑观赏的旅游效益及一定的经济效益。不少湖泊旅游区，存在山清但水不秀的状况，也需用生态重建的措施进行弥补。

 知识链接

世界文化和自然遗产的保护与管理措施

1972年通过的《保护世界文化和自然遗产公约》，对世界遗产提出了下述5条保护措施：

(1) 通过一项旨在使文化和自然遗产在社会生活中起一定作用，并把遗产保护列入全面规划计划的总政策；

(2) 如本国尚未建立负责文化和自然遗产保护、保存和展出的机构，则建立一个或几个类似的机构，配备适当的工作人员和为履行其职能所需要的手段；

(3) 发展科学和技术研究，并制定出能够抵抗威胁本国文化或自然遗产的危险的实际方法；

(4) 采取为确定、保护、保存、展出和恢复这类遗产所需要的适当的法律、科学、技术、行政和财政措施；

(5) 促进建立或发展有关保护、保存、展出文化和自然遗产的国家或地区培训中心，并鼓励这方面的科学研究。

世界遗产标志

9.2 可持续旅游发展

9.2.1 可持续发展概述

1. 可持续发展的概念

可持续发展思想的历史源远流长，但普遍认为，人类对经济及其对环境影响问题的研究始于20世纪60年代。1962年，美国海洋生物学家蕾切尔·卡森的《寂静的春天》一书，包含着可持续发展的思想萌芽，此书"改变了世界历史进程"，标志着人类关心生态环境的开始。这一时期，人类把环境问题仅仅当作一个污染问题，主要是指大气、水质、噪声、垃圾等污染对人体健康的危害。1972年，德内拉·梅多斯等著的《增长的极限》，提出地球的资源及其吸纳污染的能力是有限的，预测地球的人口和发展速度不出一个世纪就将受到物质上的制约。同年，联合国人类环境会议在斯德哥尔摩召开，第一次提出了"环境与发展"这一主题。1980年，在联合国环境规划署委托国际资源和自然保护联合会编撰的《世界自然资源保护大纲》中首次提出了"可持续发展"的概念。1987年，世界环境与发展委员会出版了《我们共同的未来》一书，给"可持续发展"这一概念作了简短而明确的解释，即"既满足当代人的需要而又不损害子孙后代满足其自身需要的能力"。这个概念的问世，引起了国际社会的普遍关注和认可，在世界各国掀起了一个可持续发展的浪潮。1992年，联合国环境与发展大会上，全球一百多个国家的首脑共同签署了《21世纪议程》，同时通过了《里约环境与发展宣言》，号召全世界人民遵循可持续发展原则，并采取一致行动，使可持续发展上升为国际准则。我国1994年国务院第十五次常务会议通过了《中国21世纪议程——中国21世纪人口、环境与发展白皮书》，这是中国的"可持续发展纲领"。1996年，国务院办公厅转发了《关于进一步推动实施中国21世纪议程意见的通知》，表达了中国走可持续发展道路的决心。党的二十大报告也强调，要坚持可持续发展，像保护眼睛一样保护自然和生态环境。

2. 可持续发展的特征

(1) 公平性。即发展机会选择的平等性。一方面，当代人之间的公平，可持续发展要给全世界各国人民以公平的分配权（特别是资源利用的公平分配）和公平的发展权，要把消除贫困作为可持续发展进程中特别优先的目标；另一方面，代际间的公平，人类赖以生存的自然资源是有限的，当代人不应为自己发展的需要而损害人类今后世世代代满足需要的自然资源，要给后代以公平利用自然资源的权利。同时，还应做到不同区域间或同一区域内资源利用和环境保护的公平负担和公平分配。总之，要求实现代际间、不同区域间、不同国家间、不同人群间的公平。

(2) 发展性。发展是人类永恒的主题，是人类共同的、普遍的权利和要求。不论发达国家还是发展中国家都享有平等的、不容剥夺的发展权利。发展是可持续发展的基点，偏离发展，可持续发展也就无从谈起。这里的发展包括经济、社会和自然环境在内的多种因素的共同发展。

(3) 持续性。可持续发展要求人类对生态环境的利用必须限制在生态环境的承载能力之内，要求人们根据生态系统持续性的条件和限制因子调整自己的生产、生活方式和对资源的要求，在生态系统可以保持相对稳定的限度内确定自己的消耗标准，也就是对发展规模、发展速度要有一定程度的限制，改变长期以来人类在追求经济利益的过程中以牺牲生态环境、历史文化遗产为代价的做法，以保证地球资源的开发利用能持续到永远，以便给后代留下更广阔的发展空间。

(4) 协调性。可持续发展关系到全球的发展。要实现可持续发展的总目标，必须争取全球共同的协调配合，这是由地球整体性和相互依存性所决定的。因此，致力于达成既尊重各方利益，又保护全球环境与发展体系的国际协定，并共同促进自身之间以及自身与自然之间的和谐，实现经济、社会、资源与环境的协调发展，这是人类共同的道义与责任。

9.2.2 可持续旅游发展概述

1. 可持续旅游发展的概念

在全世界可持续发展理论推动下，为保护自然环境、促进社会和谐，可持续旅游逐渐成为旅游业发展的新趋势。1987年,《旅游研究纪事》第一期出版了《旅游与物质环境》专辑。1993年,英国创刊发行了《可持续旅游》杂志。1995年4月,联合国教科文组织、环境规划署和世界旅游组织在西班牙的兰萨罗特岛召开了"可持续旅游发展世界会议",75个国家和地区的600多位代表出席了会议。此次会议是一次里程碑式的会议。会议通过了《可持续旅游发展宪章》(下文简称《宪章》)和《可持续旅游发展行动计划》(下文简称《行动计划》)。《宪章》共阐述了18条原则和目标,主要强调了:可持续旅游发展的核心是旅游资源的永续利用,较高的旅游资源可持续利用水平和良好的生态环境状况,是旅游可持续发展的重要标志。同时,《宪章》和《行动计划》中明确指出:可持续旅游发展的实质就是要求旅游与自然、文化资源和人类生存环境成为一个整体。

旅游业的可持续发展不是单纯的经济发展、产值增加,而是生态、社会和经济三维复合系统的可持续发展。这三个亚系统的相互联系与相互作用制约和决定着旅游的可持续发展。关于可持续旅游发展的概念,不同学者/机构都对其做过界定,详见表9-1。

表9-1　不同学者/机构对可持续旅游的定义

定义内容	学者/机构
可持续旅游是一种"在保护和增强未来机会的同时,能够满足当今旅游者和东道地区之需要的旅游"	World Tourism Organization, 1993
可持续旅游是一种旅游业及相关基础设施:无论是现在还是将来,都应在自然资源能够实现再生、其未来生产力能够得以保持的自然能力之内进行经营;承认当地居民与社区、其风俗习惯及生活方式对游客经历的贡献;承认这些东道地区当地居民与社区都应享有某一公平份额的经济利益	Eber, 1992
可持续旅游是指旅游业的发展能够长期维系当地的经济,而又不破坏其赖以存在的环境	Countryside Commission, 1995
旅游业的发展必须有能力增加人们的经济机会,同时不会给当地经济活动的结构带来负面影响;可持续旅游的发展不能去干涉现有的社会组织形式;可持续旅游必须遵从于生态环境所能承受的极限	Payne, 1993
国家公园(以及其他地域)中的可持续旅游应主要依据该地生态系统的可持续性加以解释	Woodley, 1993
可持续旅游是负责任的旅游,具体是指在考虑目前的接待能力以及考虑当地居民与环境(承受能力)的前提下,实现旅游业的尽快发展;是尊重环境的旅游,因此不会助长其自身的消亡(在旅游接待量已饱和地区尤为重要)	Bramwell, 1996

从以上界定可以发现,可持续旅游发展是指满足当代人旅游需求的同时,不损害人类后代为满足其旅游需求而进行旅游开发的可能性。可持续旅游发展强调旅游资源开发要与保护相协调,发展速度要与发展质量相协调,发展规模要与自然承载能力相协调,经济效益要与生态效益相协调,实现"生态—经济—社会"的良性互动。

2. 可持续旅游发展的原则

尽管目前对可持续旅游发展的概念还没有统一的表述,但是却存在着一个共同点,那就是对旅游业可持续发展原则的揭示。即旅游业可持续发展的原则包括公平性原则、持续性原则和共同性原则。

(1) 公平性原则

在旅游发展中,经济分配和资源分配的不公平,往往是导致旅游环境问题和旅游不能持续发展的重要原因。因此,要实现旅游的可持续发展,就必须正视和体现公平性原则,既要强调代与代之间的公平,保证不同代的人之间在旅游资源和旅游收入上的公平分配,还要体现代内公平,即一部分人的发展,不能损害另一部分人的利益,也就是旅游要"能为今天的主人和客人提供生计,又能保护和增进后代人的利益并为其提供同样的机会"。

(2) 持续性原则

旅游活动必然对旅游资源与环境产生一定的影响,要保持旅游持续发展,就不能超越旅游资源与环境的承载能力。发展一旦破坏了旅游所赖以存在的生态环境,发展本身就会衰退,需求就难以满足。为了后代人公平享用旅游资源,必须对旅游的发展做出限制。反对为满足少数人需求和谋取短期利益而掠夺式开发旅游资源。旅游发展必须建立在生态环境的承受能力之上,符合当地经济发展状况和社会道德规范,并使各类资源免遭破坏和得到保护。

(3) 共同性原则

由于各国文化、历史和社会经济发展水平不同,实现旅游可持续发展目标的具体模式和道路也不同,但旅游可持续发展作为全球旅游业发展的总目标,它所体现的公平性和持续性则是共同的。并且,要实现旅游可持续发展的总体目标,必须采取全球的联合行动。地球是一个整体,不同的国家、不同的社会阶层之间,人类与自然之间互相依存,可持续发展就是要促进人类之间、人类与自然之间的和谐共存,在充分认识这一点的基础上,各国旅游业共同努力,旅游可持续发展才能获得成功。

3. 可持续旅游发展的内容

可持续旅游发展的实现最终将体现于旅游业和旅游活动的长期生存和发展,但是,旅游业和旅游活动的生存和发展能否具有可持续性,取决于其所处背景中的众多层面环境因素可持续性的能否实现。因此,旅游业可持续发展的内涵极其丰富,主要包括生态环境的可持续性、社会发展的可持续性、文化发展的可持续性和经济发展的可持续性。

(1) 生态环境的可持续性

生态环境的可持续性是指在一定限度内维持生态系统的生产力和功能,维护资源和环境基础,保护其自我调节、正常循环能力,增加生态系统的完整性、稳定性和适应性。旅游活动的开展,对旅游地区的生态环境可能会产生各种不良影响。因此,要想实现旅游可持续发展,应当在开发和发展旅游业的同时,努力避免破坏其赖以生存的自然资源和环境资源,这也是为整个社会实现可持续发展承担义务和作出贡献。要做到这一点,就必须防止和尽可能减小旅游活动对生态环境的有害影响。在防止或尽可能减小旅游活动的开展对环境的负面影响和维护生态的可持续性方面，最基本的方法便是根据旅游接待地区的环境和生态系统的特点，评价该地的旅游承载力，并将旅游开发的规模和旅游活动的程度控制在这一承载力的极限之内。

(2) 社会发展的可持续性

社会发展的可持续性一方面是指一个旅游目的地在吸纳旅游者来访的同时，该地社会的各项职能能够维持正常运转，社会状况能够维持健康和稳定，不会因这些外来人口的进入和影响而造成当地社会发展的不协调，或者说旅游目的地社会能够自动通过社会职能的发挥，将这些不协调问题控制在不影响当地社会健康发展的程度之内。另一方面就是要满足社会和人类的基本需要，保证资源和收益的公平分配，包括同代人的公平发展和公平分配，以及代与代之间的公平发展和公平分配。因为旅游业的发展促使旅游接待地区产生原先并不存在的社会阶层，或者是使原有的社会阶层状况出现恶化，主要表现为扩大了从旅游业发展中受益者与被排斥在外的非受益者之间的阶级差别，分别加大了旅游者生活区与当地居民生活区以及当地富人区与穷人区的隔离。消除这类不良的社会状况，是旅游接待地实现社会发展可持续性需要解决的重要问题之一。

(3) 文化发展的可持续性

旅游者以及外来人口的进入所带来的种种文化差别，往往会对旅游接待地区社会造成影响。如果旅游者来访规模不大，当地社会因此受到的影响程度有限，故而仍然可以保持和谐状态，各种社会职能仍可正常运转。但是在许多情况下，该社会中的各种关系、人们之间的交往方式、生活方式、风俗习惯和文化传统等，都会因旅游者的到来而发生变化。在这种情况下，该社会虽然有可能继续维持运转，但其文化往往会发生不可逆转性的改变。尽管文化的动态性是人类生活的一般特点之一，但上述文化改变有时是不利于当地社会发展的。为了避免这种不良后果的出现，同时也为了维护自己在文化方面的旅游吸引力，旅游接待地区自然有必要保护自己文化传统特色的持续存在。这里所说的文化发展的可持续性，主要是指旅游目的地社会能够保持自己的民族文化和地区文化，从而使自己具有不同于他人的文化特点和不被外来文化同化的能力。

(4) 经济发展的可持续性

经济发展的可持续性是指用最小的资源成本和投资获得最大的经济效益，同时保证经济效益的稳定增长，防止任何急功近利的短期行为。也就是说，旅游接待地区通过发展旅游业所获得的经济收益，必须能够补偿任何为接待旅游者来访而付出的直接成本，以及为预防和消除旅游所带来的各种负面影响和问题而采取的必要措施和行动所带来的社会成本，并且还应能使旅游接待地区社区居民因在旅游发展中蒙受的种种不便而获得适当的经济补偿。

9.2.3 可持续旅游发展的核心：旅游环境容量

1. 旅游环境容量的含义

旅游环境容量（Ecological Carrying Capacity of Tourism），也称旅游容量或旅游环境承载力，是指旅游地环境与旅游资源的存在状态和结构组合在不发生对当代人（包括旅游地居民和旅游者）及未来人有害变化的前提下，一定时期内所能承受的旅游者人数。旅游环境容量控制作为旅游地规划和管理的强有力工具，既可以保护旅游地的环境免遭退化和破坏，也可以在客观上保证旅游者在旅游地的体验质量。"旅游环境容量"一词本身是一个概念体系，包含旅游地环境的设施容量、旅游资源容量、生态容量、接待地的社会容量、游客感知容量五种基本容量。到底哪种容量对旅游环境容量影响最大，视景区或景点的具体情况而定。一般来说，城市公园的旅游环境容量主要取决于公园面积；游人必须过夜的旅游地的环境容量中，食宿设施起重要作用决定。总体来说，决定旅游环境容量的主要是旅游资源容量和设施容量。

旅游环境容量关系到旅游接待地区的接待规模、经济效益、环境效益、社会效益等诸多方面，景区旅游环境容量"过载"和"欠载"，对旅游地发展都不利。景区"过载"，客流超饱和，对景区的旅游资源、接待设施和人员服务等都会产生较大的负面影响。景区"欠载"，则投资收益率就会低下。所以，在旅游资源的开发规划与管理中，必须测算旅游环境容量。

 知识链接

国家旅游局公布AAAAA级旅游景区最大承载量

2015年，国家旅游局在其官方网站上公布了全国184家AAAAA级旅游景区最大承载量。其中杭州西湖的日最大承载量最高，达到了79.75万人次，而福建南溪土楼群则是最低，仅有0.2万人次。北京市7家AAAAA级旅游景区日承载量为112.7万人次，具体景区情况如表9-2所示。

【9-8拓展视频】

表9-2 北京AAAAA级旅游景区最大日承载量

地区	日承载量（万人次）	瞬时承载量（万人次）
北京故宫博物院	8	
北京天坛公园	17.5	5.8
北京恭王府景区	4	1
北京颐和园	18	8

续表

地区		日承载量（万人次）	瞬时承载量（万人次）
北京奥林匹克公园		50	21.7
北京八达岭—慕田峪长城旅游区		3.5	1
北京明十三陵	长陵景区	3.1	1.5
	神路景区	2.5	1.5
	昭陵景区	1.5	0.8
	定陵景区	4.6	2

2. 旅游环境容量的量测

(1) 基本空间标准

目前国内对于旅游容量的量测多采用保继刚、楚义芳提出的旅游环境容量系列计算方法。这种方法提出旅游环境容量的量测，基点在于有一个同旅游区（点）承受的旅游活动相对应的适当的基本空间标准，即单位利用者（通常是人或人群，也可以是旅游者使用的载体，如车、船等）必须占用的空间规模或设施量。以海浴为例，基本空间标准多以平均每位海浴者所占用的海滩面积来表示。对于一个旅游场所而言，它所要接纳的旅游活动的性质和类型是决定其基本空间标准的关键因素。对于不同旅游资源的容量，有不同的量测方式，如表9-3列出了日本旅游场所的基本空间标准，供参考。各基本容量的最小容量一般确定为总量最终量，但也有研究者对各基本容量采用权重的方法处理，把期望值作为最终的容量值。在实际测算过程中，对各基本容量的精准确定有一定的难度。

表9-3　日本旅游场所基本空间标准

场所	基本空间标准	备注
动物园	25平方米/人	上野的动物园
植物园	300平方米/人	神代植物公园
高尔夫球场	0.2~0.3公顷/人	9~18洞，日利用者数228人（18洞）
滑雪场	200平方米/人	滑降斜面之最大日高峰率为75%~88%
溜冰场	5平方米/人	都市型市内溜冰场
码头：小型游艇	2.5~3公顷/艘	25平方米/艘
汽艇	8公顷/艘	滞留水域100平方米/人
海水浴场	20平方米/人	沙滩
划船池	250平方米/艘	上野公园划船场2公顷，80艘
野外比赛场	25平方米/人	
射箭场	230平方米/人	富士自然休养林

续表

场所	基本空间标准	备注
骑自行车场	30平方米/人	
钓鱼场	80平方米/人	
狩猎场	3.2公顷/人	
旅游牧场、果园	100平方米/人	以葡萄园为例
徒步旅行	400平方米/人	
郊游乐园	40~50平方米/人	
游园地	10平方米/人	
露营场：一般露营	150平方米/人	容纳250~500人
汽车露营	650平方米/台	容纳250~500人

旅游活动必须占用的空间，是因人、因旅游活动类型而异的。基本空间标准大多是长期积累的经验数据或专项研究的结果，是多名个体旅游者旅游活动最适宜空间的平均值。由于各地旅游资源与环境、旅游客源结构不同，以及旅游者历史文化背景乃至生活方式的差异，同类旅游地的基本空间标准也不可能一致。以中国人和西方人对都市旅游人流密度的感觉为例，中国人长期生活在人口密度大的环境下，如果大街上人很少，会感到"冷冷清清"而不开心，但西方人未必如此。

我国在旅游开发中使用的基本空间标准主要借用西方的同类指标，主要是设施的基本空间标准。但经过多年研究和实践，我国也积累了一些基本空间标准的经验数据，例如中国海水浴场设施基本空间标准如表9-4所示。

表9-4 中国海水浴场设施基本空间标准

	公共浴场/ （平方米·千人$^{-1}$）	专用浴场/ （平方米·千人$^{-1}$）	备注
更衣室	20~40	150~200	
保存室	10~20	包括在更衣室内	
净身室	15~30	50~100	
管理室	5~10	30~50	包括办公室、值班、卖票等
仓库	10~15	30~50	
厕所	5~10	包括在净身室内	
停车场	100~150	500~1000	

(2) 旅游资源容量

旅游资源容量即在保持旅游资源质量的前提下，一定时间内旅游资源所能容纳的旅游活动量。仅就资源本身的容纳能力而言，计算瞬间极限值较为简单，以资源的空间规模除以每人基本空间标准，即可得到资源的瞬间极限容量。若再根据人均每次利用时间和资源每日开放时间，就可得出资源的极限日容量公式：

$$C = \frac{T}{T_0} \cdot \frac{A}{A_0}$$

式中：C——极限日容量；

T——每日开放时间；

T_0——人均每次利用时间；

A——资源的空间规模；

A_0——每人基本空间标准。

但是，必须指出，因受旅游者起居饮食时间规律、景区景点在整个旅游区的位置、景点观赏内容、景区景点旅游交通等因素的影响，旅游者日分布具有不均匀性，满负荷时段极其有限，因此在计算旅游资源容量时，必须注意旅游者日分布不均匀状况。

【9-9拓展知识】

举例来说，据刘汉洪等研究，南岳衡山绝顶的祝融峰景点，总面积477平方米，一天开放12小时，每人游览时间取15分钟，人均最低空间标准取5平方米，则祝融峰的极限时点容量为95人次，极限日容量为4580人次。事实上，在每年7—10月的旅游旺季，这里的日均旅游者已达4600人次。而已记录到的高峰日旅游者达到3.1万人次，游览时人均占用空间只有0.73平方米。

(3) 旅游感知容量

旅游感知容量是旅游者在某地从事旅游活动时，在不降低活动质量的条件下，该地域所能容纳的旅游活动最大量。实际上，旅游者的心理感知容量一般要比旅游资源极限容量低得多，这有深刻的环境心理原因。根据环境心理学原理，个人在从事任一活动时，对环绕在身体周围的空间有一定要求，任何外人的进入，都会使个人感到受侵犯、压抑、拥挤，导致情绪不安、不快，这种空间称为个人空间。个人空间值就是规划和管理中所称的基本空间标准。事实上，我们对旅游资源合理容量的考察，通常也主要是考虑旅游者感知的满足程度，即旅游者平均满足程度最大时，旅游场所容纳旅游活动的能力。由此可见，旅游资源合理容量事实上与旅游感知环境容量为同一数值。

影响旅游者个人空间的因素复杂多样，大多数情况下难以有一个使所有旅游者都能满意的个人空间值。因此，旅游者平均满足程度达到最大时的个人空间值，就被作为旅游资源合理容量或旅游感知容量计算时的基本空间标准。相应的量测公式为：

$$C_P = A/\sigma = K \cdot A \quad ; \quad C_r = (T/T_0)C_P = (K \cdot T \cdot A)/T_0$$

式中：C_P——时点容量；

C_r——日容量；

A——资源的空间规模；

σ——基本空间标准；

K——单位空间合理容量；

T——每日开放时间；

T_0——人均每次利用时间。

仍以衡山祝融峰为例，游览占用时间和每日开放时间分别为15分钟和12小时，而基本空间标准取8平方米/人，则祝融峰的资源合理容量或旅游感知容量为：时点容量60人次，日容量2862人次。

(4) 设施容量

在实践中，为了从各方面掌握旅游目的地的环境承载力，还要具体测算各设施的环境容量。如对旅游目的地的水、电、停车场等极限容量进行测量，也有助于对整体旅游环境承载力的把握。

设施容量即基础设施与旅游专用设施的容纳能力。一般来说，只要旅游资源丰富并具有吸引力，旅游需求充足，发展旅游业获益较大，旅游设施与基础设施皆能满足旅游者的要求。设施容量计算相对比较简单，如主要依据平均每个游人观景时占用的土地面积，计算某一单元空间的瞬间容纳量；根据停车场、码头、泊位、床位数、剧场座位等计算每种设施利用上限等；游览步道既是观景通道，又是客流通道，根据游览步道长度和游人安全距离，计算游览道路的线容量等。

就满足旅游者的基本要求而论，以餐饮、住宿最为重要。两者所决定的旅游环境容量的计算方法如下：

$$C_e = \frac{\sum_{i=1}^{m} D_i}{\sum_{i=1}^{m} E_i} \quad ; \quad C_b = \sum_{j=1}^{t} B_j$$

式中：C_e——主副食品供应能力所决定的旅游环境容量（日容量）；

C_b——住宿床位决定的旅游环境容量（日容量）；

D_i——第i种食物的日供应能力；

E_i——每人每日对第i种食物的需求量；

B_j——第j类住宿设施床位数；

m——游人所耗食物的种类数；

t——住宿设施的种类数。

由餐饮和住宿能力所决定的旅游环境容量，与旅游者的消费习惯、住宿习惯、支付能力、供给能力等因素有关。例如，相较于素食主义者而言，是否缺少荤菜并不影响荤菜供应能力决定的旅游环境容量；西方人习惯一个人住一个标准间，即使是住宿率100%，200张床位也只能住100人。

(5) 生态容量

生态容量这一概念不是针对所有类型的旅游地而言的，人造的大规模旅游资源或文物古迹，本身并无自然生态组分，因此没有生态容量问题，只有那些以自然为基础的旅游地才存在一个容纳旅游活动量的限度，在这个限度内旅游地的自然生态环境不致退化，或在很短时间内自然生态环境可以从已退化的状态中恢复原状。

生态容量的确定，要立足于维持当地原有的自然生态质量。这主要包含两层含义：第一，自然环境对于因旅游活动造成的直接消极影响能够承受住，即自然环境本身的再生能力能很快消除这些消极影响，例如，在旅游旺季时，自然风景区的植被遭受旅游者的直接践踏，但这些植物能在下一个旅游旺季到来时恢复到原有的生长状况。第二，自然环境对旅游者所产生的污染物能够吸收与净化，例如，旅游者的大量集中导致对水体的污染可在较短的时间内被当地自然生态系统所净化。

旅游者所产生的污染物中，有的必须借助人工的方法才能处理掉，如固体垃圾等。旅游地生态容量的大小，决定了人工方法处理污染物的规模大小。一般情况下，旅游者在旅游地产生的污染物，应当在这一旅游地及其附近予以净化、吸收，不宜向外区域扩散。故旅游生态环境容量的测定，以旅游地为基本的空间单元。因旅游活动直接导致的对自然环境的消极影响（践踏等），通常可以在严格管理措施（如设置警告牌或隔离装置）后被自然环境的再生能力所消除，故旅游生态环境容量的量测通常不考虑这一方面，而只考虑对污染物的吸收、净化。因而，某旅游地旅游生态环境容量的大小（以可容纳的旅游活动量为指标），取决于自然生态环境净化与吸收旅游污染物的能力，以及一定时间内每个游客所产生的污染物量。

对于不需要由人工处理方法处理部分旅游污染物的旅游地，其旅游生态容量量测公式为：

$$F_o = \frac{\sum_{i=1}^{n} S_i T_i}{\sum_{i=1}^{n} P_i}$$

式中：F_o——生态容量（日容量），即每日接待游客的最大允许量；

P_i——每位旅游者一天内产生的第 i 种污染物量；

S_i——自然生态环境净化吸收第 i 种污染物的数量（量/日）；

T_i——各种污染物的自然净化时间，一般取一天，对于非景区内污染物，可略大于一天，但累积污染物至迟应在一年内完全净化；

n——旅游污染物种类数。

显然，生态容量的测定，最重要的是确定每位游客一天所产生的各种污染物量和自然环境净化与吸收各种旅游污染物的数量两个参数。但这两个参数会随旅游活动的性质、旅游地所处的区域自然环境的不同而有较大的差别。国内外关于旅游地自然环境对污染物的净化与吸收方面的专门研究还是空白，没有可以参照的标准计算公式来进行测算，因而该公式的实用性并不强，在实际应用中必须先要对该公式进行修正。

总之，由于旅游环境容量是一个复杂的概念体系，影响因素很多，很难用一个数字来给出准确答案。而且即使在人数固定的情况下，不同的游客行为和管理水平对旅游资源的影响也会产生很大区别。但必须认识到旅游容量决定着旅游发展的规模极限，对于一个旅游目的地来说，游客来访量的增加一旦超越当地的承载力，由此而产生负面影响的程度便会突破当地环境和社会文化的自净或免疫能力，从而极易使原本的、潜在的负面影响转化成为现实的严重问题。与可持续发展概念一样，旅游容量这一概念的实质也在于资源管理问题。在这个意义上，我国在发展旅游业之初所提出的关于"量力而行"的发展原则——不论当时人们怎样去理解——在推行可持续发展的今天，仍然具有重要的指导意义。

9.2.4 可持续旅游发展的关键：旅游环境管理

1. 旅游环境管理的含义

旅游环境管理是指以环境科学理论为基础，运用政策、法律、标准、经济、规划、技术、行政、教育等手段，对一切可能损害旅游资源环境的行为和活动施以影响，协调旅游发展与旅游资源环境保护之间的关系，以使旅游发展既能满足游客的需求，又能保护旅游资源、防治环境污染和破坏、实现经济效益、社会效益和生态环境效益的有机统一。在实际的旅游环境管理中，主要是针对旅游景区（点）进行的。

旅游环境管理可以从宏观和微观两个角度加以理解。宏观旅游环境管理是指以国家发展战略为指导，从旅游环境与发展综合决策入手，制定一系列具有指导性的旅游环境战略、政策措施的行为。微观旅游环境管理是指在宏观旅游环境管理指导下，以提高区域旅游环境质量为目的，以污染防治和生态保护为内容，以执法监督为基础的环保部门经常性的管理工作。

2. 旅游环境管理的特点

(1) 综合性

旅游环境不仅涉及自然生态旅游环境，而且涉及人文社会旅游环境。旅游环境管理的领域涉及政治、经济、社会、自然、科技、文化等方面，涉及交通、文旅、文物、民族、宗教、城建、环保、卫生以及工、农、商、林、水利等部门。此外，旅游环境污染和破坏的防治工作是一项包含社会、经济、文化、生态等多要素的系统工程，必须采取法律、经济、规划、行政、科技、教育的配套办法，才有可能取得成效。

(2) 区域性

旅游目的地存在于一定的区域，旅游环境状况受到旅游目的地的地理位置、气候条件、人口密度、交通条件、经济发展、工业布局、环境容量、社会文明程度、旅游资源及开发程度等多方面的影响和制约,所以,旅游环境管理具有明显的区域性。

(3) 社会性

旅游已逐渐成为人们休闲娱乐的主要选择方式之一。游客参与旅游活动,身处一定的旅游环境中,自身的旅游行为和活动作用于旅游环境,对旅游环境产生一定的影响。旅游环境的好坏,与每一个游客的行为和活动都有关系。

(4) 非程序化

决策可分为程序化和非程序化两种。程序化决策是针对例行活动而言,如财务管理、交通管理等,这些活动因其重复性和例行性,可以被程序化,进而制定出一套固定的决策处理流程。非程序化决策是指那种从未出现过的,或者其确切的性质和结构尚不清楚或相当复杂的决策,如新产品的研究开发等。旅游环境管理的执法监督属于非例行状态决策,因为每一环境问题的处理和解决的程序与方案,是无法预先设定的。旅游环境管理的非程序化特点是其与一般行政管理的重要区别。

3. 旅游环境管理的原则

旅游环境管理的原则是指观察旅游环境管理现象和处理旅游环境管理问题的思维尺度和行动准绳。可以认为,在旅游环境保护领域,所有的有利于强化社会组织和管理机构的旅游环境保护职能、发挥管理作用的规章和程序,都属于旅游环境管理原则。

(1) 因地制宜原则

有效的环境管理必须遵从因地制宜原则。任何环境管理实践都必须从具体实际出发,而不能凭主观臆断行事,即面对特定区域(旅游目的地)的旅游环境,能够根据现实情况,能动地选择合适的理论和方法,以解决实际环境问题。

(2) 机构优化原则

环境管理的核心是对人的管理,或者说人是环境管理中的最重要的因素。从管理的角度来看,做好旅游环境管理的组织机构建设尤为重要,是体现管理效率和效应的根本保证。机构优化原则的基本内容体现在三个方面:组织管理机构具有层次性;不同机构主体应被授予不同的权力,实现不同的利益;不同专业岗位结构必须动态对应。

(3) 奖惩激励原则

在旅游环境保护中实行激励和惩罚两种手段进行奖惩。激励是指通过一定的形式和手段对那些为环境保护作出贡献的单位团体、企业和个人从正面进行鼓励和表彰,以保护和调动他们的环境保护的积极性,推动环境管理活动向预定方向和目标前进。激励分为物质激励和精神激励两种。惩罚是指通过一定形式和手段对违反国家环境保护法律法规和有关政策的单位团体、企业和个人从反面进行制裁,迫使违规者终止环境污染和生态破坏活动,减少或消除环境危害,同时,通过惩罚,提高人们的环境意识,规范资源开发和生产行为。惩罚包括刑事惩罚、经济惩罚、行政惩罚和精神惩罚四种。

(4) 信息反馈原则

信息反馈原则是指通过建立管理信息系统反馈机制来调整和优化系统的决策和运行，以减少决策的失误，提高管理效率，实现管理目标的原则。

旅游环境管理活动涉及复杂多变的内部与外部环境。管理的成败，关键在于该系统是否具有良好的信息反馈机制，能否提供及时、准确的反馈信息。管理理论与实践都证明了一个规律：缺少信息反馈机制的系统，管理效率与系统功能都很低下。

4. 旅游环境质量管理主要措施

(1) 旅游环境质量监测

旅游环境质量是指在一定的区域空间条件和历史时期，旅游环境系统的整体状况，即环境的总体及其各要素对旅游者旅游消费活动和旅游经营者的经济活动的适宜程度。

旅游环境质量监测是运用科学的方法，监视和监测代表旅游环境质量及发展变化趋势的各种环境因子实际值的全过程，即测定代表旅游环境质量的各种标志性数据的过程。其目的是准确、及时、全面地反映环境质量现状及发展趋势，为全面科学地评价旅游环境质量状况、控制污染提供科学依据。

(2) 旅游环境质量评价

旅游环境质量评价就是根据不同的目的与要求，按照一定的原则、标准和方法，对区域环境的某些要素质量和综合质量，进行科学客观的说明、评定和监测，合理地划分出旅游资源环境的等级或类型，并在空间上根据环境的污染程度和性质，划分出不同污染区域的过程。

就旅游业的特殊性和旅游发展的状况而言，旅游质量评价的关键问题有两个：其一，是如何确定旅游环境被污染的性质、类型和范围；其二，是如何制定旅游资源环境质量评价的指标体系，即评价标准。这两者是相互联系、相互依存的。

9.3 旅游资源可持续利用

9.3.1 旅游资源保护与利用的关系

1. 旅游资源保护与利用的关系表现

旅游资源的保护和利用是环境保护与可持续发展在旅游业的集中体现，也是旅游与环境关系的必要前提。保护和利用的关系贯穿在旅游业的整个发展过程中，并随着旅游业的蓬勃发展而日益显出其重要性。两者之间相互联系又相互矛盾，是辩证的矛盾统一体，并在辩证联系中共同改善旅游资源与环境的关系，推动旅游业的可持续发展。

(1) 利用是保护的必要体现

旅游资源利用是旅游业发展的先导，是旅游资源价值的充分体现。一般情况下，合理的旅游资源利用，或对资源加以整修以延长其生命周期，对资源环境进行改善增加其可进入性，或对历史遗迹进行发掘修复，或对人文旅游资源如民俗进行资料搜集和整理，可以使其旅游价值重现光芒。同时，资源利用促进旅游发展带来的旅游收益的一部分可以通过各种形式返回资源地，用于资源环境的改造、基础设施建设。从这个意义上，利用意味着保护。

(2) 保护是利用的前提

旅游资源是旅游者进行旅游活动的基础和前提条件，一旦破坏殆尽，旅游业将失去依存的条件，也就无利用可言了。因此，保护是利用的前提，保护归根到底是为了更好地利用，保护是当前旅游发展的迫切任务。例如，炳灵寺石窟作为2014年6月进入世界文化遗产"丝绸之路：长安—天山廊道路网"中的一处遗址点，已被纳入甘肃省华夏文明传承创新区建设项目规划中，将以文化与旅游深度融合为主题进一步开展炳灵寺文物保护工作。

祁连山国家公园的自然与文化遗产保护

国家公园是我国自然生态系统中最重要、自然景观最独特、自然遗产最精华、生物多样性最富集的部分，是中华大地的瑰宝。国家公园核心功能是保护生态环境，同时兼具科研、教育、游憩等综合功能。祁连山国家公园地处我国甘肃、青海两省交界处，是我国西部重要的生态安全屏障，是冰川与水源涵养国家重点生态功能区。加强祁连山国家公园内的自然与文化遗产保护，必须贯彻执行国家有关法律法规，严格保护，适度利用，切实做好以下工作。

第一，开展文物资源底数清查。开展国家公园内可移动文物和不可移动文物普查，初步查明国家公园内各民族非物质文化遗产基本状况。编制祁连山国家公园文化资源保护与利用专项实施方案，将文化保护内容纳入国家公园管理规范。加强历史文化村镇、街区和传统村落整体格局和历史风貌的保护，因地制宜实施文化生态村建设、文化古村落古民居保护工程。

第二，重要地质遗迹和文物的保护。开展地质遗迹补充调查评价，查明国家公园内新发现的地质遗迹类型、分布范围及保护现状，研究其成因和演化过程，为有效保护地质遗迹提供科学依据。

第三，推进文物资源信息化建设。运用现代先进的多媒体技术手段，将已经过梳理与判别、科学评估的非物质文化资源进行存档，建立音、像、文"三位一体"的非物质文化资源数字平台。推进文物保护、利用、管理、研究信息化整合共享工作，建设国家公园文物资源数据库。

祁连山风光

第四,深入挖掘文化内涵。祁连山国家公园内民族民间文化资源丰富,非物质文化遗产多种多样,丝路文化、敦煌文化、农耕文化、游牧文化、河湟文化、民族文化和红色文化等在此源远流长,成为中华优秀传统文化的宝贵精神财富,深入挖掘其中的丰富内涵,特别是汲取各民族传统文化中的生态文化成分,并促进其与现代生态保护理念与国家自然保护政策相通相融,实现传统生态文化的创造性转化和创新性发展,为国家公园生态文明建设提供源源不断的文化滋养。

(3) 过量的保护会妨碍利用

因利用可能会造成破坏,为"防患于未然",易导致片面强调保护,从而妨碍了对资源的利用。过量地保护而没有对资源进行利用,就不能体现出资源本身所具有的价值,旅游业也就得不到发展。

2. 正确处理旅游资源保护与利用的主次关系

第一,在旅游发展的起步阶段,应以利用为主,利用要一步到位。传统的"以旅游养旅游"观念有值得商榷的地方。旅游地(旅游产品)有其起步、发展、成熟、衰落的发展过程。这样,按传统"以旅游养旅游"观点,前一期利用回收投资再进行新一轮利用投资后,已利用的旅游产品(旅游地)已经呈现出"老态",资源也已受到不同程度的破坏;新的投资利用也还只停留在局部,未能形成"大气候"。深圳特区的锦绣中华、民俗文化村、世界之窗为我们提供了"一步到位"的成功典范。第二,当利用条件不具备或不充分时,应主要突出旅游资源的保护。在技术、资金条件不成熟或尚未规划之前,切忌对旅游资源的盲目、无序、掠夺式利用,这是由旅游资源的不可再生性特点决定的。保护好旅游资源是可持续旅游发展的重要保证。

9.3.2 旅游资源可持续利用的途径

1. 建立健全旅游管理体制

旅游资源的开发是一个复杂的系统工作，它涉及一个地区的经济、资源、社会和环境等多方面的因素，需要各方面人士的广泛关注和参与合作。旅游管理要"坚持严格保护、统一管理、合理开发、永续利用"的原则，实行政府主导与市场导向相结合，有计划地进行。管理手段应包括教育手段、政策手段、法律手段、社会舆论、公众参与决策等，促进政府、企业、保护管理机构、科研单位以及投资方之间的协作。政府要建立一系列旅游区建设法规，使旅游资源的开发纳入规范化、制度化的管理轨道，约束旅游开发中的不良行为，将旅游活动对生态环境的负面影响尽可能降到最低限度。在旅游区要执行"区内旅游，区外吃住"的功能分区的管理方法。区内区外分工协作、相得益彰，从而获得旅游资源所在地区的巨大社会、环境与经济效益。

2. 树立旅游资源保护的法治观念

旅游资源保护需有专门的法律为其提供法律依据。法律法规不健全必然导致旅游资源管理的不合理。自从1872年世界上出现第一座国家公园——美国黄石国家公园以来，全球超过200个国家先后建立了数千个国家公园，并且大部分国家都有国家公园法。如加拿大《国家公园法》规定，"不允许在一个国家公园内对自然资源进行商业性的勘探、开采或开发"，"商业服务和设施，如旅馆、商店和服务站以及公园管理楼等，凡有可能，均应设在国家公园的邻近地域"。美国国家公园体系立法全面，受到许多法律的约束，且管理立法层次较高。国会不仅有针对国家公园体系整体的立法，还有分别针对各个国家公园的保护和管理的立法。例如《保护野生动植物迁徙公约》《生物多样性公约》《国际植物保护公约》《关于特别是作为水禽栖息地的国际重要湿地公约》等。当前，我国要协调好旅游资源利用与有效开发，必须进一步改变旅游资源保护性立法滞后于开发性产业的立法的状况，建立健全对旅游资源保护的法规，相应的地方性法规和技术规范也要加快出台和加大治理力度，证书管理也须全面加强。只有从健全立法和严格执法入手，才能加强法治力度，达到依法有效保护旅游资源的目的。

新疆可可托海国家矿山公园的资源保护与利用

矿山公园是以集中展现矿业遗迹景观及其悠久的采矿历史和深厚的文化底蕴，可供人们游览观赏、进行科学考察与科学知识普及的特定空间地域，是工业旅游的景观代表。我国的国家矿山公园由自然资源部审定并公布。

可可托海矿山公园位于新疆阿尔泰山南麓富蕴县，占地1.78平方公里，是2013年被原国土资源部审批通过的新疆首个国家级矿山公园，2018年8月荣膺国家AAAA级旅游景区，是一处集地质学术研究、文化、教育和休闲度假于一体的综合特色旅游胜地。此外，可可托海矿区还先后被授予"两弹一星"爱国主义教育基地等，并建成4个红色教育干部培训基地教学点。

可可托海稀有金属矿床开采历史长达70年，有"天然矿物陈列馆"美誉，为世界伟晶岩型稀有金属矿床研究的经典范例。被称为世界第四大露天矿的"三号矿脉"，含有钽、铌、钾、硅等86种矿物，曾为航空航天和国防工业发展提供了珍贵原料，可可托海因而被称为"功勋矿"。 2013年，可可托海矿区因面临资源逐渐枯竭的问题，便实施了国家独立工矿区改造搬迁试点，全力推进矿区转型发展。如今，红色工业旅游已成为可可托海的支柱产业。2014年5月，新疆发改委批复可可托海转型总体思路：恢复生态惠民生，完善基础促发展，产业搬迁谋转型。通过培育旅游支柱产业，优化城乡空间格局，恢复自然环境，建设边疆祥和之地，推进管理体制改革，促进可可托海工矿区实现产业、城乡、生态、民生、机制"五个转型"。

2018年10月10日，中国第35家、新疆维吾尔自治区首家世界地质公园——可可托海世界地质公园揭碑开园。由额尔齐斯大峡谷、三号矿脉、萨依恒布拉克、可可苏里及卡拉先格尔5个景区组成，面积达2337.90平方公里，以优美的峡谷河流、山石林地、矿产资源、寒极湖泊和奇异的地震断裂带为自然景色，融地质文化、地域特色、民族风情于一体，成为以观光旅游、休闲度假、特种旅游（徒步、摄影等）、科学考察等为主要特色的大型旅游景区。

未来的可可托海，将以工业遗迹旅游作为发展重点，集中开发三号矿脉的阿依果孜矿洞、重修苏式风格的地质陈列馆等，与目前已经形成规模的观光旅游互补，创造更大的社会和经济效益。

3. 加强环境伦理道德的宣传教育，提高旅游主体保护环境的自觉性

旅游主体是指旅游者、旅游从业人员和当地居民，这三者是否具有保护环境的意识，能否遵守旅游可持续发展的准则，是旅游能否持续发展的关键，所以必须对他们进行生态保护宣传教育，使之树立意识承担起各自责任。加强以尊重和保护生态环境为宗旨的环境伦理道德教育，突出强调在开发和利用旅游资源时要保持自然的生态平衡，要尊重和保护环境，不能急功近利，吃祖宗饭，断子孙路，不能以牺牲环境为代价取得经济的暂时发展。将法治与德治相结合，是完善保护措施的重要方面。

旅游业主管部门要走出"旅游业是无烟工业"的误区，向公众深入持久地开展宣传保护旅游资源的法规。宣传教育可利用以下途径进行。

【9-10拓展视频】

(1) 充分利用报纸、广播、电视、科教片、布告、标语、图画等宣传媒

保护地球绿色

介,加强林区居民和游客对于生物多样性保护知识的普及教育和法规学习,提高居民和游客的生物多样性保护意识。

(2) 通过岗位培训、讲座研讨等手段,帮助旅游从业人员了解和掌握旅游可持续发展的思想,熟悉当地旅游可持续发展规划的内容和执行情况。加强导游培训,培养他们对于保护区植物、动物、生态、地理等知识和环境保护的宣传意识,引导游客消费活动内容和消费行为合理化和生态化。

(3) 通过在旅游区内设立景区导游解说指示牌,强化对游客进行环保意识的灌输和美学常识的启蒙,使之认真遵守旅游环境保护有关规定,自觉增强旅游可持续发展的观念。

4. 合理确定旅游区环境容量,适度控制旅游规模

众所周知,旅游区的生态平衡主要取决于人类对旅游区环境和资源影响的方式和强度,以及大自然对这种影响的消除能力。应在重点自然保护区和森林公园景区进行环境监测,通过反馈信息检验和判断生态环境质量是否符合有关规定,给决策部门提供防治措施。当游客数量超载,旅游污染靠自然力本身不能恢复时,就会造成环境质量下降,生态平衡失调。因此,为了使旅游可持续发展,必须加强对旅游区环境容量的研究。旅游主管部门要充分认识到由于旅游饱和与超载会对生态旅游区产生影响及其后果的严重性。在旅游旺季,可采取以下措施对旅游容量加以控制:①分散景点,疏散游客;②对于景观优美,但生态系统较为脆弱的景点、景区,采用限额售票或提高门票价格,减少游览人数;③划定范围,实行临时封闭;④选择若干同类区域轮流开放,间歇式开发。

5. 正确处理"旅游资源—旅游业—地方经济"的关系

旅游资源纵然与旅游业密切相关,但它与旅游业的本身并无共同之处,它的审美、文化、科学价值不是产品,它既非资金、工具设备和劳动力所能生产,也不能出售一山一水,一草一木。自然生成的旅游资源,包括地貌、气候、水体、动植物和整个生态系统,都是人类无法创造出来的。珍贵的人文景观,是前人活动留下的遗迹,并不是对今天旅游业的投入,也不会从今天旅游活动中获得回报。这些自然的和人文景物的存在,为我们提供丰富的精神食粮。只要它们继续存在,就会不断向我们提供审美、文化、科学价值以及各种生态效益。我们必须做的只是保护这些旅游资源不受破坏,不改变它们的形象,从而永远保存它们的固有价值。旅游业的发展,需要适度开发旅游资源,合理利用业已存在的交通、食宿条件为游人服务,这种产业就会兴旺发展,并反过来促进交通、食宿行业乃至旅游商品的生产和销售,从而有利于地方第三产业的发展。

可以说,有旅游资源,才有旅游活动,有旅游活动,才能带动与其相关的地方经济发展。旅游资源是源,旅游产业、地方经济是流,这是源与流的关系。只有正本清源,保护

好源，泉水才能长流不息，永不枯竭。反之，旅游经济进入旅游资源核心区这种"杀鸡取卵""竭泽而渔"的做法，只能导致局部牟利，全民乃至后代遭殃的结果。古今中外的实践表明，只有保存好自然的、人文的旅游资源的真实性和完整性，保护好旅游资源所处的空间环境，才能体现出它的科学和历史文化价值，才能源源不断地吸引旅游者，从而带动旅游经济的发展，并促进地方相关产业的发展。

本章小结

旅游资源的保护是相对于旅游资源开发提出来的。它不仅包括旅游资源本身的保护，也涉及周围环境的保护。旅游资源的保护是旅游业持续发展的根本保证。旅游资源受破坏的原因多种多样，因此保护对策就要针对各种具体问题有针对性地制定，主要从规划、法制、宣传、管理等多方面进行，并要坚持可持续旅游发展思想，注重旅游环境容量、旅游环境管理以及环境资源合理利用，通过合理规划、有效开发、科学管理、全民教育等途径来最终实现旅游业的可持续发展。

复习思考题

一、填空题

1. 旅游感知容量是指 _____ ；旅游环境容量是指 _____ 。
2. 旅游环境管理具有 _____ 、 _____ 、 _____ 和 _____ 的特点。
3. 可持续旅游发展是指 _____ 。

二、不定项选择题

1. 自然界中突然发生的变化如地震、火山喷发、海啸等自然灾害，会直接改变一个地区的面貌，毁掉部分或全部的旅游资源，这种现象被称为旅游资源的（　　）。
   A. 突发性破坏　　　　　　　　　B. 直接性破坏
   C. 缓慢性破坏　　　　　　　　　D. 人为破坏
2. （　　）是保护的必要体现。
   A. 传承　　　　B. 利用　　　　C. 开发　　　　D. 可持续
3. 决定旅游地旅游容量的主要是（　　）。
   A. 生态容量　　B. 设施容量　　C. 环境资源容量　　D. 环境感知容量
4. 杜绝人为破坏旅游资源的对策有（　　）。
   A. 加强旅游资源保护意识和知识的宣传教育

B. 大力开展旅游资源保护的研究和人才培养
C. 健全旅游资源法制管理体系
D. 完善风景名胜区保护系统

5. 可持续发展的特征是（　　）。
   A. 公平性　　　　　　　　　　B. 持续性
   C. 发展性　　　　　　　　　　D. 环境与发展的整体性

6. 旅游环境管理的原则有（　　）。
   A. 因地制宜原则　　B. 机构优化原则　　C. 奖惩激励原则　　D. 信息反馈原则

三、简答题

1. 在预防和控制旅游的负面影响方面，你认为应采取哪些措施？
2. 为什么说旅游环境管理是可持续旅游发展的关键？
3. 可持续旅游发展包含哪些内容？

四、案例分析题

新旅游资源观视角下旅游资源研究框架

新旅游资源观是指在科学技术进步、价值观念变革、旅游需求提升、人均收入提高等背景下，人们对不同来源、不同结构、不同层次的旅游资源进行整合、配置、重组和优化的动态过程，表现为人们的思维认知对旅游资源性状改变的一种能动响应。立足新时代新要求，树立新的旅游资源价值观和资产观，构建面向时代、面向未来、面向自然的新旅游资源观视角下的旅游资源研究框架，探究旅游资源可持续利用与区域经济社会协调发展的现实路径，可以为提升旅游资源利用效率、优化旅游资源空间布局、推进区域经济社会高质量发展提供理论支持和决策依据。新旅游资源观视角下旅游资源研究框架主要涉及以下六个方面。

1. 旅游资源价值转化研究

重新审视旅游资源价值，挖掘具有价值的潜在旅游资源，合理评估旅游资源综合价值及其价值转化。首先，要明确旅游资源价值核算体系，研究旅游资源服务价值和旅游资源资产价值之间的内在关联性，编制旅游资源资产负债表，构建旅游资源价值核算框架、指标和方法体系。其次，要对旅游资源综合价值进行评估，对旅游资源的经济价值、社会价值、文化价值、生态价值以及基础性价值、功能性价值、衍生性价值，利用效用价值论和劳动价值论进行探究。再次，研究旅游资源资本化，明确旅游资源资产的使用权、所有权、收益权等权利关系，检验"旅游资源—旅游资产—旅游资本"的演化动因、路径与实现机制。最后，研究旅游资源价值的多维性、间接性等特征对价值转化的影响机理。

2. **旅游资源可持续利用研究**

重新审视"资源诅咒"假说,缓解旅游资源开发与利用间的矛盾,推进旅游资源集约高效利用。首先,需进行文化和旅游资源普查和评价,研究旅游资源普查成果转化的现实路径。其次,应构建旅游资源产权制度体系,界定不同类型旅游资源的所有权、管理权、代理权、观赏权、收益权、经营权等,研究旅游资源产权的评估、配置、流转。最后,从容量、质量、效率方面探究旅游资源可持续利用的动力机制、诱导机制、保障机制、市场实现机制。

3. **旅游资源融合发展研究**

全面实施"旅游+"深度融合战略,积极推进旅游与一、二、三产业深度融合发展,不断开辟旅游业发展新空间。如:研究区域文化的文化旅游及其关联要素;探索环境价值的生态旅游及其发展路径和模式;构建科技旅游的资源体系,研究旅游新产品、新形式、新模式;实践体育旅游产业发展效果、影响效应和发展路径;明确康养旅游的赋能模式和赋能机制;探索旅游交通碳排放的测度、演化机制等。

4. **旅游资源区域效益研究**

充分挖掘旅游消费和投资潜力,探索满足旅游消费升级的需求、促进区域经济转方式、调结构的新路径。包括明晰旅游资源产业链的形成原因、发展模式和形成机制;研究旅游资源价值链的特征及其影响因素、过程、特征和机制;厘清旅游资源消费结构的内在关联;把握旅游资源综合效益的时空耦合特征和规律。

5. **旅游资源空间重构研究**

分析"互联网+"时代下旅游资源开发理念、创新动力和管理方式的变革,探究旅游资源的空间再生产和重构的理论意义和实践价值。首先,研究不同旅游资源流动节点的位置和功能以及对旅游资源的影响、研究旅游资源流动通道与网络空间特征及空间结构。其次,研究潮汐性旅游流的特征及演变过程,分析旅游地流动空间的要素、形态和影响因素。最后,基于空间生产视角探究新空间系统的演化机制,探究不同尺度、类型旅游地的时空修复和尺度重组规律。

6. **研究方法创新研究**

借助多学科的理论、研究范式和研究方法,加强综合性与系统分析方法、区域性与区域分析等方法的运用。未来研究中,首先,应加强深度访谈、扎根理论、参与式观察等方法运用,探讨旅游资源与经济资源、社会资源相互作用机理转变,揭示旅游地空间系统形成机制及特征。其次,应加强人本主义和结构主义方法的应用,加强尺度重组、尺度转换等思想的融入,探索旅游资源开发利用的理想模式。最后,应引入人工智能、机器学习等数据挖掘新技术,加强旅游资源调查、评价、保护和利用的时空统计模型、大数据分析模型、动力机制模型、仿真模拟模型的开发和应用。

请思考

试分析新旅游资源观视角下旅游资源的价值、可持续利用、融合发展等与传统旅游资源观有何不同。

参考文献

[1] Bog Nam L, Kwang Yul S, Young Deog W. The Study on Cultural Heritage Interpretation for Activation of Tourism Resources: A Case Study of Suwon Hwaseong & Tradititional Market [J]. International Journal of Hospitality Research. 2015, 29(8): 195-205.

[2] Helen B, Jan V D S. Tourism and the Environment [M]. Dordrecht/Boston/London: Kluwer Academic Publishers, 2018.

[3] Huang Songshan (SAM), Wen Jun. Developing and Validating A Chinese Cultural Value Scale in Tourism [J]. Tourism Management. 2021, 86: 104327.

[4] Sarah P, Heather H, Adam B, et al. Exploring Well-being as a Tourism Product Resource [J]. Tourism Management, 2016, 55: 94-105.

[5] Shinde K A, Olsen D H. Religious Tourism and the Environment [M]. London: Centre Agriculture Bioscience International, 2020.

[6] Tim G, Jennifer H. Ecotourism and Environmental Sustainability [M]. Oxford: Taylor & Francis Group, 2016.

[7] Wang Jing, Wang Shanyong, Wang Hualong, et al. Examining When and How Perceived Sustainability-related Climate Influences Pro-environmental Behaviors of Tourism Destination Residents in China [J]. Journal of Hospitality and Tourism Management, 2021, 48: 357-367.

[8] 巴兆祥. 中国民俗旅游[M]. 新编2版. 福州：福建人民出版社，2013.

[9] 保继刚，楚义芳. 旅游地理学[M]. 2版. 北京：高等教育出版社，2012.

[10] 保继刚，宋海岩. 旅游研究理论与方法十讲[M]. 北京：商务印书馆，2019.

[11] 柴彦威，林涛，刘志林，等. 旅游中心地研究及其规划应用[J]. 地理科学，2003（5）：547-553.

[12] 曹培培. 中国旅游地理[M]. 3版. 北京：清华大学出版社，2021.

[13] 曹诗图. 新编旅游开发与规划[M]. 武汉：武汉大学出版社，2007.

[14] 陈福义，范保宁. 中国旅游资源学[M]. 北京：中国旅游出版社，2003.

[15] 陈丽军，柯珍堂，汪季石. 黄冈市红色旅游资源调查、评价与开发研究[J]. 湖北农业科学，2012，51（23）：5517-5520.

[16] 陈鹰. 旅游资源评价体系研究[M]. 北京：红旗出版社，2007.

[17] 崔功豪，魏清泉，刘科伟，等. 区域分析与区域规划[M]. 3版. 北京：高等教育出版社，2018.

[18] 邓永进，薛群慧，徐江帆. 适度开发：少数民族地区旅游资源保护与利用研究[M]. 北京：科学出版社，2022.

[19] 冯翔，高峻. 从全新视角看国外区域旅游合作研究[J]. 旅游学刊，2013，28（4）：57-65.

[20] 冯学钢，黄成林. 旅游地理学[M]. 北京：高等教育出版社，2006.

[21] 葛书林，代刚. 民俗体育旅游资源整合开发评估体系构建[J]. 中国人口·资源与环境，2021，31（11）：165-176.

[22] 郭伟，殷红梅. 旅游规划原理与实务[M]. 北京：北京大学出版社，2012.

[23] 国家公园体制试点进展情况之四——祁连山国家公园[EB/OL].（2021-04-22）[2023-11-29]. https://www.ndrc.gov.cn/fzggw/jgsj/shs/sjdt/202104/t20210422_1276987.html.

[24] 韩璐，吴红梅，程宝栋，等. 南非生物多样性保护措施及启示——以南非克鲁格国家公园为例[J]. 世界林业研究，2015，28（3）：75-79.

[25] 何调霞. 景区旅游资源评价[M]. 上海：复旦大学出版社，2011.

[26] 何方永. 中国西部省域生态旅游发展潜力评价[J]. 干旱区资源与环境，2015，29（4）：189-194.

[27] 赫玉玮，张辉. "一带一路"沿线城市国际旅游合作的现实基础与路径选择[J]. 青海社会科学，2019（2）：58-65.

[28] 黄羊山. 旅游规划原理[M]. 2版. 南京：东南大学出版社，2020.

[29] 黄震方，葛军莲，储少莹. 国家战略背景下旅游资源的理论内涵与科学问题[J]. 自然资源学报，2020，35（7）：1511-1524.

[30] 赖良杰. 旅游资源开发与规划[M]. 北京：高等教育出版社，2005.

[31] 李长荣，等. 生态旅游的可持续发展[M]. 北京：中国林业出版社，2004.

[32] 李道先，侯曙芳. 简论徽派古民居建筑的审美特征[J]. 安徽建筑工业学院学报（自然科学版），2005（1）：5-8.

[33] 李明伟. 构建国家公园体系，实现旅游资源保护与利用双赢[N]. 中国旅游报，2014-09-26（06）.

[34] 李天元. 旅游学概论[M]. 7版. 天津：南开大学出版社，2014.

[35] 李燕琴，张茵，彭建. 旅游资源学[M]. 北京：北京交通大学出版社，2007.

[36] 廖声田，宁奎. 张家界奇山异水耀全球[N]. 湖南日报，2022-07-22（003）.

[37] 林越英. 旅游环境保护概论[M]. 北京：旅游教育出版社，1999.

[38] 凌善金. 旅游地形象设计学[M]. 2版. 北京：北京大学出版社，2017.

[39] 刘波. 四川力推"旅游金三角"[N]. 四川日报，2019-06-26（12）.

[40] 刘春. 旅游资源开发与规划[M]. 天津：天津大学出版社，2010.

[41] 刘杰，唐荣，李萍. 南极旅游资源分类及空间分布特征[J]. 自然资源学报，2022，37（1）：83-95.

[42] 刘晓慧. 红色矿山：可可托海，共和国的功勋矿[N/OL]. 中国矿业报，2021-11-02[2023-5-20]. https://mp.zgkyb.com/m/news/50271.

[43] 刘益. 从旅游规划角度论《旅游资源分类、调查与评价》的实践意义[J]. 旅游学刊，2006（1）：8-9.

[44] 鲁元珍. 旅游业迈向高质量发展新阶段[N]. 光明日报，2022-09-19（005）.

[45] 吕娜. 立足资源禀赋，全域旅游"破茧成蝶"——新疆阿克苏地区旅游业发展综述（上）[EB/OL].（2022-06-27）[2024-05-11]. https://baijiahao.baidu.com/s?id=1736782688827189265&wfr=spider&for=pc.

[46] 马波. 现代旅游文化学[M]. 青岛：青岛出版社. 1998.

[47] 马洪元. 旅游规划实用教程[M]. 天津：南开大学出版社. 2009.

[48] 马耀峰，等. 陕西旅游资源评价研究[M]. 北京：科学出版社. 2006.

[49] 马勇，李玺. 旅游规划与开发[M]. 4版. 北京：高等教育出版社，2018.

[50] 马勇，江函哲. 碳中和下低碳旅游发展模式与提升策略[J]. 旅游学刊，2022，37（5）：1-3.

[51] 孟爱云. 旅游资源开发与规划[M]. 北京：北京大学出版社，2013.

[52] 明庆忠. 旅游地规划[M]. 北京：科学出版社，2003.

[53] 邱扶东. 民俗旅游学[M]. 上海:立信会计出版社，2006.

[54] 全国旅游标准化技术委员会. 中华人民共和国标准——旅游规划通则：GB/T 18971—2003[S]. 北京：国家旅游局规划发展与财务司，2003.

[55] 全国旅游标准化技术委员会. 中华人民共和国标准——旅游资源、调查与评价：GB/T 18972—2017[S]. 北京：国家旅游局规划财务司，2017.

[56] 全华. 旅游资源开发及管理[M]. 北京：旅游教育出版社，2006.

[57] 任以胜，陆林，韩玉刚. 新旅游资源观视角下旅游资源研究框架[J]. 自然资源学报，2022，37（3）：551-567.

[58] 沙润，等. 旅游景观审美[M]. 2版. 南京：南京师范大学出版社，2005.

[59] 苏文才，孙文昌. 旅游资源学[M]. 北京：高等教育出版社，1998.

[60] 孙玉梅. 论旅游的可持续发展[M]. 北京：经济日报出版社，2006.

[61] 王柯平. 旅游美学论要[M]. 北京：北京大学出版社，2015.

[62] 王明平. 游客闯入钙华保护带拍照？黄龙景区：已制止、劝离[EB/OL].（2020-11-

24）[2024-05-11]. https://society.huanqiu.com/article/40pG2ORR8Oz.

[63] 王伟. 旅游资源学：课程思政版[M]. 武汉：华中科技大学出版社，2023.

[64] 王欣. 民族地区旅游移民社会融合的实践路径[J]. 旅游学刊，2021，36（10）：11-13.

[65] 王燕，阎顺，赵彩龙. 新疆旅游资源的类型、等级及空间分布特征[J]. 干旱区地理，2009，32（5）：783-790.

[66] 魏来，梁永宁. 旅游景区数字化建设研究——以云南石林为例[J]. 数字与缩微影像，2009（1）：23-27.

[67] 文化和旅游部. 文化和旅游部关于印发《文化和旅游规划管理办法》的通知[EB/OL]. （2019-07-04）[2023-05-09]. https://www.gov.cn/xinwen/2019-07-04/content_5405990.htm.

[68] 文谨，王瑾. 旅游资源的数字化建设及其开发利用——以北京为例[J]. 首都师范大学学报（自然科学版），2004（2）：71-74.

[69] 吴必虎. 区域旅游规划原理[M]. 北京：中国旅游出版社，2001.

[70] 吴国清. 旅游资源开发与管理[M]. 上海：上海人民出版社，2010.

[71] 夏蜀，陈中科. 数字化时代旅游场景：概念整合与价值创造[J]. 旅游科学，2022，36（3）：1-16.

[72] 谢彦君. 基础旅游学[M]. 2版. 北京：中国旅游出版社，2004.

[73] 徐菊凤，任心慧. 旅游资源与旅游吸引物：含义、关系及适用性分析[J]. 旅游学刊，2014，29（7）：115-125.

[74] 徐万佳. 向天空要旅游资源[N]. 中国旅游报，2011-02-28（08）.

[75] 许春晓. 21世纪中国旅游地理学的新领域：旅游资源非优区研究[J]. 旅游学刊，2000（1）：59-62.

[76] 杨阿莉，叶洋洋. "美丽中国"愿景下绿道旅游发展的使命与战略[J]. 旅游学刊，2016，31（10）：9-11.

[77] 杨阿莉，张文杰. 我国国家公园"最严格保护"理念的实践误区及破解[J]. 内蒙古社会科学，2021，42（1）：131-136.

[78] 杨亮，张纪群. 民间艺术的旅游美学价值[J]. 山东社会科学，2007（7）：66-68.

[79] 杨振之. 旅游资源开发与规划[M]. 成都：四川大学出版社，2002.

[80] 余永霞，陈道山. 中国民俗旅游[M]. 2版. 武汉：华中科技大学出版社，2022.

[81] 曾博伟，安爽. "十四五"时期文化和旅游融合体制机制改革的思考[J]. 旅游学刊，2020，35（6）：3-6.

[82] 张伟强. 旅游资源开发与管理[M]. 广州：华南理工大学出版社，2005.

[83] 赵江洪，孙铭悦，董岩. 新编中国旅游地理[M]. 北京：旅游教育出版社，2020.

[84] 郑群明. 全新旅游资源学[M]. 北京：中国科学技术出版社，2008.

[85] 周雯. 西北首个"国际慢城"落户柞水[N]. 商洛日报，2020-12-21（01）.

[86] 朱鹤，唐承财，王磊，等. 新时代的旅游资源研究：保护利用与创新发展——旅游地理青年学者笔谈[J]. 自然资源学报，2020，35（4）：992-1016.

[87] 庄志民. 旅游美学新编[M]. 上海：格致出版社，2011.